ゼロから始める 海釣り入門

イラストと写真で基礎から解説
最初は堤防、岸壁から始めてみよう

コスミック出版

堤防釣りから始めよう

初めての海釣りに最適なフィールドでゼロからスタート!!

海釣りを始めたいけど基本的な知識がなく、なかなか一歩を踏み出せない人が多い。そんな人にお勧めなのが堤防や護岸からの釣りである。お勧めとは言っても、安全面やルールなど最初に知っておきたい基礎知識は必要だ。本書は様々な角度から海釣りの基礎知識と、様々な釣り方の道具立てや釣り方を解説する。

一口に海釣りと言われてどん釣りをイメージするだろうか。最初に思いつくのは釣り船で沖へ行って魚を釣る船釣り。または荒波が打ち寄せる岩場で釣りをする磯釣りだろうか。いずれも海釣りの一つではあるが、これが海釣りの敷居を高くしている要因である。ここで紹介するのは港の堤防や岸壁で楽しめる海釣りで、船釣りや磯釣りと比べるとかなりカジュアルな釣りである。

子供の頃に川や湖沼で釣りをしたことがある人は意外と多いのではないかと思うが、港の堤防や岸壁は川や湖沼の釣りと比べるとコンクリートの平坦な所で釣りをするので足場が断然いい。船や磯で釣りをしないと魚が釣れないのではないかと心配する人もいるだろうが、その心配はご無用。堤防は魚にとって魚礁のような存在で、沖合から多彩な魚が堤防周りに集まってくる。堤防は天然

好きな時間に！自由気ままに！

時間に拘束されず好きな時間に、自由気ままな釣りが楽しめるのも堤防釣りの魅力。

海釣り施設なら駐車場とトイレの心配がいらない。

堤防釣りなら港内にクルマを止められる所も多い。

アクセスも抜群！

公園の海に隣接する護岸ではクロダイやメジナもご覧の通り！

釣果はお墨付き！

小さな子供でも手堅い釣果が得られるのも魅力。

の釣り堀のような場所なのである。

堤防や岸壁での釣りのメリットは他にもある。船釣りの場合は、一度沖に出てしまうと自由気ままに釣りができるわけではない。船長の指示に従って釣りをするのが基本である。渡船で磯に渡って釣りをすれば、好きな時間に釣りはできないし、地方の磯でも駐車場から距離があったりする。

一方、港の堤防や護岸なら港内にクルマを止めることができ、自分の好きな時間に釣りを楽しむことができる。場所によっては駐車場が有料の港もあるが船や渡船と比べれば料金は格安である。また、安全面に配慮し堤防や護岸を一般に開放した「海釣り施設」と呼ばれる管理釣り場があり、初めて海釣りをする人には絶対お勧めである。本書は堤防や護岸で楽しむ釣りを海釣りが初めてという視点で紹介したいと思う。

堤防・護岸の釣りとは

海釣りで何を釣りたいか？ ターゲットが決まれば釣り方も決まる！

海釣りをやってみたいという人にお勧めのフィールドは港の堤防や護岸である。足場もよく波やウネリの影響を受けにくく安全性では申し分ない場所だ。ただ、堤防や護岸での釣りとはいっても様々な釣り方があり、ターゲットによって釣り方が違ってくる。

堤防では思い思いの釣りを楽しめる。

堤防や護岸はケーソンと呼ばれる大きなコンクリートのブロックを並べて造られる。基本的には平坦で、磯や砂浜と比べると足場はよい。この堤防自体が魚礁の役割を果たし、堤防の周りには色々な魚が集まってくる。そのため堤防での釣りは魚礁で釣りをするのと同じで多彩な魚を狙うことができる。足場がよく釣果もお墨付きで、港の堤防や護岸は海釣りデビューに最適なフィールドである。しかし、堤防・護岸の釣りといっても様々な釣り方があるので、初心者にはどんな釣りをすればいいのかわからない。

ではどんな釣りができるのかを簡単に紹介しておこう。よく見られる釣りがウキ釣りや投げ釣り、サビキ釣りなどで、投げ釣りをアレンジしたブッ込み釣りや、堤防の際を釣り歩く落とし込み釣り、仕掛けにコマセと呼ばれる寄せエサを入れたカゴをセットするカゴ釣り、エサやコマセを

最初は人気の釣り場で

道具を揃えたらどこで釣りをするのか悩みどころ。初めての海釣りなら人気の釣り場へ行くのがベストな選択である。

クルマ横付けOK

港によっては堤防や護岸にクルマを止めて釣りができる場所もある。クルマを降りたところが釣り場って大変ありがたい。

海釣り施設は初心者のオアシス

駐車場やトイレの心配がいらない海釣り施設は初心者に最適な場所。なかにはタックルのレンタルをしている施設もある。

公園釣り場も見逃せない

東京湾岸に多い公園釣り場。釣り施設ではないが、海に面する護岸が一般に開放され釣りをすることができる。管理釣り場のような場所。

使わないルアー釣りが一般的に行われている釣りである。船釣り以外に海でできる釣りは大半を堤防や護岸でやることができる。

ではどんな釣りが初心者にお勧めかといえば、市販の仕掛けが充実し、比較的釣り方が簡単な釣り方で、堤防釣りの定番3釣法と言われるウキ釣り、投げ釣り、サビキ釣りを挙げることができる。投げ釣りは砂浜で遠投して沖目のポイントでシロギスを狙う釣り方で、ここで言う投げ釣りは専用タックルを使わない堤防でできるチョイ投げ釣りである。これに手軽にできることで人気のルアー釣りを加えた4釣法がビギナー向けの釣り方である。

それぞれ狙える魚が異なり、タックルや仕掛けも違う。本書ではウキ釣り、チョイ投げ釣り、サビキ釣り、ルアー釣りにスポットをあて、道具の選び方や釣り方を紹介したい。

堤防での基本スタイル

堤防ではどんな格好で釣りをするのか？
基本は安全第一

釣りはもちろんのこと、初めて何かをやるときに考えるのが服装と装備である。海釣りの場合。足場の良い堤防とは言え、万が一のことを考えて安全装備は万全にして挑戦したいものである。

必携アイテムと便利グッズ 安全対策は万全に

海釣りの中でも、最も手軽に楽しめるのが堤防釣り。しかも釣れる魚種が多彩なので、ベテランからその家族までが同じ堤防で、それぞれ違うターゲットを手軽に狙うことができる。手軽とはいっても、海で釣りをすることには違いないので、安全対策を万全にして出かけたい。そこで、堤防釣りに欠かせない装備を挙げてみよう。

まず大切なのは、身の安全を守る装備である。ライフジャケット（救命具）を着用していれば、海に落ちても助かる確率が飛躍的に向上する。面倒がらずに、着用する習慣を身に付けたい。このライフジャケットにもいろいろなタイプがあるが、一般的には中に浮力材が入ったものが多い。装着の際はしっかり股ベル

まずは安全装備

ライフジャケットは必携アイテム

　堤防釣りでは、腰に巻いておいて万が一の落水時に膨らむ膨張式のライフジャケットが身軽。一般的な浮力材が入っているライフジャケットは、必ず正しい着用法で装着すること。足周りでは足場がいいとは言っても波を被っているところは滑りやすいので、スパイクブーツが欠かせない。この他、日焼けや熱中症対策として長袖長ズボン、夏場なら帽子着用が堤防釣りの基本装備である。

ファミリーフィッシングを楽しむ場合、家族全員ライフジャケットを着用しよう。ルアー用のライフジャケットは、シンプルなものが多く、大きなポケットも扱いやすい。

堤防に限らず海釣りにおいてライフジャケットは必携アイテム。万が一のときのために欠かせない装備である。少し面倒だし、夏場は暑いため着用をためらってしまいがちだが身の安全には変えられない。

トをすることが肝心。これをしないまま海に落ちると、落水のショックでライフジャケットが脱げてしまったり、首のほうにずれて胴体が浮きにくくなってしまうことがある。価格は1万円弱から3万円ほど。この値段で命が助かると思えば、それほど高いものではないだろう。

　足周りでは、平らで乾いている堤防上では、スニーカーなどでも大丈夫だが、底が滑りにくいラジアルタイプやフェルトタイプのシューズやブーツがあれば、なお安全だ。スパイクシューズは、平らな堤防ではかえって歩きにくいし、堤防を傷つける原因にもなるので、足場の悪い所以外ではあまり使わない。また濡れている場所や、乾いていてもノリが付着しているようなところには、近づかないようにしたい。

　帽子は、強い紫外線や頭を守るアイテムとして大切である。特に夏場

足回りも忘れずに！

滑り防止のスパイクブーツ

誤って海に転落したときに身を守ってくれるのがライフジャケットだが、転落防止のために着用したいのがスパイクブーツである。堤防が渇いていれば滑ることはないが、波に洗われて濡れていると滑りやすくなる。さらに、コケなどが生えていると大変危険。最近はソールを交換できるブーツもある。これなら釣り場の状況によってフェルト、フェルトスパイク、スパイクを使い分けられる。

堤防が渇いている晴れの日などはスニーカーやサンダルで釣りをしている人も多い。誰に注意されるわけでもないが、あくまでも身の安全を守るためである。万が一とはいえ、堤防からの転落事故はゼロではないということだ。

波に洗われて濡れているところは滑りやすいので注意が必要。コケが生えている場所もあり、転倒リスクはさらに高くなる。

スパイク底の靴には、シューズタイプとブーツタイプがある。

転落防止に欠かせないのがスパイクブーツ。堤防で釣りをする際の必携アイテム。堤防の一部が濡れている場所に踏み込むと滑りやすくなる。これを回避してくれるのがスパイクブーツである。

は必需品。グローブは、冬場には欠かせないアイテムだが、夏場でも手の保護という観点からは、できるだけ使用したほうがよいだろう。真冬は人差し指と中指だけがカットされているタイプ、夏場は5本の指の先が全部カットされているタイプがお勧めだ。なお、軍手を持参してくる人がいるが、軍手はハリが引っ掛かりやすく、使い勝手が非常に悪いので、釣り専用のものが便利である。

冬場は、雨具兼防寒服があると安心だ。釣り専用のものは動きやすく、透湿性に優れたものなら、多少暑くても汗は気にならない。また春から秋にかけても、雨具兼用の釣り専用スーツがあれば万全。これも透湿性の高いものだと、夏場でも威力を発揮する。これらの服は、必需品ではないが、あれば便利なアイテムである。なお、これらの釣り専用スーツとライフジャケットは、ファスナーなどに互換性があるタイプも発売されている。例えば、スーツのファスナーにライフジャケットをセットできれば大変便利である。

小物類では、海面のギラギラを軽減できる偏光グラスがほしい。これは偏光レンズを使ったサングラスで海の様子を見ることができ、特にウキ釣りでは欠かせないアイテムだ。メガネタイプ、オーバーグラスタイプ、メガネに付けるクリップタイプなどいろいろなものがある。

まだある安全対策！

帽子やグローブも揃えたい

堤防釣りにおいて欠かせない装備と言えばライフジャケットとスパイクブーツである。これは身の安全を守るための必須アイテムだ。この他にも安全対策上揃えておきたいのがフィッシンググローブや帽子、偏光グラスなどである。帽子は熱中症予防、防寒、怪我防止に役立つ。フィッシンググローブは手を保護するために着用したい装備である。偏光グラスは紫外線予防になる。

ファミリーフィッシングにおいては、家族全員が安全に配慮した装備で釣りを楽しもう。安心して釣りができるのが一番である。

夏は熱中症予防、冬は防寒として役に立つ帽子。ケガ防止のためにも帽子はあったほうがいい。

忘れてならない装備のひとつがフィッシンググローブ。仕掛け作りや釣れた魚に触れるときに手を保護してくれる。

海面の反射を軽減して海中の様子が見えやすくなる偏光グラス。強い紫外線から目を保護してくれるので一石二鳥の優れモノ。

ここにも注目！

座ってもOKなクーラーボックスを用意すれば椅子代わりになる。

クーラーボックスを椅子に代用

釣り具の装備品としては、竿やリールはもちろんのこと、クーラーボックスやスカリ（魚入れ）、ターゲット別の仕掛け類などが挙げられる。特にクーラーは、椅子代わりにもなるし、夏場は必需品である。最近は保冷力が非常に強いタイプもあって、以前のように暑い日でも、簡単には氷が融けないようになった。釣った魚を美味しく食べたいのであれば、氷入りのクーラーはぜひ持参して釣行したいものである。

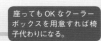

海釣り施設へようこそ!

「釣果」以外のお膳立てはすべてお任せ
初めての海釣りにお勧め

自治体や港湾局によって運営されている「海釣り施設」は、安全に快適な釣りを楽しめる釣り専用スペース。駐車場や売店、トイレなどが備わっており、家族連れやビギナーにもお勧めのスポットである。

管理された堤防釣り場
それが海釣り施設

漁港や港湾の一角を利用して造られた釣り専用のスペースが「海釣り施設」と呼ばれる管理釣り場。通常の堤防釣り場や釣りのできる公園とは異なり、自治体や自治体に委託された団体が釣り場の管理運営を行っている。有料の釣り場となるが、500円前後の入場料を支払うことで利用できる。

海釣りを安全かつ快適に楽しめるように配慮された施設なので、釣り場となる岸壁や桟橋には手すりや安全柵が設置され、トイレや駐車場など周辺設備も充実している。なかには軽食や釣り具、エサ、貸し竿などを扱う売店まで整った海釣り施設もある。さらに、釣りの手ほどきをしてくれる海釣り施設もあり、ホームページでは日々の釣況をチェックす

管理釣り場といっても侮るなかれ。サビキ釣りやチョイ投げ釣りのイメージとは裏腹に大物の実績も抜群だ。

サビキ仕掛けにヒットしたメバル。海釣り施設の周辺にはいろいろな魚が集まってくる。

マダコの魚影が濃い釣り場ではタコ餌木とタコテンヤ仕掛けにヒット。

海釣り施設でよく見かけるのが軟体系のコウイカ。色々な魚が釣れるのが海釣り施設。

ることができる。

海が荒れて危険な日は海釣り施設側の判断で閉園されることもあるが、状況判断に不慣れなビギナーでも安心だ。前日に状況を聞くことによって海難リスクを回避できる。

こうした利点が見直されつつあるのか、ファミリー層を中心に海釣り施設を利用する人は増加傾向にあり、神奈川県の本牧海づり施設では年間の入場者数が平成17年の約10万人に対して平成28年は約16万人と、右肩上がりで増加している。

人気の海釣り施設は休日になると1日におよそ600人が訪れるため、ともすれば「混雑している」「釣りづらい」などのネガティブなイメージが先行してしまうかもしれないが、前述のように安全対策がしっかりしているためトラブルはほとんど見られない。加えて、利用者の多くが、「子供も安心して連れて来れる」「トイレ

海釣り施設の人気の秘密は手堅い釣果が見込めることはもちろんだが、快適に釣りを楽しめるような気配りも充実している。

海釣り施設のお勧めポイント

最初に挙げたいのが釣果。どの施設も魚が釣れる場所に設置されているため釣果はお墨付き。思い思いの釣り方で多彩な魚を釣ることができる。釣果もさることながら、快適に釣りを楽しんでもらうための気配りも充実している。これがビギナーにお勧めの最大のポイントである。

釣具のレンタル

釣り具のレンタルをしている海釣り施設もあり、手ぶらで釣りを楽しむこともできる。

売店

途中のコンビニで買い物をしてくれば問題ないが、施設内に軽食や飲みものなどを購入できる売店が設置されている所が多い。

釣りエサ

エサも途中の釣具店で購入してくれば問題ないが、エサや仕掛けの販売をしている施設も多い。

駐車場とトイレ

釣り場で最初に問題となるのが駐車場とトイレの有無。海釣り施設ならいずれの心配も不要である。

や駐車場があって便利」などという理由でリピーターになっていることからも海釣り施設に対する満足度の高さがうかがえる。

さて、管理が行き届いているとはいっても海の中は自然のフィールド。魚礁などが設置されている施設はあるものの、イケスに魚を放流している「釣り堀」とはまったく異なる。利用者はあくまでも自然の海、自然の魚を相手に釣りを楽しむことになるので釣果はウデ次第。

春はウミタナゴやメバル、夏から秋にかけてはシロギスやメゴチ、アジ、サバ、イワシにイナダやソウダガツオなどの回遊魚、冬場にはアイナメやカレイ、メジナ、カサゴと四季折々の魚を狙うことができるのも海釣り施設の特徴だ。もちろん海の状況によっては魚の活性が低くまったく釣れないという日もあるだろう。しかし、それも自然を相手にする釣りの醍醐味。逆にクロダイやスズキ、タチウオ、ヒラメ、マゴチなど思わぬ大物がヒットするケースも珍しくなく、釣り堀では決して味わうことができないサプライズに出会うこともある。

　海釣り施設は海釣りの醍醐味を損なうことなく、安全性と利便性に配慮しながらも四季折々のターゲットを釣ることができるのである。これから釣りを始めようという人にとって大きな味方となってくれるはずだ。

全国海釣り施設一覧

茨城県
鹿島港魚釣園

東京都
若洲海浜公園

千葉県
オリジナルメーカー海づり公園

神奈川県
大黒海づり施設
本牧海づり施設
磯子海づり施設

静岡県
熱海港海釣り施設
焼津漁港親水広場「ふぃしゅーな」

愛知県
新舞子マリンパーク

京都府
宮津市立海洋つり場

大阪府
大阪南港魚つり園

兵庫県
神戸市立須磨海釣り公園
神戸市立平磯海釣り公園
尼崎市立魚つり公園
姫路市立遊漁センター
南あわじ市メガフロート海づり公園

和歌山県
由良海つり公園
和歌山北港魚つり公園

新潟県
新潟東港第２防波堤

石川県
のとじま臨海公園海づりセンター
フィッシングブリッジ赤崎

山口県
下関フィッシングパーク
香川県
直島つり公園

福岡県
福岡市海づり公園
脇田海釣り桟橋
福間漁港海浜公園
うみんぐ大島

長崎県
ジャンボフィッシング村
高島・飛島磯釣り公園

鹿児島県
鹿児島市鴨池海づり公園

ライフジャケット
万が一のときに備えてライフジャケットは必携品だが、持っていない人のためレンタルできる施設もある。安全面の徹底は万全に。

最新の釣況
ホームページなどで当日の詳しい釣況が紹介されているので、釣況を見て出かけることが可能。

水道水
アフターフィッシングで欲しいのが水道水。釣り具の塩気を現地で落とせたら最適だ。水道が用意されている施設も多い。

ゴミ処理
釣りで出したゴミは持ち帰りが基本だが、海釣り施設の中にはゴミ箱が設置されている所もある。

堤防釣り 定番 4 釣法

ウキ釣り

一気に消し込むウキ 合わせた瞬間に伝わる重量感 これがウキ釣りの醍醐味だ！

メインターゲットはクロダイとメジナだが、ウミタナゴやカワハギなどの小物、青物、根魚など堤防周りの魚はすべてターゲットと言えるのがウキ釣りだ。

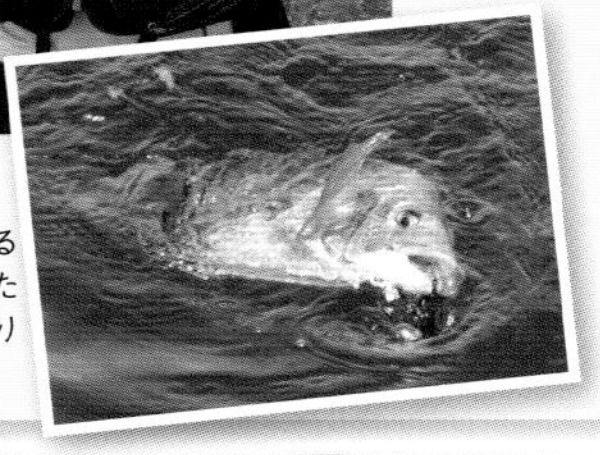

魚を浮かせることができたら玉網で取り込む。

仕掛けを投入したら間断なくコマセを撒き、ウキにアタリが出るのを待つ。

ウキが消し込んだら一気に合わせてヤリトリを開始。

サビキ釣り

魚の群に仕掛けを投入！ 手堅い釣果と数釣りが楽しめる 堤防の堅実釣法

アジやイワシの群が港内に入ってくる夏から秋口にかけてがシーズンとなる釣り方。

市販仕掛けが充実しているのもサビキ釣りの特徴。メインのターゲットはアジやイワシだが、小さなメジナやメバルもハリに掛かる。

サビキ釣りでも一番釣果が手堅いと言われるトリックサビキお馴染みのポーズ。エサ付け器に仕掛けをこすり付けて、アミエビをハリに刺す。

アジやイワシの群のなかに仕掛けを投入すると魚が次々にヒット。

海釣りデビューに最適

チョイ投げ釣り

ブルブルッ！という手応え
手元に伝わるダイレクトなアタリ
これが魅力のチョイ投げ釣り！

投げ釣りはサーフでシロギスを効率よく狙う釣り方として発展したが、堤防では遠投しなくても釣果が出る。

本命のシロギスゲット。

遠投して沖目のシロギスを狙う投げ釣りと異なり、堤防から数十メートル先へ仕掛けを投入してシロギスやハゼ、カレイなどを狙うのがチョイ投げ釣り。

仕掛けを投入したらサビキながらアタリを待つ。アタリがあったらリールをゆっくり巻いてくる。

ルアー釣り

お気軽、お手軽、コンパクト
ターゲットも多彩で
今や堤防の人気フィッシング

カサゴやソイ、メバルなどの根魚は定番ターゲット。

ワカシやイナダ、カンパチなども回遊魚は根強い人気がある。

堤防で手軽にできるルアー釣り。コマセやエサを使わない変わりにターゲットに合わせたルアーをキャストする。

ルアー釣りの定番ターゲットであったスズキ。ここからルアー釣りは発展していった。

アジングと呼ばれルアー釣りの対象魚として定着したアジ。

ウキ釣り

波間に漂うウキを、固唾をのんで見守る！海中に消し込んだときの緊張感

海釣りに限らずウキでアタリをとるのは釣り本来の最も合理的な釣り方。ハリにエサを付けて海中に漂わせ、魚がエサに食いつくとウキが沈む。エサやポイントを変えることで色々な魚が釣れるのがウキ釣りの魅力である。

ウキ釣りの基本スタイル

道具が多くなりがちなウキ釣りでは、大小のバッカンを上手に使ってコンパクトな収納に努めよう。

クロダイはメジナと異なり堤防周りで大型が釣れる。いずれもウキ釣りが進化したウキフカセ釣りで狙うのが定着している。

本命ターゲットは
クロダイとメジナ

ウキ釣りはクロダイとメジナ狙いで発展してきた歴史がある。その過程で色々な魚が釣れることもわかってきた。仕掛けをちょっと変えるだけで多彩な魚に対応できる。

重量感のある引きが特徴のクロダイ。この引き味を存分に堪能できるのがウキ釣りの醍醐味。

魚を水面に浮かせることができたら玉網で取り込む。焦らず慎重にといっても、クロダイが釣れたら焦ってしまうのはやむを得ない。

魚がエサに食いつくとウキが一気に消し込む。魚のアタリを明確に見ることができるのがウキ釣りの魅力であり、これこそが釣りの原風景といっても過言ではないだろう。

サビキ釣りやカゴ釣りでもウキを使うが、ここでいうウキ釣りはもっとシンプルなウキフカセ釣り。コマセカゴ付きの仕掛けを用いるサビキ釣りやカゴ釣りは、主に群れで行動する魚を足止めして効率よく釣るときに有利で、コマセで魚を寄せるのはもちろん、回ってきた群れを狙い撃ちにすることができる。

一方、ウキ釣りもコマセで魚を寄せる点では変わらないものの、道糸にウキ、ハリス、ハリとシンプルな道具立てがひとつの特徴。取り回しのよいタックルの利点を生かして近場から沖目、表層から底近くまで幅広い範囲を狙うことができる。もちろん、コマセをまくことによって多彩な魚が集まってくるので、なにが釣れるかわからない。堤防の周りにいる魚すべてをターゲットとみなすことができるのだ。

大型から小型まで種類もサイズもバラバラの魚を同じ仕掛けで狙うのは難しいが、シンプルなウキ釣り仕掛けならハリの大きさやハリスの太さなどをサッと切り替えて対応できる。突然、大物が回ってきた場合も、魚に合わせて少しだけ仕掛けにアレンジを加えればOK。クロダイやメジナはもちろんのこと、アジ、メバル、カワハギ、マダイなど多彩な魚を「くるもの拒まず」の精神で狙っていこう。

朝マヅメやタマヅメにアジが回ってくることがある。ちょっと仕掛けを変えて専門に狙えば数釣ることができる。夜釣りではウキ釣りでアジを狙う人もいる。

メバルはウキ釣りで釣れるが、色々な釣り方で狙うことができる。昨今はルアー釣りのターゲットとして人気がある。

初夏になると磯のメジナ狙いで掛かるイサキ。専門に狙う人も多く、離島の桟橋では夜釣りのターゲットとして人気がある。

多彩なゲストもウキ釣りの魅力

本命はクロダイやメジナとはいっても、外道として多彩なゲストが釣り人を楽しませてくれる。美味しい外道が釣れたら仕掛けを変えてお土産確保も楽しみのひとつ。

マダイもウキ釣りの人気ターゲット。どこでも釣れるわけではないが、堤防周りで狙える場所もある。

ウキ釣りで釣れる主な魚

クロダイ
堤防釣りのターゲットで誰もが憧れるクロダイ。マダイのような堂々とした風格と、重量感を楽しめる引きが魅力。ウキ釣り以外にも色々な釣りが楽しめ、堤防では一年中狙うことができる。

メジナ
磯釣りの定番ターゲットだが、堤防の捨石周りやテトラ周りはメジナの定番ポイント。小型でも大きさに似合わない強い引きが楽しめる。

マダイ
誰もが名前を知っているマダイ。日本各地に分布しており、潮通しがよく水深のある堤防では、ウキ釣りで狙える場所もある。

メバル
小魚や甲殻類を補食するメバルは、岩礁周りや藻場でよく釣れる。夜行性の魚なので本格的に狙うなら夜釣りが有利。

ウミタナゴ
体色、ヒレの色などに個体差が大きいウミタナゴ。小磯や堤防でよく釣れるウキ釣りの入門に最適なターゲット。卵胎生魚として知られる。

カワハギ
あえてウキ釣りでカワハギを狙う人は少ないが、クロダイやメジナ狙いではお馴染みの外道。しかもいいサイズが釣れることが多い。

イサキ
どちらかといえばウキ釣りよりもカゴ釣りのターゲットといえるイサキ。ウキ釣りでは磯のメジナ狙いでよく掛かる。

イシダイ
時折ウキ釣り仕掛けにヒットするイシダイ。大型はウキ釣りでは掛かっても取り込みが難しいが、イシダイの幼魚であるシマダイは堤防周りでウキ釣り仕掛けによく掛かる。

アジ
サビキ釣りのターゲットとして知られるが、ウキ釣りなら15～20㎝クラスがターゲット。一般的に馴染みのあるアジは堤防釣りの主役。

マハゼ
マハゼはウキ釣りのターゲットで、ノベ竿にトウガラシウキや玉ウキで釣る。クロダイやメジナを狙うウキフカセ釣りにもヒットすることがある。

ソウダガツオ
夏から秋のメジナ狙いの定番外道。表層を泳ぐ魚で、仕掛け投入の際、エサが表層を漂う隙に食ってくることがある。専門に狙うならウキ釣りよりもルアーやカゴ釣りに分がある。

スズキ
ルアー釣りのターゲットとして定着したがウキ釣りで専門に狙う人もいる。日本各地に生息し、成長によって名前が変わる出世魚として知られる。

サヨリ
ウキ釣り仕掛けにヒットすることがあるが、サヨリ狙いの専用仕掛けが確立されている。転倒ウキ仕掛けと呼ばれる独特な釣り方もある。

イスズミ
メジナ狙いの外道としてお馴染みの魚。どちらかといえば敬遠されがちで、ありがたくないゲストである。ただし、珍重される地域もあるらしい。

カタクチイワシ
カタクチイワシやウルメイワシはウキ釣りのエサ取りという位置付け。専門に狙うなら断然サビキ釣りが有利。

ボラ
クロダイ狙いの有名な外道。ボラを専門に狙う人は少ないが、釣れる場所や季節によっては美味しい魚。スズキ同様、出世魚としても知られる。

キューセン
ベラの仲間でクロダイ狙いの外道として知られる。岩礁の砂礫地を好み、冬場は冬眠する。関西では人気の魚。

アイゴ
メジナやクロダイ狙いのウキ釣りでよくヒットしてくる魚。背ビレに猛毒があり、刺さると激痛が走る。干物にすると美味といわれ、西日本では大会が開催される。

チョイ投げ釣り

投げてサビけば、明快なアタリ！ブルルッ！という独特な手応えが快感

堤防で手軽にできるチョイ投げ釣り。専用ロッドに専用リール、大きなオモリをセットして100m以上の沖目を狙う、いわゆる「本気投げ」と違って、タックルや仕掛けが初心者向き。

本命ターゲットは
シロギスとカレイ

チョイ投げ釣りのメインターゲットはシロギスとカレイだが、ハゼやカワハギ、イシモチ、アナゴなども専門に狙う人がいる。投げ釣りの姉妹釣法といえるブッ込み釣りを加えればクロダイやマダイ、イシダイもターゲットになる。

カレイは海底に変化のある場所に固まっていることが多い、1尾釣れたら同じポイントにもう一度仕掛けを投入してみよう。

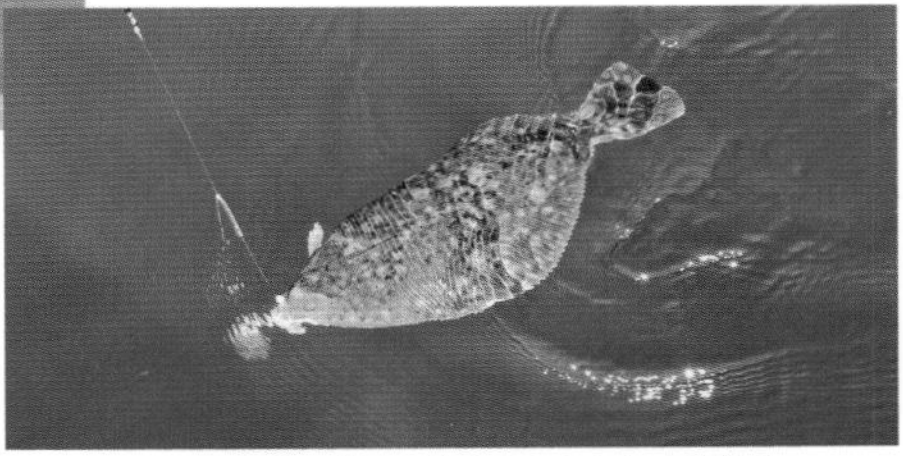

カレイ狙いの醍醐味は水面に姿を現したときの高揚感。玉網で慎重に取り込もう。

パールピンクと呼ばれるきれいなフォルムも魅力的なシロギス。数釣りも楽しめる投げ釣りターゲットの代表格

海面に浮かぶウキで潮の流れや仕掛けの状態、魚のアタリを察知するウキ釣りに対して、沖目のポイントをダイレクトに探る投げ釣りは、ラインから伝わる感触がすべての情報源。キャストした仕掛けが海底に届けばコツン、砂地をサビいてくればズルズル、障害物に当たればその抵抗を感じ、魚がヒットすればブルブルッ!という手応えがダイレクトに表れる。海中の状況がラインを通して逐一伝わってくる。これが投げ釣りの大きな特徴であり魅力である。

メインターゲットであるシロギスやカレイを狙う投げ釣りは、頑丈な竿に15〜30号と重めのオモリを組み合わせ、ときには150m以上沖のポイントへ仕掛けを遠投することもある。こうした本格的な投げ釣りに対して、ライトなジャンルに位置付

チョイ投げ釣りの基本スタイル

ウキ釣りと異なりコマセがないのでタックルはシンプル。タックルと仕掛け、水汲みバケツに小型のクーラーボックスがあればOKだ。

チョイ投げ釣りで狙える多彩なターゲット

シロギス狙いの外道といえばメゴチがよく知られる。ベラ系の魚もキュウセンを筆頭にササノハベラヤオハグロベラがよく掛かる。アイナメやカサゴなどの根魚も投げ釣りやブッコミ釣りのターゲットである。

アイナメは投げ釣りというよりもブッ込み釣りのターゲット。違いは手持ちで探るか置き竿でアタリを待つかで、仕掛けの投入法はほぼ一緒。

ウキ釣りやミャク釣りのターゲットとしては定評のあるハゼ。秋口からの落ちハゼはチョイ投げ釣りに最適なターゲットである。

チョイ投げ釣りも本格的な投げ釣りも狙える魚は変わらない。むしろ港内を狙えるチョイ投げ釣りの方が多彩な魚と出会える。写真はチョイ投げ仕掛けに掛かったメッキ。

シロギス狙いの定番外道といえるのがメゴチ。天ぷらネタとしては最高の食材だが、メゴチを専門に狙う人は少数派。

岩礁周りに生息するイメージがあるが、投げ釣りでもよく釣れるのがカワハギ。胴突き仕掛けのチョイブッ込み釣りもお勧め。

けられているのがチョイ投げ釣りである。

専用のロッドやリールは必要とせず、竿とリールがセットになったパックロッドに10号前後のオモリや小型の片テンビンに市販仕掛けがあればOK。軽くて取り回しのよいタックルを用いて、足下からせいぜい50mほど沖までのポイントをテンポよく探っていく釣りである。

もちろん小難しい操作とも無縁。数を伸ばすにはテクニックも必要だが、キャストした後は海底の感触を確かめながら仕掛けを巻いてくるだけで、シロギスやメゴチ、ハゼ、ヒイラギ、ベラ、カワハギなど賑やかな顔ぶれが小気味のよいアタリを見せてくれる。

チョイ投げ釣りで釣れる主な魚

シロギス

明確に伝わるアタリと、小さな魚体の割に強烈な引きを楽しめる投げ釣りのメインターゲット。天ぷらや昆布締めなどでおいしくいただくことができる。

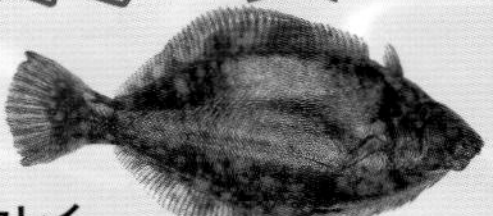

カレイ

シロギスと肩を並べる投げ釣りの主役。シロギスが夏場であるのに対し、カレイは冬場のターゲット。たっぷりめのエサを付けて広範囲を探る。

イシモチ

生息場所がシロギスと同じで投げ釣りで狙って釣ることができる。シロギスは澄んだ潮を好むが、イシモチは濁りを好む。

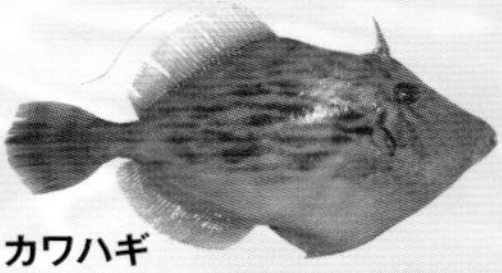

カワハギ

吹き流し式の投げ釣り仕掛けで狙えるターゲット。しかし、胴突き仕掛けで狙う魚というイメージもあり、この場合は投げ釣りというよりもブッ込み釣りといったほうが良さそうだ。

アイナメ

アイナメも投げ釣りというよりはブッ込み釣りのターゲット。岩礁がポイントとなるため手持ちで誘うよりも置き竿でアタリを待つ釣りになる。

メゴチ

投げ釣りのターゲットというよりも、投げ釣りのキングオブ外道といえるのがメゴチ。標準和名はネズミゴチといい、天ぷらネタとしてはシロギス以上の高級食材。

アナゴ

沿岸の砂泥底に生息する夜行性の魚。夜の投げ釣りで釣ることができる。

ハゼ

堤防周りでもよく釣れるハゼ。秋口からの落ちハゼはチョイ投げの最適なターゲット。夏場は底が見えるような浅場がポイントで、投げ釣りよりもウキ釣りやミャク釣りが有利。

シマダイ

写真はシマダイというよりも成魚のイシダイだが、シマダイは投げ釣り仕掛けに時折ヒットする。成魚のイシダイも基本はチョイブッ込み釣りである。

カサゴ

ムラソイ

クロソイ

根魚を代表するカサゴの仲間はブッ込み釣りのターゲットと言ったほうがいい。ジェットテンビンを使う吹き流し仕掛けや胴付き仕掛けで狙う。

スズキ

投げ釣りのイメージは薄いが、吹き流し仕掛けや胴突き仕掛けで狙うことができる投げ釣りのターゲット。

マゴチ

吹き流し仕掛けや中通しオモリ仕掛けで狙うことができるが、エサは生きエサを使う。これを投げ釣りやブッ込み釣りのカテゴリーに加えるとヒラメも投げ釣りのターゲットになる。

キュウセン

ササノハベラ

オハグロベラ

キュウセンを筆頭とするベラの仲間はメゴチに次ぐ投げ釣りの代表的な外道。キュウセンは関西で重宝されるが、関東で専門に狙う人はほとんどいない。

マダイ

マダイを投げ釣りで狙う人は意外に多く、かなりの実績が上がっている。吹き流し仕掛けや中通しオモリ仕掛けで狙うが、クロダイやキビレも同じ仕掛けにヒットする。

サビキ釣り

群れに当たればノウハウは二の次
手堅い釣果と数釣りが魅力！

初夏から秋口にかけてアジやイワシの群れが港内に入ってくる。群が入って来ればサビキ釣りの出番となり、手堅い釣果が期待できる。コマセで群を寄せることができれば数釣りも楽しめる。これがサビキ釣りである。

アジ、イワシ、小サバ

サビキ釣りはアジやイワシなどを効率よく釣るための釣法。メインターゲットはアジやイワシで、夏から秋にかけて港内に回遊してきた群を堤防や岸壁から狙う。サイズの大きいアジやサバはサビキ釣りには不向きだが、群をコマセで寄せることができれば数を釣ることができる。

小サバとイワシは表層付近で釣れることが多い。手返しをよくして効率よく釣れば数を伸ばせる。

最盛期には型の良いアジを一気に釣ることができる。夜のサビキ釣りもお勧め。

サビキ釣りは、コマセで魚の群れを足止めすることが肝心。間断なくコマセを撒くことで少しでも長く釣れ続くよう心がけよう。

堤防の定番釣法といえばサビキ釣り。足下の水深が5m以上あればどんな場所でもできる釣り方。堤防はおおむね足場がよく、小さな子供連れでも安心。クルマ横付け可能な岸壁はファミリーフィッシングに最適で、サビキ釣りにはもってこいの場所である。

アジやイワシが回って来ると釣り場が混雑するので、ちょっと早めに出かけて朝マヅメのベストタイムを確実に狙おう。

竿とリールだけあれば市販仕掛けを結ぶだけで準備完了。オモリとコマセ袋を装着し、コマセ袋にアミエビを入れて仕掛けを投入。難しいテクニックがなく、ウキ釣りのように隣の人と釣果に差が出ることが少ないのもサビキ釣りの特徴だ。

仕掛けを足下に落としたら竿を上

サビキ釣りの基本スタイル

釣れた魚を美味しく頂くためにクーラーボックスは必携アイテム。コマセを使うため若干道具が多くなるのが難点だ。

サビキ仕掛けに掛かる多彩な魚

アジやイワシがターゲットのサビキ釣り。とは言っても、仕掛けを投入すればいろいろな魚がハリに掛かる。堤防周りにいる魚はみんなターゲットで、その代表格がメバルやメジナ。来るもの拒まずの精神で楽しもう。

メバルはサビキ釣りのターゲットではないが、小型のメバルが時折サビキ釣りの仕掛けに掛かることがある。

カワハギは堤防周りに着いており、サビキ釣りで掛かることがある。

小型のメジナもサビキ釣りの常連客。時折少し型のいいメジナが掛かり糸を切られることがある。

イワシに混じってサビキ釣りの仕掛けによくヒットするのが小サバ。サビキ釣りの常連ではあるが、専門に狙う人はほとんどいない。

東京湾で初夏から夏にかけて大きな群で回遊するサッパ。群れに当たると鈴なりで釣れる。

下に動かし、コマセ袋に入ったアミエビを散らして魚を集める。アジやイワシが回っていればすぐに魚が寄ってきてハリに掛かる。

アジやイワシの他、小サバ、サッパなどは定番の釣り物だが、メジナやウミタナゴ、シマダイ、カワハギなど堤防周りにいる魚はすべてターゲット。何にも釣れないことはなく、何かしら魚が釣れるのがサビキ釣り。魚種にこだわらなければ一日中魚のアタリと引きを楽しむことができる。サビキ釣りというと初心者の釣りというイメージがあるが、釣り歴何十年のベテランをも虜にする奥深さも秘めている。

サビキ釣りの主なターゲット

アジ

サビキ釣りでは、群でコマセに集まる小さめのアジがターゲット。タナは表層よりもやや深い場合が多く、サイズが大きいほど深い場所や海底の障害物周りにいることが多い。

カタクチイワシ

煮干しの原料で知られる。大きな群れで回遊しているため、釣れる時は大量に釣れるサビキ釣りの定番ターゲット。シコイワシとも呼ばれる。

ウルメイワシ

イワシの丸干しは大半がウルメイワシ。釣れるシーズンは短いが、刺身でもおいしく食べることができる。

サッパ

湾奥などで夏場によく釣れるが、アジやイワシの外道という位置付け。小骨が多いのが難点だが、酢漬けなどにすればおいしくいただける。

小サバ

小型のサバは、サビキ釣りでよく釣れる。イワシやアジよりも素早く泳ぐので、サビキ仕掛けに掛かったら仕掛けを絡めないよう注意しよう。

コノシロ

コハダとも呼ばれるサッパによく似た魚で、明るい銀白色は光ものの代表とされる。狙って釣れる魚ではないが、群れに当たればサビキ釣りが有効な釣り方。

ソウダガツオ

アジやイワシを狙う仕掛けではなく小型回遊魚を狙うサビキ仕掛けで釣ることができる。

サビキに掛かる多彩な顔ぶれ

カワハギ

カワハギはサビキ釣りのターゲットとは言えないが、時折サビキ仕掛けに掛かる。

ウミタナゴ

ウミタナゴもカワハギ同様、サビキ釣りのターゲットとは言い難いが、サビキ釣りでよく釣れる。

メバル

メバルは時折サビキ釣り仕掛けにヒットしてくる。しかし、サビキ釣りで専門に狙う魚ではない。

メジナ

小型のメジナはサビキ釣りのターゲットに加えてもいいが、釣れるサイズが小さいのが難点。

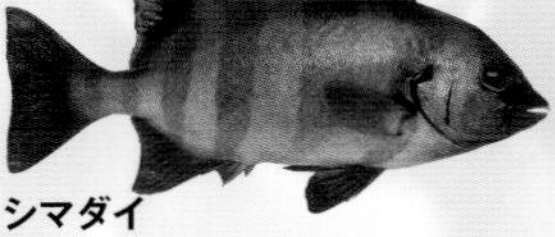

シマダイ

写真は成魚に近いが、イシダイの若魚はシマダイと呼ばれサビキ釣り仕掛けに掛かることがある。メジナ同様、サイズが小さいため釣れてもリリースが望ましい。

スズメダイ

スズメダイはサビキ仕掛けによく掛かる外道。専門に狙う魚ではないが、生干しにすると美味しいらしい。

ネンブツダイ

非常に大きな群れを作り、アジのサビキ釣りでうるさいほど釣れることがある。

ヒイラギ

投げ釣りではシロギスの定番外道。サビキ釣りでも稀に掛かることがある。体表がヌルヌルしているのが特徴。

アイゴ

バリとも呼ばれる背ビレに毒を持つ危険な魚。若魚は場所によってサビキ釣りで掛かることがある。素手で掴まないように注意したい。

ルアー釣り

広がりを見せる豊富なターゲット
手軽さが魅力のルアー釣り

堤防ルアーの定番と言えばエギングや青物のジギングであったが、今はアジングやメバリングが人気。

ソルトルアーと言えばスズキという時代は過ぎ去り、現在はエギングやアジング、メバリングがソルトルアーの代名詞になってきた。ターゲットが細分化し、ワンタックルタックル1魚種という流れが止まらない。

ルアー釣りのターゲット

一般的なエサ釣りでは外道というターゲット以外の魚が存在するが、ルアー釣りでは外道という言葉をあまり聞くことがない。ルアー釣りの場合、フィッシュイーターと呼ばれる肉食魚がターゲットで、釣れる魚はすべて本命といえる。

アジング人気が台頭するまでメバルがソルトルアーを牽引していた。現在もメバリングと呼ばれ堤防ルアーの代表的なターゲット。

釣って楽しく、食べて美味しいアオリイカ。エギングブームの到来と共に堤防ルアーの確固たる位置を確立した。

ルアー釣りのターゲットは魚を捕食するフィッシュイーターと呼ばれる肉食魚。この肉食魚をアジやイワシなど小魚に模したルアーを海中にキャストして釣るのがルアーフィッシングである。定番のスズキを筆頭にヒラメやマゴチ、回遊魚などが代表的なターゲットである。メバルやカサゴなどの根魚も人気で、昨今はクロダイやアジもルアー釣りの対象魚である。この他、カマスやタチウオもルアーで釣ることができる。これにハゼも加わりそうな勢いで、ターゲットは拡大傾向にある。さらに、和製ルアーといわれる餌木を使うエギングもルアーフィッシングといえるだろう。エギングのメインターゲットはアオリイカだが、シリヤケイカや最近はマダコなども注目され、タコ餌木と呼ばれるタコ専用の餌木も登場した。

ルアーのターゲットといえばスズキという時代から進化を遂げてきたルアーフィッシング。いまや大物か

ルアー釣りの基本スタイル

ポイントを探りながら移動するルアー釣りではフットワークの良さが釣果を左右する。できるだけ小物は身に付けておきたい。

ら小物まで多彩な魚がルアーの対象魚になっている。釣り方が確立されると専用タックルが登場し、海釣り入門といえば堤防のサビキ釣りだった時代から、昨今はルアー釣りから海釣りに入る人も増えている。

　タックルはターゲットに合わせた専用ロッドが開発され、ターゲットの数だけロッドが必要となるが、流用も可能である。それでもシーバスロッドにエギングロッド、アジやメバル用のライトタックルがあるといい。

　エサやコマセを使わないのでタックルがシンプルというメリットがあり、竿とリール、それにルアーが一つあれば釣りができる。コマセ用のバッカンや水汲みバケツなどを必要としないため、手軽に釣りを楽しむことができる。難点はターゲット合わせたルアーが必要になるため、ターゲットを広げるとルアーの数が増えてしまうことである。

ワカシやイナダ、カンパチといった回遊魚は夏から秋口にかけての風物詩。

カサゴやムラソイ、クロソイなどカサゴの仲間はロックフィッシュと呼ばれ、テトラ周りが絶好のポイント。

フラットフィッシュと呼ばれるヒラメやマゴチは、ルアー釣りの人気ターゲット。

ルアーフィッシングの礎を気付いたのがスズキ。シーバスと呼ばれ、数々のテクニックがスズキ狙いで確立された。

カマスも堤防周りで狙えるルアー釣りのターゲット。

ルアー釣りの主なターゲット

スズキ
シーバスとも呼ばれるルアー釣りの代表的な魚。ルアー釣りターゲットとしての歴史が長く、色々なテクニックがスズキ狙いから確立された。

イナダ
ブリの若魚で、ワカシ→イナダ→ワラサ→ブリと成長によって名前が変わる出世魚。ルアー釣りのターゲットとしても人気。

カンパチ
80㎝くらいまで成長する大型の回遊魚だが、堤防周りで釣れるのはショゴと呼ばれるカンパチの幼魚である。

サバ
小型のサバはサビキ釣りで狙えるが、30㎝以上に成長したサバはルアーやカゴ釣りのターゲットとなる。

ソウダガツオ
ソウダガツオにはヒラソウダガツオとマルソウダガツオの２種類がおり、素人目では区別が難しい。和製ルアーと言われる弓ヅノによい反応を見せる。

アイナメ
ジグヘッドに似たブラーやブラクリにワームを付けて狙う。ブラーやブラクリにはエサを付けて狙う方法もある。

カサゴ

クロソイ

ムラソイ

ロックフィッシュと呼ばれる根魚の代表カサゴ。その仲間にクロソイやムラソイがいて、いずれもルアー釣りの人気ターゲットである。

ヒラメ

マゴチ

フラットフィッシュと呼ばれるルアー釣りの人気ターゲット。マゴチは夏場、ヒラメは春から夏がシーズン。

アジ
サビキ釣りの定番ターゲットというイメージのアジ。昨今はアジングブームの到来で、ルアーターゲットとしての人気を確立。

メバル
アジング同様、ルアーターゲットとして不動の位置を確立したメバル。いまやアジと並ぶ人気のルアーターゲット。

クロダイ
ルアーターゲットとして釣り方が確立されたクロダイ。かなりのテクが必要でビギナーには敷居が高い。

アオリイカ
エギングのメインターゲット。ベストシーズンは春と秋だが、一年中狙うことができる。産卵期の春は大型が狙えることで知られ、秋口は小型の数釣りが楽しめる。

コウイカ
体の中に船の形をした甲殻を持つのがコウイカの特徴。春から夏がシーズンで、食べて美味しい人気ターゲット。モンゴウイカやシリヤケイカもコウイカの仲間。

マダコ
主にカニやエビなどを補食する。近年はタコエギと呼ばれる釣法が確立し、エギングの新しいターゲットとして注目されている。堤防周りでは 0.5 ～1kg級がよく釣れる。

堤防釣りとはいっても釣り方は様々。
では、どんなエサを使うのか、よく使われる一般的なエサを紹介。

エサ図鑑

人工エサ

パワーイソメ

見た目は虫エサそっくりな人工エサ。本物の虫エサのように動いたり噛みついたりしないので虫エサが苦手な人でも安心。虫エサと比べて長期保存でき、サイズを選べるなどのメリットがある。

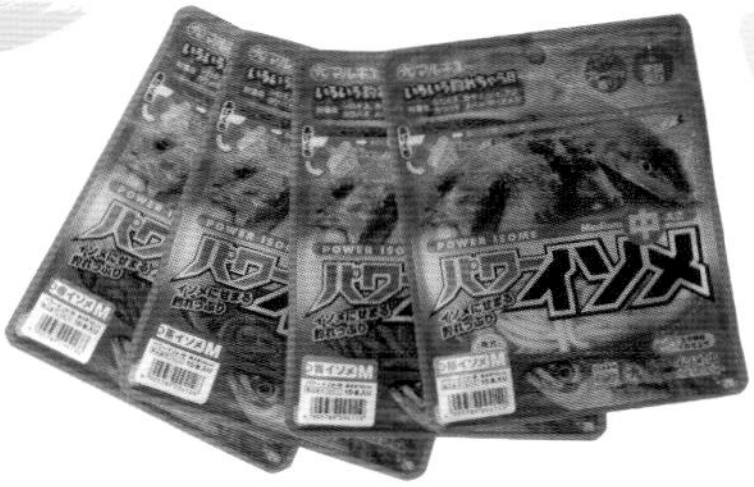

虫エサ

アオイソメ（アオゴカイ）

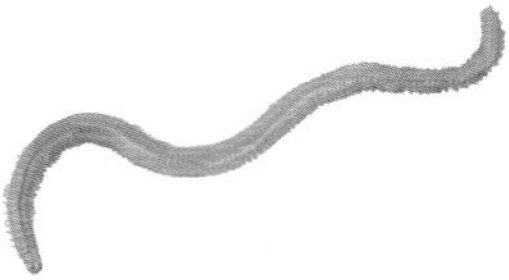

安価でポピュラーな虫エサ。シロギス釣りでは適当な長さに切って、カレイ狙いでは房掛けにして使う。

ジャリメ（イソゴカイ）

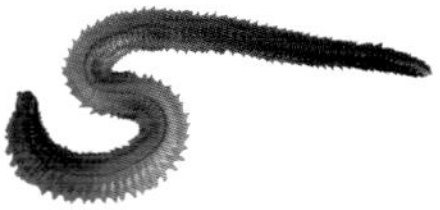

ジャリメは、中・小型のシロギス釣りの必需品だ。入手しやすく価格も安め。イシゴカイ、スナイソメとも呼ばれる。

イワイソメ（イワムシ）

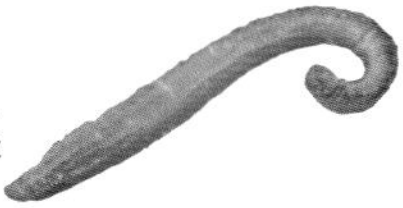

大物狙いの特効エサ。大キスやマダイ、アイナメを釣るときにも使用する。近年は予約しないと入手困難。

冷凍エサ

オキアミ

ウキ釣りの定番エサはオキアミ。通常ブロック状に冷凍したものが売られている。コマセ用と付けエサ用がある。

アミエビ

サビキ釣りで使われるアミエビ。オキアミ同様、冷凍されたものがブロック状になって売られている。

生エサ

ボケジャコ

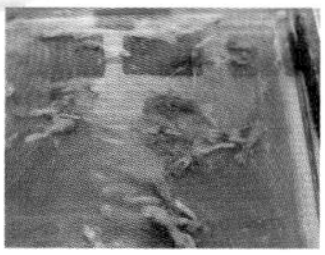

クロダイ狙いの特効エサと言われるが、手軽に入手できるわけではない。

モエビ

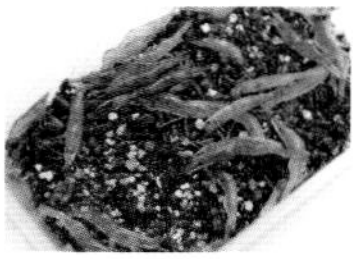

生きた小型のエビ。スズキやメバル狙いで威力を発揮する。

ちょっと待った！ 触ると危険な魚たち

クサフグ［フグ目フグ科］

■肉や皮に毒　■鋭い歯

●全長 20 センチ。分布・東北地方以南。沿岸近くの砂地に多く群れ、内湾から河口の汽水域まで入り込む。強毒

キタマクラ［フグ目フグ科］

■肉や皮に毒　■鋭い歯

●全長 15 センチ。分布・関東以南。比較的浅い海域の岩礁帯や根際、砂地に生息。目の付近と腹側に青い帯が入り、尻ビレ付近は特に青い。皮、内臓強毒

ゴンズイ［ナマズ目ゴンズイ科］

■ヒレのトゲに毒

●全長 25 センチ。分布・東日本以南。4本の口ヒゲが特徴。背、胸ビレに毒バリがあり、死んでも効力が持続。釣り場で放置するのは厳禁

ハオコゼ［カサゴ目ハオコゼ科］

■ヒレのトゲに毒

●全長 10 センチ。分布・東日本以南。背ビレの鋭いトゲに強毒を持つ。刺されると長時間痛むので素手で触らないよう注意

アイゴ［スズキ目アイゴ科］

■ヒレのトゲに毒

●全長 30 センチ。分布・東北以南。沿岸の海藻の多い岩礁帯に生息。体型はかなり平らで体色は生息域によりかなり変化する。干物で美味だがヒレのトゲに毒あり

アカエイ［エイ目アカエイ科］

■ヒレのトゲに毒

●全長 100 センチ。分布・東日本以南。座布団型の平らな体形で周囲はヒレ状。尾はムチのように長く、中央上部のトゲに強毒

ゼロから始める

海釣り入門

イラストと写真で基礎から解説

最初は堤防、岸壁から始めてみよう

コスミック出版

CONTENTS

第2章 ウキ釣りに挑戦！

基礎知識と釣り方の基本を解説

第3章 サビキ釣りに挑戦！

基礎知識と釣り方の基本を解説

第1章

堤防釣りを始める前に

こんなことを知っていれば安心

堤防釣りって、いったいどんな釣りだろうか？もちろん「堤防釣り」という釣り方が存在するわけではなく、堤防というフィールドを舞台に繰り広げられる釣りの総称が堤防釣りというわけだ。そもそも堤防は、海岸線の地形や停泊する船を守るために造られたインフラで、その多くは釣り専用の施設ではない。したがって、堤防で釣りをするためにはマナーとルールを知っておく必要がある。釣り方の解説に進む前に、まずは押さえておきたい堤防での基礎知識について触れておこう。

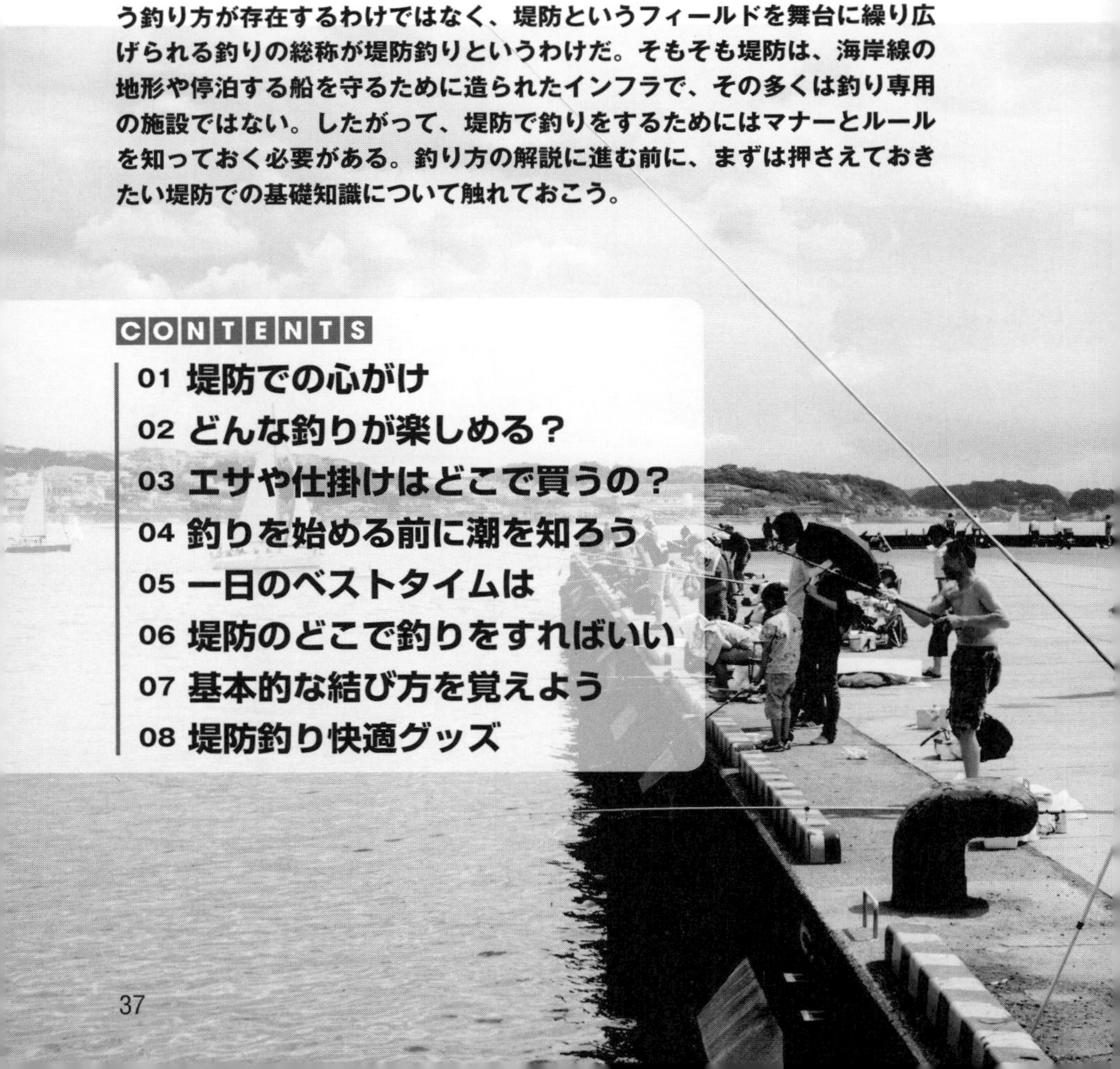

CONTENTS

01

堤防での心がけ

堤防は釣り人のために造られた専用施設ではない。そこで釣りをするにはモラルとルールは守らないと。

磯ではライフジャケット着用は常識。堤防釣りでもできるだけ着用するようにしたい。

堤防は人工の魚礁と同じ ゴミは持ち帰り 釣り場はきれいに

海釣りには堤防釣りの他に、磯釣り、船釣り、砂浜釣りなど様々なフィールドがあり、それぞれ違ったターゲットを狙うことができる。その中でも堤防釣りは、磯釣りとほぼ同様の釣り方が楽しめ、ほぼ同じようなターゲットを狙うことができる。しかし、磯での釣りは足場が悪く、潮も複雑な動きをするので、どちらかといえばベテラン向き。これに対して堤防釣りは、足場が平坦で釣りやすいためビギナーの海釣り入門には最適である。

また堤防は海の中の障害物といってよく、魚が集まりやすいところでもある。なぜならば、堤防は捨石やケーソンなどで基礎を造り、その上にコンクリートの堤防を築く。外海側にはテトラが積まれ、やがてこれらの人工構造物には海藻が生え、貝類や虫類も繁殖する。そしてこれらを食う魚が集まってくるわけである。つまり魚礁としての役割も果たすのだ。だからコマセを大量にまかなくても、自然と魚が集まるのである。

しかし堤防は、釣り人のための施設ではない。外海からの荒波を防ぎ、港を守るために造られている。こうした場所で釣りを楽しむためには、ひとりひとりが自覚を持って、ゴミなどを持ち帰ることはもちろん、マナーに反する行為は謹んで、その上で釣りを楽しむことが肝心なのだ。

最近、マナー違反が目にあまり、釣り人を締め出してしまった堤防もある。きれいに管理された堤防に、ある日突然ゴミが放置された。次の日からはそこにゴミを捨てる人が続

船道は浚渫されていて、両サイドがカケアガリになっている。ここが好ポイントになるが、船の往来が多い。漁船などが往来するときは仕掛けを上げよう。

出。人間というものは実に弱いもので、人間というものは実に弱いもので、最初の一人が少しくらいはいいかと、軽い気持ちでゴミを放置すると、そこはあっという間にゴミ捨て場のようになってしまう。

釣りはエサが入った袋や糸くず、使い終わった仕掛けなど、必ずゴミがでる遊びである。だからこそ、ゴミ対策には、人一倍気を遣わなくてはならない。確かに臭気漂うエサの袋などは一刻も早く捨てたい代物である。今は釣具店などにもゴミ箱が設置されており、ただ帰りに立ち寄ってゴミを捨てることは至極簡単なこと。これだけは絶対に守っていかないと、近い将来堤防釣りを楽しむことができなくなってしまうかも知れない。

もう一つ、心がけたいのが安全面の装備だ。足場がよいといっても危険がないわけではない。以前に比べて堤防でもライフジャケットを着用する人が増えてきたが、まだ軽装で釣りをしている人が目立つ。磯では、ほとんどの釣り人がライフジャケットを着用して釣りを楽しんでいるが、堤防でもライフジャケットの着用を心がけて欲しい。昔は、沖磯でも着用しない人が少なくなかった。少しずつとはいえ、改善されてきていることも事実。近い将来、ライフジャケット着用率が100%に近づくことを期待するとともに、ゴミがまったく落ちていない堤防で、釣りを楽しみたいものである。

ワンポイントアドバイス

堤防は小物釣り場ではない

堤防はビギナー向けの小物釣り場というイメージを連想する人が多いようだが、そうではない。実は堤防ほど、大物が潜んでいることが多いのである。特に釣り人の多い堤防は、連日コマセがまかれ、メタボリック体形の大物がウヨウヨ。でもそんな大物に限って、釣り人のエサには食いつかない。だからこそ大きく成長できるともいえるが、そんな超大物と対峙して、知恵比べをするのも堤防釣りの楽しみのひとつである。

コマセで汚れた足元は帰り際に海水で洗い流す。釣り人が残したコマセで漁業関係者が困っていることも多い。

港湾施設は本来、そこを仕事場とする人たちの施設。使わせてもらっているという気持ちを忘れずに。

02

どんな釣りが楽しめる？

多彩な魚が集まる場所なので、ターゲットも多彩魚に合わせた様々な釣法で、堤防釣りを楽しもう。

ウキ釣りは堤防の定番釣法で、クロダイはその人気ターゲット。釣るのが難しそうだが堤防周りに意外と多いのがクロダイである。

堤防周りは魚の宝庫 一つの釣法でもいろいろな魚が釣れる

堤防周りには多彩な魚が生息しているため、ターゲットによって釣り方も様々である。初心者にお勧めなのがサビキ釣り、ウキ釣り、投げ釣り、ルアー釣りなどで、このほか落とし込み釣りやミャク釣りなど多彩な釣りを楽しむことができる。

まずウキ釣りで狙える魚はクロダイ、メジナ、ウミタナゴ、メバル、マアジ、シマダイ、サヨリなど。ウキ下を調節して底近くを専門に狙うとカサゴやソイ、アイナメなどの根魚も釣れるし、夜になるとスズキなどの大物も期待できる。また潮通しのよい堤防ではイナダ、カンパチ、シマアジなどの回遊魚も釣れ、ターゲットは実に多彩。季節的には海水温が高い季節は小型の魚が多く、冬から春にかけては大型のクロダイやメジナが狙える。

サビキ釣りではマアジ、イワシ、サッパ、コノシロなどが狙え、このほか場所によってカマス、ムロアジ、シマダイ、メジナ、メバル、ウミタナゴ、ボラなども釣れる。ブリの幼魚であるワカシやシマアジなども釣れるし、ハリに掛かった小魚に大型のヒラメやイナダ、カンパチ、クロダイなどが食いつくこともある。

投げ釣りでは、砂地や砂泥地の海底でシロギス、イシモチ、カレイ、メゴチ、ハゼなど。岩礁まじりの海底ではアイナメ、カサゴ、ソイがよく釣れる。さらに外道でスズキ、ベラ、クジメ、フグなどが掛かる。基本的には遠投でもチョイ投げでもターゲットは同じだが、沖の隠れ根周りなど特定のポイントを攻めるときは、遠投が有利である。季節でみると、暖かい時期はシロギス、イシモチ、メゴチ、ハゼ、カサゴなどがメインとなり、カレイやアイナメは寒い時期がベストシーズン。

ルアー釣りでは、スズキが一年中狙え、メバルは早春から初夏までと秋が好シーズン。アオリイカは、秋が小型の数釣りで、真冬はいったん釣れなくなるが、桜の咲くころから夏にかけて大型が狙える。ただし、スズキは一年中狙えるといっても真冬はヒット率が悪く、春と秋がベストシーズンだ。この3種はいずれも、日中よりも夜釣りが有利なターゲットで、小魚の群れが堤防周りに接岸しているようなときは狙い目である。

ポイントは、スズキとアオリイカは潮通しがよく、小魚などが多い場所。スズキは湾奥や河川の河口近くにも多い。メバルは岩礁や海藻の多いところで、日中は底近く、夜は上層に浮いてくる。

ほかにミャク釣りやブラクリ釣り、落とし込み釣りなどもでき、落とし込み釣りのターゲットはクロダイ、ミャク釣りやブラクリ釣りではアイナメ、カサゴ、ソイなどが狙える。

落とし込み釣りは、ウキをつけずに軽いオモリで堤防のヘチや捨石帯などを狙う釣り方で、ベテラン向き。ミャク釣りとブラクリ釣りは、軽めのオモリで底にエサを落として狙う釣り方だ。こちらは難しいテクニックも必要ないので、ビギナーでも楽しめる。

チョイ投げで狙うのはシロギスやカレイ。

ノベ竿を使って寄ってくるアジを狙っている人たちも。

手軽さならルアーで決まり！　シーバス（スズキ）やメバルだけでなく、イナダやカンパチ、シマアジなどの回遊魚も狙える。

ここにも注目！

二刀流釣法のすすめ

堤防では、投げ釣りをしながらウキ釣りをしたり、サビキ釣りをしたりと、二刀流の釣りも楽しめる。投げ釣りは、置き竿でアタリを待つことができるので、仕掛けを投げて巻き上げるまでの間に、他の釣りでも遊べるわけだ。ただしこの二刀流釣法は、釣り場が空いているとき限定の釣法。混雑する休日などは、１人１本の竿で楽しむのが原則。特に投げ釣りでは、混雑時に何本も竿を出すのはマナー違反だ。

エサや仕掛けはどこで買うの？

当たり前のようだけど、意外と悩んでしまうのが初めてのお買い物。そんな人へのアドバイスを紹介。

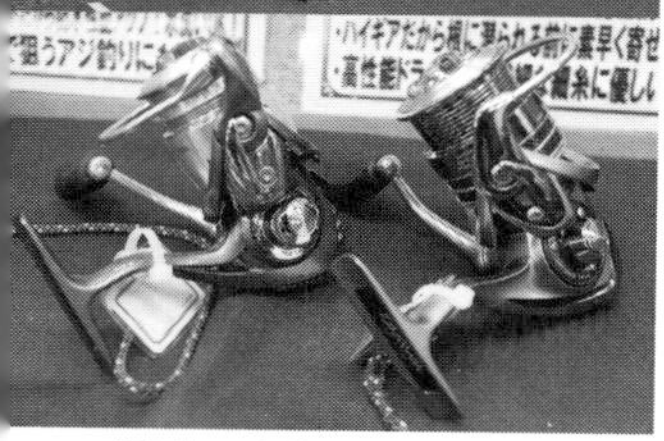

竿やリールなどタックル類の購入は量販店がお勧め。大量仕入れにより、良い道具を比較的安価で手に入れることができる。

タックルは量販店 エサや仕掛けは現地の釣具店

初めて釣りをする人にとっては、竿や仕掛け、エサなどを買うこともかなりのストレスになるだろう。釣りのベテランなどに同行してもらえれば心強いが、それができない人も多いはず。

竿やリールなどのタックルは、まとめて購入するとそれなりにお金がかかるので、できるだけ安い釣具専門の量販店などで買うことをお勧めする。それも店によってかなり値段が違うことがあるので、何店か比べてみよう。モデルチェンジしたばかりの新製品は、基本的に値引き幅が小さいが、旧製品は新しいのが出るたびに安くなるのが普通である。

釣り場の近くには必ず釣具店がある。釣りの前にエサと仕掛けを購入し、ついでに最新情報をもらっちゃおう。

新鮮な虫エサや、その釣り場で効果的な「特エサ」は、釣り場近くの釣具店で入手するのが一番。

仕掛けは、市販品と自作に分けられるが、サビキ釣りと投げ釣り、ブラクリなどは市販仕掛けが使われることが多い。このほかの釣りはできるだけ自作することをお勧めする。例えば、ウキ釣りでメジナを狙うような場合、市販のウキ仕掛けではハリが大きすぎたり、ハリスが短かすぎたり、意外と応用範囲が狭い。

サビキ仕掛けは、できるだけ現地の釣具店で購入したほうがいい。なぜならば、どのサビキ仕掛けの食いがよいとか、その時期のその釣り場の当たり仕掛けなどを熟知しているからだ。サビキ仕掛けは種類が多く、どれを選べばよいか迷ってしまうので、現地の釣具店で聞けば迷わず当たり仕掛けを購入できる。

　ただし投げ釣り仕掛けとブラクリ仕掛けは、狙う魚が絞れていれば、それに合わせた仕掛けを購入するだけなので、現地の釣具店でなくても大丈夫。投げ釣り仕掛けはハリの大きさとハリスの太さ、ブラクリならオモリの重さがキーポイントになる。

　エサに関しては、現地の釣具店で買うのがベストだろう。基本的にはイソメ類やオキアミ、アミエビなどがメインになるが、ときには練りエサのほうがよく釣れているとか、イソメの食いが悪いなどというマル秘情報が入手できる可能性もあるからだ。

釣具店は地元釣り場の良きアドバイザー。常連さんが釣りの前後に立ち寄り最新情報を置いて帰る。

　釣りエサは欠かせないアイテムで、同じエサでも季節によって魚の食いが違ってくるし、特定の期間だけこのエサしか食わない、というようなこともある。また虫類などは、活きのよいエサほど食いもよいので、現地で購入してなるべく新しいエサを使ったほうが釣果は上がる。

　オキアミやアミエビなどの冷凍エサは、現地の釣具店でなくてもよい。解凍に時間がかかる冬場などは、早めに購入して解かしながら出かけるのも手。また現地にいつも行く決まった釣具店があれば、前の日に連絡して、冷凍エサをあらかじめ解かしてもらっておく方法もある。こうすれば、釣り場に着いたらすぐに釣りをはじめられる。

サビキ、チョイ投げの仕掛けは市販品で十分。釣り場近くの釣り具店で相談し、その釣り場にもっとも合ったモノを購入しよう。

　一般的にベテランと言われる釣り人は、タックルは量販店で買い、エサや仕掛けは現地の釣具店で購入することが多い。したがって竿やリールなどの道具が揃っていれば、あとは現地の釣具店に寄るだけで事は足りるということである。

ワンポイントアドバイス

釣果アップは旬の情報から

　堤防釣りは、情報量が多ければ多いほど有利である。いつどんな時に、どのポイントでどれくらいの大きさの魚が釣れているのか、また当たりサビキは？　当たりエサは？　といった情報が役に立つ。そんな情報を入手するには、現地の釣具店と顔なじみになっておくことが重要。ただしその釣具店でエサなどを購入しないと、マル秘情報は教えてもらえないから、いつも決まったお店に通うのが得策である。

釣り場に着いたらまずは海の状態を眺める。そこから釣りは始まる。

釣りを始める前に潮を知ろう

海釣りでは潮の動きが釣果に大きく影響する。「潮」の基本的な所だけでも知っておいて損はない。

複雑に動く潮 一般的には干満の差に比例？

海には潮が存在する。これは海水が月の引力によって満ちたり引いたりするもので、潮が動く、潮が引く、潮が満ちる、潮がよい、潮が悪いなどと表現される。潮が満ちた時を満潮といい、引ききった時を干潮と呼んでいる。また干潮から満潮までを上げ潮、満潮から干潮を引き潮または下げ潮という。

潮の干満は、計算によって割り出されており、必ずその日、その時間になれば満ちたり引いたりする。さらにこの干満は、月の引力で大きく動くときと小さく動くときがある。大きく動くときを大潮、小さく動くときを小潮、その中間を中潮と呼び、2週間程度でひと回りする。このひと回りして最初の潮を若潮、最後の最も動かない潮を長潮と呼んでいる。

潮の動きは、釣りをする上で非常に重要な要素となる。魚は基本的に潮が動いているときの活性が高く、動いていないときは活性が低い。つまり、潮の干満の時間をあらかじめ調べて釣行し、いつごろの時間に魚の食いがよくなるかを予想することも可能なわけだ。一般的には上げ潮3分（さんぶ）とか7分（しちぶ）とか言われるが、その時間帯に潮がよい動きをするケースが多いということだ。このことから、小潮よりも大潮のほうが魚の活性がよいと思われる。しかしそうとは言い切れないのが潮の難しいところなのである。

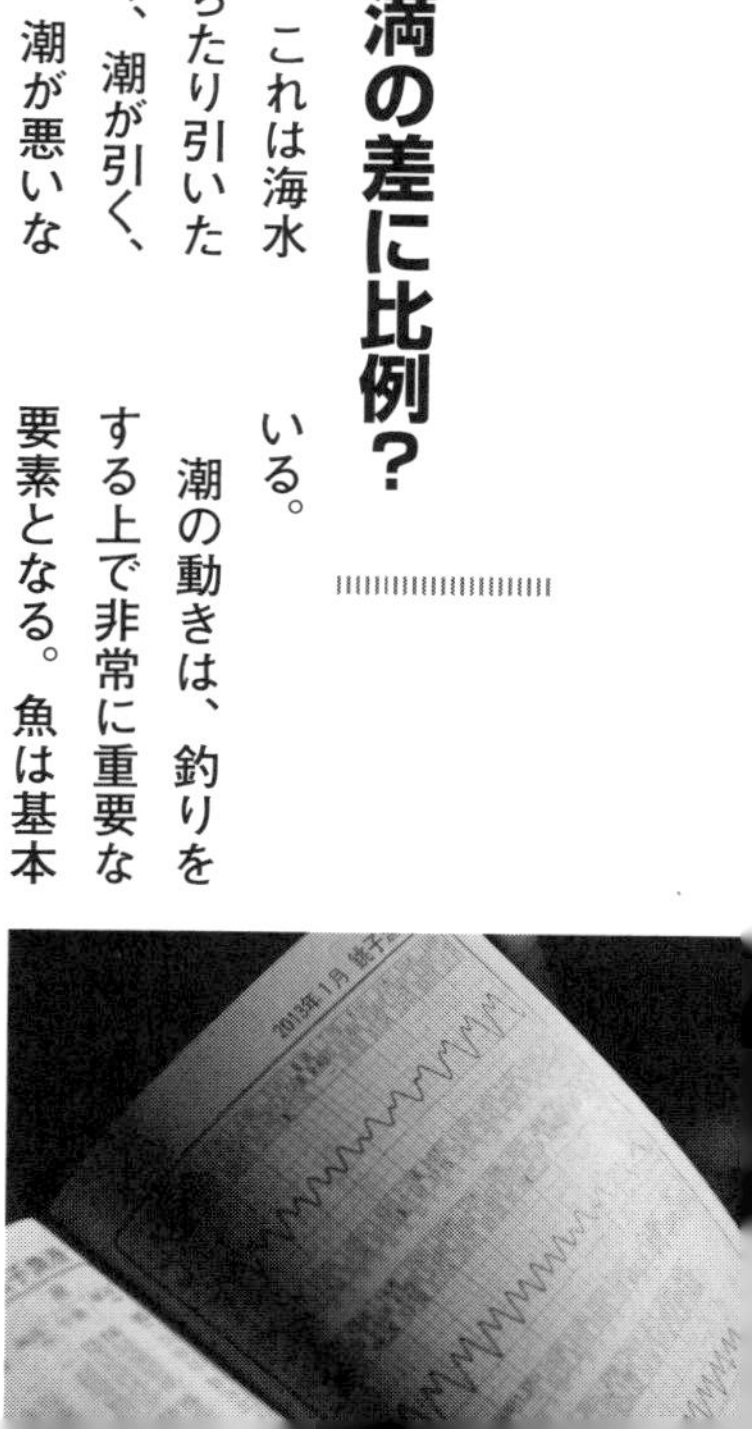

各地の干満の時刻が分かる潮時表は、釣具店で購入することができる。

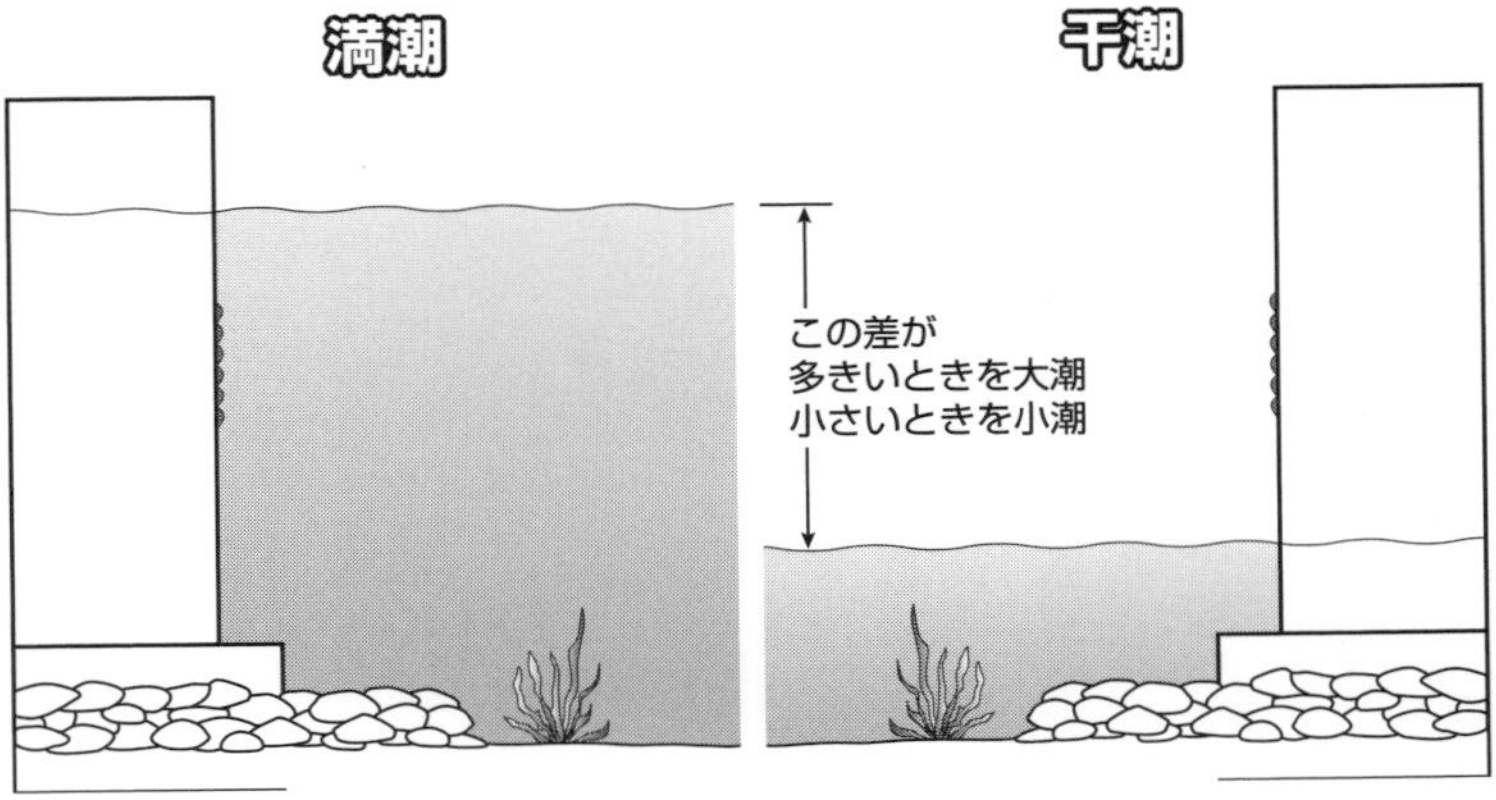

月と太陽の重力によって引き起こされる潮の干満。干潮時と満潮時では海面の高さが大きく変わり、これがポイントを決めるうえで重要な要素となることもある。

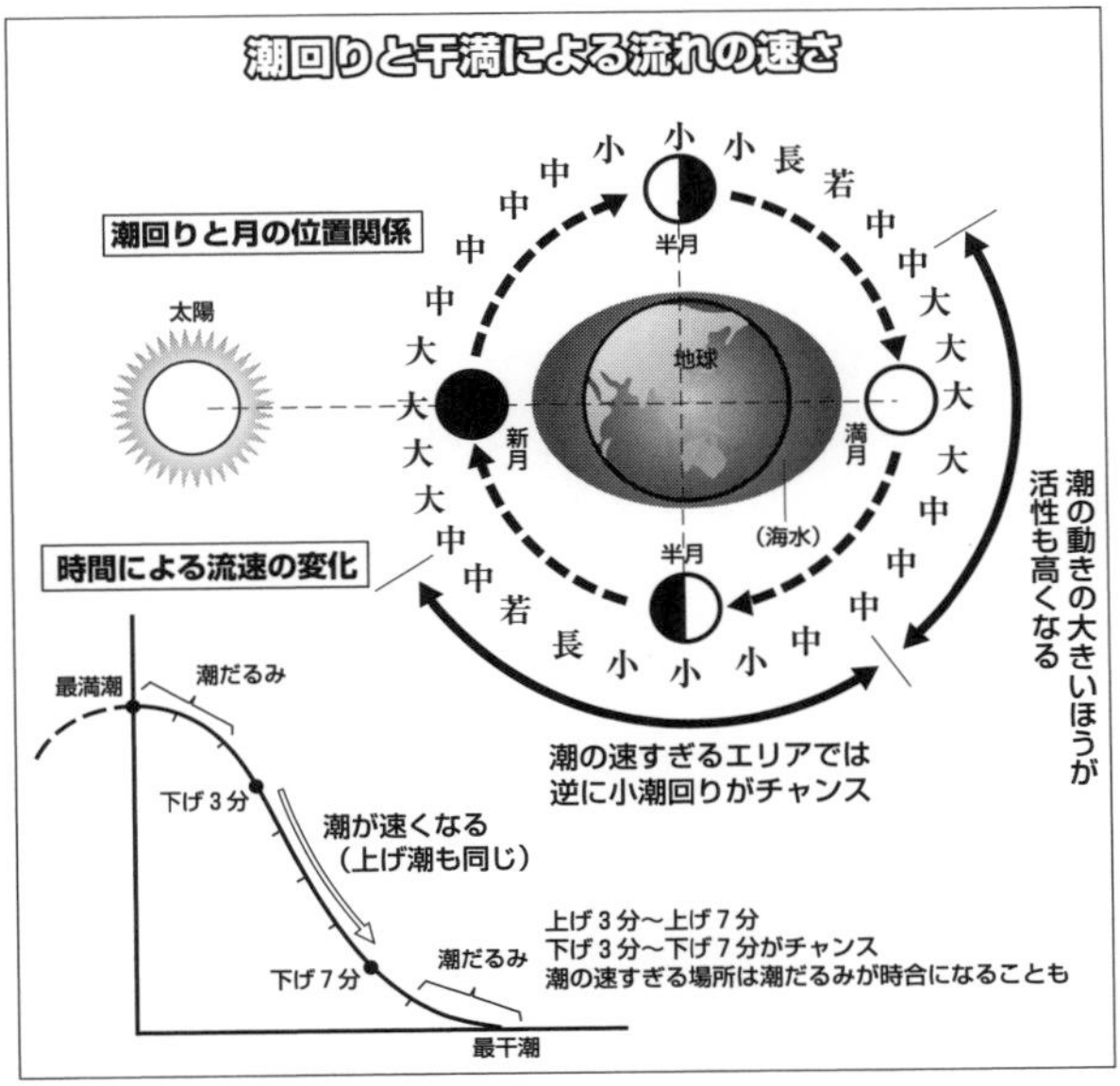

一般に潮流と呼ばれる現象は、月および太陽の引力、地球の遠心力によって周期的に引き起こされる海面の昇降のことである。潮流とは潮の干満が引き起こす海水の動きにほかならない。ただ、黒潮や親潮のような規模の大きい海流が含まれることもあり、釣りの場合にはポイント周辺に発生する小規模な海水の流れを意味することもある。「潮を読む」とは、それらすべてを総合して眼前に広がる海の流れを観察することであり、今後の動きを予測することである。
潮の干満は月と太陽と地球が一列に並んだ新月と満月のときにもっとも大きくなる。これが大潮。月の位置がずれるとともに昇降幅は小さくなって中潮から小潮へ、長潮から若潮へ移り、再び中潮を経て大潮へ向かう。このサイクルを潮回りと呼ぶ。

潮は、干満だけで動きが決まるわけではない。波の大きさ、風向き、風の強さ、水温なども複雑に絡み合うので、こちらが予想してもそうなるとは限らないのだ。潮の動きは、最も予想が難しいのである。

ただし、潮位といって潮がどのくらいまで上げるか下げるかは、正確に算出されているので、干潮時には釣りにならない水深の浅い釣り場などへ釣行するときは、満潮時間を調べてその時間帯を狙えばいいわけである。

潮が動くか動かないかは、実際に

はその日になってみなければ分からない。干満の差が大きいほど動く確率も高くなるのが普通だが、必ずしもそうではないことがある。潮が動かず魚の食いが悪い日を、いわゆる潮が悪いといい、釣れないときの言い訳にするのだ。

　このように潮は、干満こそ解明されてはいるものの、その動きや魚の食いとの関係は、実に複雑で難しい。まずは潮の干満、周期、潮位などを覚えて、あとは実践を積んで自分なりに潮を勉強していくしかないだろう。ただし、大まかな潮の読みというものは、経験を積むことでできるようになる。

　例えば、あるポイントでは上げ潮よりも下げ潮のほうが魚の食いはよいとか、その逆もあるし、普段から潮の流れの速いポイントでは、流れが緩くなる潮止まり時によく釣れるといったことである。

　潮は場所によってもまるで違った動きをするし、とても一朝一夕には語れない。釣り人だけでなく、漁師さんたちにとっても、永遠のテーマといえるほど難しいものなのである。

ワンポイントアドバイス

なぜ、隣の人はよく釣るの？

　堤防釣りでは、よほど潮の流れが速くない限り、潮が淀んだところよりも、動いている場所をポイントにしたほうがよい。したがって堤防の先端部や角などは潮が動きやすく、好ポイントになりやすいのである。またコマセをまくウキ釣りでも、潮の動きは重要だが、あまり速すぎるとコマセがあらぬほうへ流れてしまうこともある。特に横方向へ速く流れるときは、隣の釣り人のためにコマセをまいているようなことにもなるから注意したい。

潮が動き始めた途端、急にアタリが頻発。よくあることだ。

潮の干満が分かれば、適当なところで切り上げる判断材料にもある。

船揚場などの浅いポイントは潮が動きはじめたら、浅場に立ち込んで少しでも沖目のポイントを狙ってみたい。

海釣りでは釣りやすい時間帯というのがあり、朝夕のマヅメ時といわれている。アジやイワシはこれに当てはまるが、ウミタナゴは日中のほうがよく釣れる。時間帯と潮の状況が微妙に影響する。

05 一日のベストタイムは

釣りというものは堤防に限らず、いつでも条件が同じではない。時間帯によって釣りやすい時がある。

魚によって異なるチャンスタイム 全般的には朝マヅメが狙い時

釣りは基本的に朝早いというイメージがある。それは魚の活動時間が、早朝にピークを迎えることが多いからである。これは堤防釣りでも他の釣りでも同じこと。しかし、すべての魚がそうとは限らない。日中になってから行動を開始する魚、夜行性の魚、朝夕だけ元気な魚、24時間休みなしのタフな魚などいろいろだ。

まず午前中のベストタイムは、日の出少し前に白々と明るくなる頃から日の出までの時間帯。この時間を朝マヅメといい、釣りでは最高のチャンスタイムと言われる。そして日の出から2～3時間ほどが次のピークである。堤防で釣れるほとんどの魚は、この早朝が最も釣りやすい。特に大型のクロダイやルアーのスズキ、回遊魚、投げ釣りではシロギスなどが狙い目となる。

これに対して日中は、小物たちの捕食時間となる。小メジナ（20㎝以下）やウミタナゴ、小アジ、イワシなどがよく釣れる。警戒心の強い大物は日中に活動しないため、小魚が盛んに捕食活動をするわけだ。ただ、大物が釣れないというわけではなく、釣れる確率が低くなるということである。

夕方になると、再び大物のチャンスが大きくなる。そして陽が沈む前後の薄暗くなる時間帯を夕マヅメと呼び、朝マヅメとともに、最高のチャンスタイムとなる。そしてウキが見えなくなる頃から、日中の魚と夜行性の魚が入れ替わる。

夜になると昼間に比べて釣れる魚

種がぐっと減ってくる。日中は盛んにアタックしてきた小メジナなどもエサに反応しなくなる。夜行性の魚には、カサゴ、メバル、アナゴなどがあり、毒をもったゴンズイなども釣れてくるから注意したい。ただし夜行性の魚といっても、カサゴやメバルは日中でも釣れる。ただ日中は

投げ釣りで狙うシロギスは早朝が狙い目。

イワシや小アジは日中でも活発にエサを追うが、朝夕のマヅメ時が有利。

あまり動き回らず、目の前にあるエサに反応するだけ。それが夜になると、自らエサを求めて泳ぎ回るのだ。クロダイも、夜釣りで狙える魚だが、本来夜行性の魚ではない。しかし警戒心が非常に強いため、日中よりも夜のほうが釣りやすい。さらにマアジ、サバなども日中よりも夜のほうが釣れるサイズが大きくなる。

スズキは早朝から夜半過ぎまで活発にエサを求めて泳ぎ回るが、やはり朝夕と夜が最も活発のようだ。回遊魚系では、イナダ、ワカシ、カンパチ、シマアジなどがおり、朝マヅメがベストタイムで、夕マヅメはあまりよくない。イワシは本来朝夕のマヅメ時がよいのだが、大型回遊魚やスズキなどの肉食魚に常に追われる魚なので、肉食魚が回ってくる朝夕よりも日中のほうが釣りやすくなる。

このように、魚にもいろいろなタイプがあり、それぞれチャンスタイムは異なるが全体的に見れば朝マヅメがベストタイムといえそうだ。次に夕マヅメとなるが、場所によっては潮の干満の影響のほうが大きいところもある。そんなポイントでは、時間帯だけではなく、潮の影響も考える必要がある。

ワンポイントアドバイス

コマセが効くまでの時間も考慮

堤防で大物のクロダイなどを釣りたいのであれば、朝夕のマヅメ時を狙うのは鉄則。だが、早朝に釣り場に着いてもウキ釣りの場合、コマセが効くまでに時間がかかりベストタイムが過ぎてしまうことがある。そこで夜明け前に釣り場に入るか、夕マヅメ一本狙いに絞ったほうが得策ともいえる。夕方狙いの人は意外に少なく、遠くからやってきた人は早めに切り上げるから思い思いのポイントを攻めることができる。前の晩にたっぷり睡眠をとってのんびり出かけ、夕方の３時間ほどを集中して狙うという方法もあるのだ。

釣り場の24時間

1日の釣況を見てみよう。

★0：00～3：00 深夜の時間帯

ウキ釣りのターゲットは人と同じように寝静まっている感じ。釣れないわけではないが、敢えてこの時間帯に釣りをしなくてもいいかも。置き竿で仕掛けを投入しておけば思わぬ大物がヒットすることもあるが、多くはサメやエイばかりである。

★3：00～6：00 朝マヅメを迎える時間帯

午前3時前後は深夜の時間帯と変わらないが、夏至前後の季節なら3時を過ぎると辺りがうっすらと明るくなり朝マヅメを迎える。日の出前後の時間帯はもっとも時合いが訪れやすいチャンスタイム。夏至前後と冬至前後では朝マヅメの時間が異なる。

★6：00～9：00　早朝の時間帯

朝マヅメ狙いで釣りをしに来た人が引き上げる時間。アジやイワシなどの青物は日が昇ったところで一段落。しかし、クロダイやメジナなどウキ釣りのターゲットにとっては時間帯よりも潮回りが釣果を左右する。冬場は水温が上昇し活性が高まることもある。

★9：00～12：00 日中の時間帯

朝マヅメ狙いの釣り人の大半が竿を畳み、帰ってしまうのが昼前の時間。昼頃になると釣りが一段落という感じ。ただ、日中は早朝の時間帯同様、1日の時間よりも潮の状況が重要なファクターとなる。この時間帯でも大物はヒットする。

★12：00～15：00 午後の日中時間帯

夏場は最高気温となる時間帯で、釣り人も魚も一時休戦状態。ただし、冬場は水温が1日の内で一番高くなり、ターゲットによっては活性が高くなりベストタイムになることもある。午後3時頃になるとタマヅメ狙いの釣り人が訪れ準備を開始する。

★15：00～18：00 タマヅメを迎える時間帯

冬場は午後3時を過ぎると場所によっては山陰に入り、一気に薄暗くなる。朝マヅメ同様、もっとも時合いが訪れると言われるタマズメの時間帯である。アジやイワシなども再び釣れはじめる時間で、夜釣りもこの時間帯に準備を開始する。

★18：00～21：00 夜間の時間帯

釣り場が賑わうタマズメから夜釣りに入る時間帯。夜行性といわれる魚が活発にエサを追う時間で、タマヅメから日没後の数時間を狙う半夜釣りのベストタイム。夜行性の魚も午後9時を過ぎると極端に活性が落ちてくる。

★21：00～24：00 深夜の時間帯

午後9時を過ぎると魚の活性が一段落し、お休みモードに入る。大半の魚が寝静まっているので置き竿でアタリを待つのが基本となるが、思わぬ大物がヒットする可能性を秘めている。とあいえ、ヒットしてくるのはゴンズイやエイなどの外道が多い。

24時間のなかで、一番釣りに最適な時間というのはない。魚の種類や生態、季節によって釣れる時間帯も変わってくる。朝マヅメやタマヅメに活発にエサを追うのは警戒心が緩むことが考えられ、潮の状況も影響する。

朝マヅメはベストな時間帯といわれるが、潮の動きも釣果を左右する。

日没間際の時間帯に時合いが訪れることは多い。

朝マヅメやタマヅメがベストタイムといわれるが、日中は釣れないかといえば、そうではなく日中でも釣果は見られる。時間帯と潮の動きが魚の活性に影響する。

日の出直後や日没前の時間帯は海の中も薄暗くなり魚の警戒心が薄れる。

夜釣りでは、日中とは異なる魚が顔を見せる。

潮通しのよい堤防の先端に人が集まるが、堤防先端がベストポイントとは限らない。

06

堤防のどこで釣りをすればいい

釣果に大きく影響する「潮」や一日のベストタイムを見てきたが、ここでは魚の釣れる場所について考察する。

潮通しとある程度の水深やはり堤防の先端付近が最適

一口に堤防とはいっても、様々な場所に造られている。環境によって魚がよく釣れる場外とそうでもない場所がある。ここでは、釣り方別の一般的なポイントを紹介しよう。

まずサビキ釣りは、ターゲットがアジやイワシなどの回遊魚がメインとなる。これらの魚は群れを作り、1カ所に留まることなく常に移動している。したがってあまり水深が浅い場所には回遊してこない。潮通しがよく、ある程度の水深があるところが有利である。例えば、潮通しのよい堤防の先端部や角付近、大型船が接岸する水深の深い岸壁、船道などが狙い目だ。規模の大きい港では港内でも十分に狙えるが、小規模の漁港などでは、堤防先端や外海側が有利となる。水深が深ければ足下でも十分に狙えるが、水深の浅い堤防では沖目狙いがお勧めだ。

ウキ釣りも潮通しがよい場所が有利。だが、水深の浅いところでも海底に変化があればポイントになる。岩礁や海藻などがあるところがこれにあたる。浅場のターゲットとしては小メジナ、ウミタナゴ、メバル、カサゴ、ベラなど。またサビキ釣りの好ポイントはウキ釣りの好ポイントでもある。さらに水深の深い堤防なら、堤壁や捨石帯、テトラ周りなども狙い目。これらのポイントでは、クロダイやメジナの大物から、サヨリ、アジなどの小物まで幅広く釣れる。また投げ釣りは、仕掛けを遠くへ投げることができるので、ポイントはかなり広範囲に広がる。自分で投入できる範囲はすべてポイントと

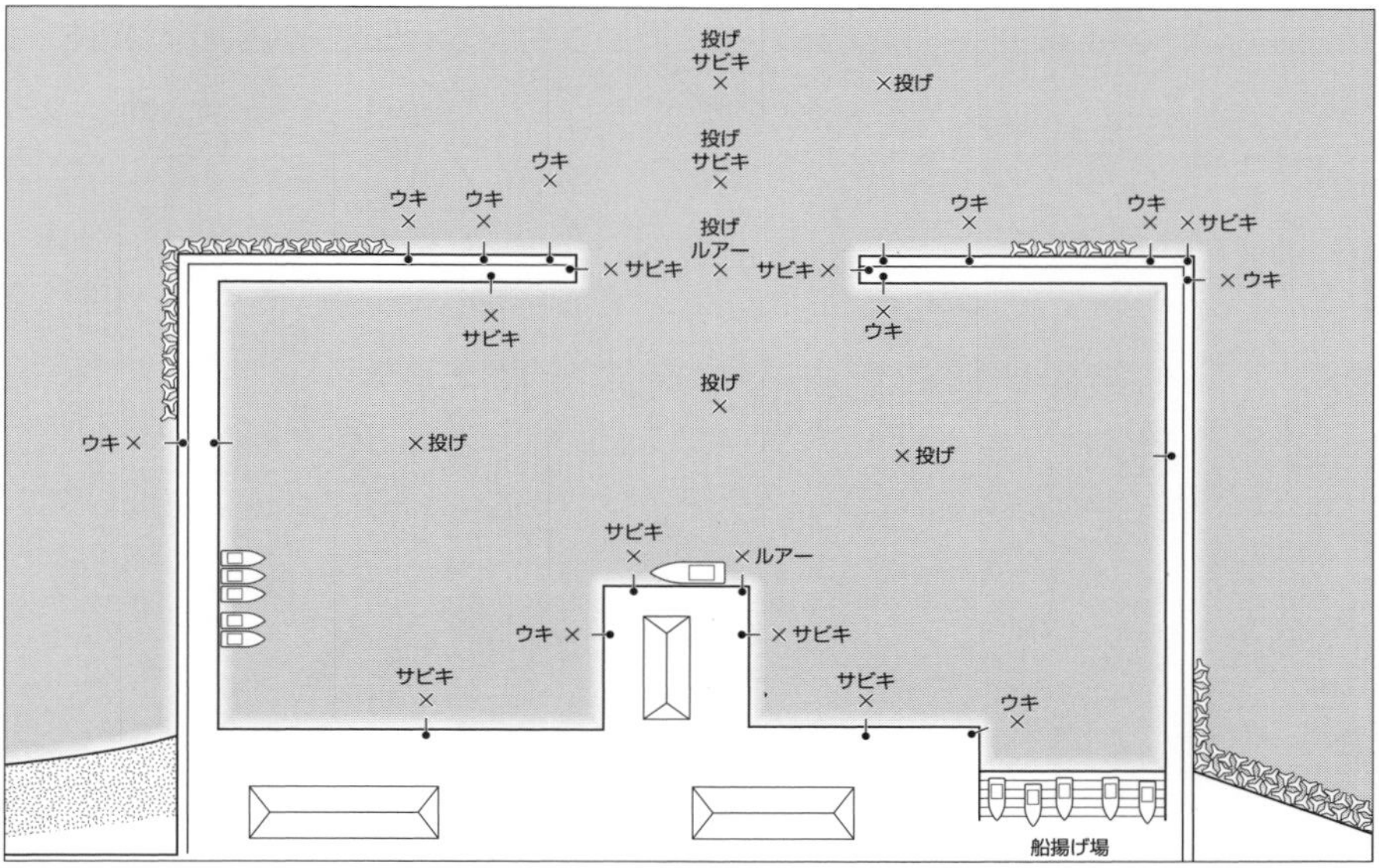

堤防のポイント

道具を揃えてエサを購入したらいよいよ釣り場へ向かうが、最初はどこで竿を出したらいいのか分からない。ベテランの釣り人に教わるのが近道だが、釣行のたびに親切そうなベテラン釣り師に出会えるとは限らない。頼りは釣り場ガイド。釣り場ガイドにはポイントが×印で示されている。しかし、×印は過去に釣れた場所であり、釣れる確率が高いと思われる場所の目印にすぎない。

現実のポイントは季節、天候、潮回り、時間、潮の流れ、濁り、水温などで常に変化する。我々にとって肝心なのは「いま・これから」釣れるであろうポイントを探すことだ。その目印を堤防に探ってみよう。

砂浜に突き出た堤防のポイントは堤壁周辺や捨て石周辺に限定されるパターンが多いが、岩礁帯に造られた堤防なら点在する沈み根や海溝、ゴロタ浜に造られた堤防なら付け根に広がるゴロタ場もポイントになる。

もいえるが、根掛かりが連発するところだけは避けたほうがよい。

投げ釣りの場合、海底がどういう地形をしているかが重要だ。砂地や砂泥地なら、シロギス、カレイ、イシモチ、アナゴなどが狙えるが、岩礁では仕掛けを変えないと、根掛りが頻発して釣りにくい。岩礁地では、アイナメ、ソイ、カサゴなどが狙え、クロダイやスズキ、マダイなどの大物がヒットすることもある。何度か仕掛けを投げて海底の様子を探り、岩礁のすぐ脇に仕掛けを落ち着かせることができれば、釣れる確率が高くなる。これは遠投でもチョイ投げでも同じことである。

ルアー釣りはターゲットによってポイントが変わってくる。カサゴやメバルを狙うなら、岩礁帯や捨石帯、海藻帯など。またテトラ周りも好ポイントで、日中はテトラのすき間に隠れている。メバルは、日中は水深

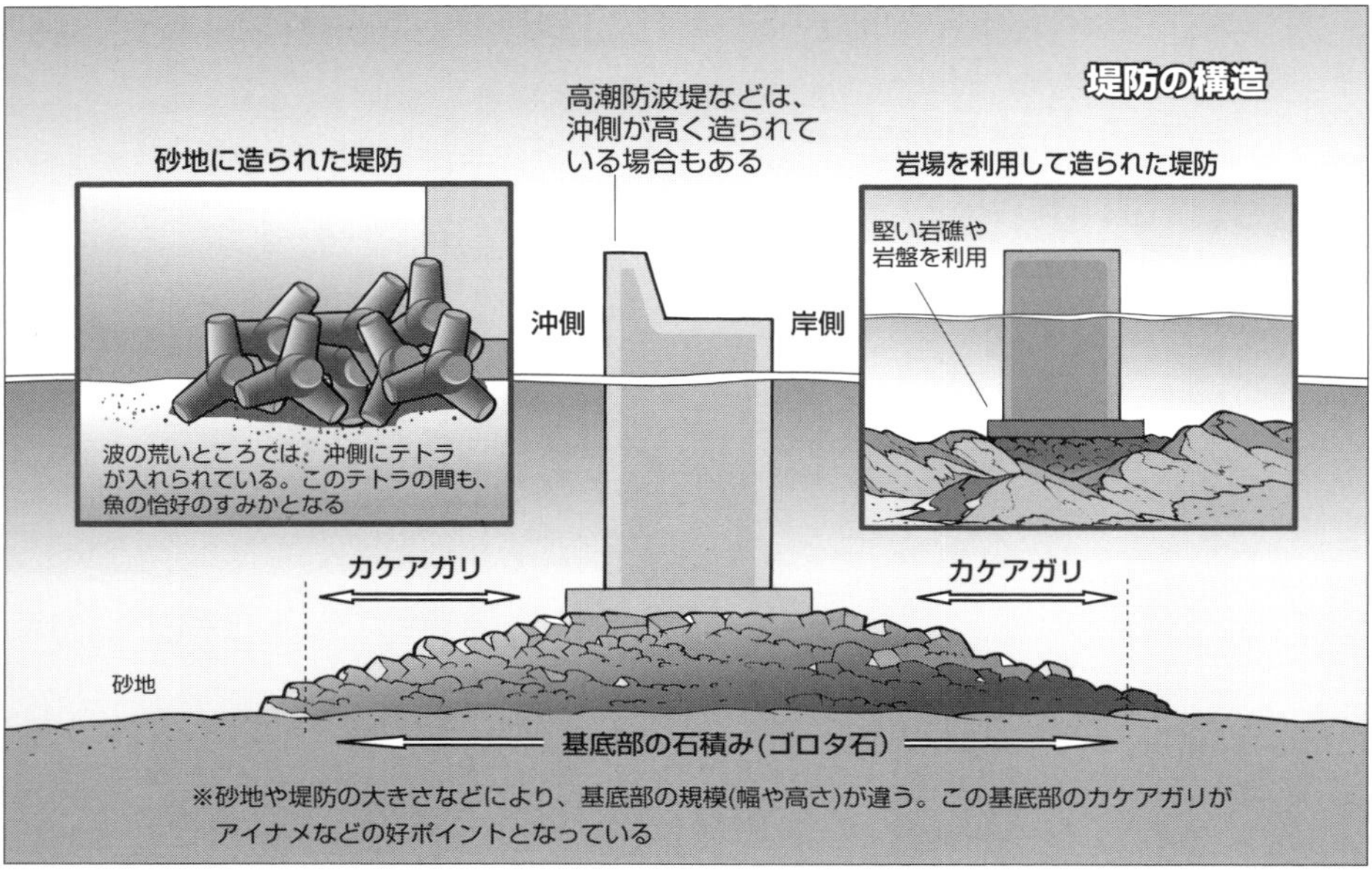
堤防の構造
砂地に造られた堤防
高潮防波堤などは、沖側が高く造られている場合もある
岩場を利用して造られた堤防
堅い岩礁や岩盤を利用
沖側
岸側
波の荒いところでは、沖側にテトラが入れられている。このテトラの間も、魚の恰好のすみかとなる
カケアガリ
カケアガリ
砂地
基底部の石積み（ゴロタ石）
※砂地や堤防の大きさなどにより、基底部の規模(幅や高さ)が違う。この基底部のカケアガリがアイナメなどの好ポイントとなっている

堤防の構造

港の堤防や防波堤は目的や立地条件により、その形や構造、規模などが様々である。とくに海底と接する基底部には捨て石などが敷きつめられ、水面上からは見ることができないが、かなり大規模な構造になっている。

その捨て石周りは人工の磯場のようなもので、海藻が生えメバルやアイナメなどの根魚の住処となるほか、基底部や堤防の壁面にはイガイやカキ、フジツボなどが付着して、そこはカニやエビ、イソメ類など魚のエサとなる生き物が付きやすい環境になっている。

また、海が大荒れのときは防波堤で守られた港内は、魚にとっては避難場所になるほか、幼魚期の生育の場にもなっている。

磯や砂浜に比べ、足場がよく安全で釣りやすいため、ファミリーフィッシングや初心者の入門にも最適な釣り場である。

の深いところが有利で、タマヅメから夜にかけては浅場にも姿を見せる。

スズキやカンパチなどの回遊魚狙いでは、潮通しのよいことが絶対条件。堤防の先端部や角、外海側などが好ポイントになる。ただしエサとなる小魚の群れが港内に入ると、港内にも入ってくる。潮通しに加え、ある程度の水深があるところを攻めたほうがよい。また夜は小魚が集まる常夜灯の近くも狙い目である。

ワンポイントアドバイス

サビキ釣りの好ポイントは様々な釣りにも最適

堤防にはさまざまなポイントがあるが、サビキ釣りの好ポイントはウキ釣りやルアー釣りでも大物や大型回遊魚をゲットできる確率が高くなる。その理由は、潮通しがよいうえにサビキ釣りのコマセに大物が寄ってくることがあるから。さらにサビキ釣りのターゲットである小魚を目当てに、ヒラメや大型回遊魚などの肉食魚が寄ってくることもある。ただし、サビキ釣りの人気ポイントは、肩を並べるほど込み合うこともしばしば。場所を確保するのが難しくなる。

クリンチノットの手順

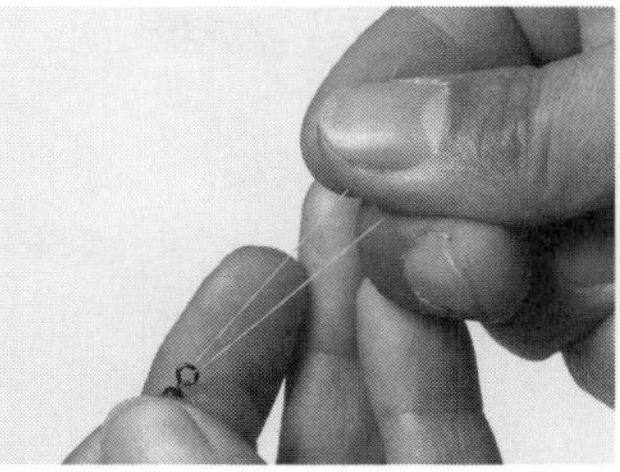

カンへ通したラインは10～15cm引き出しておくと結びやすい。

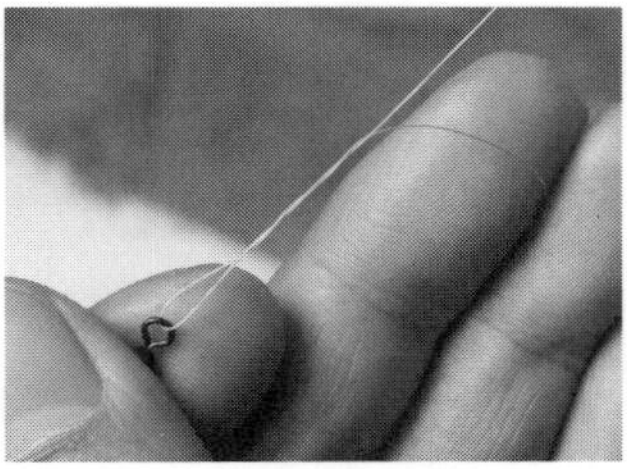

カンの部分を抑えながらラインを巻き付ける。中指と薬指でラインの端を挟みながら作業するとよいだろう。

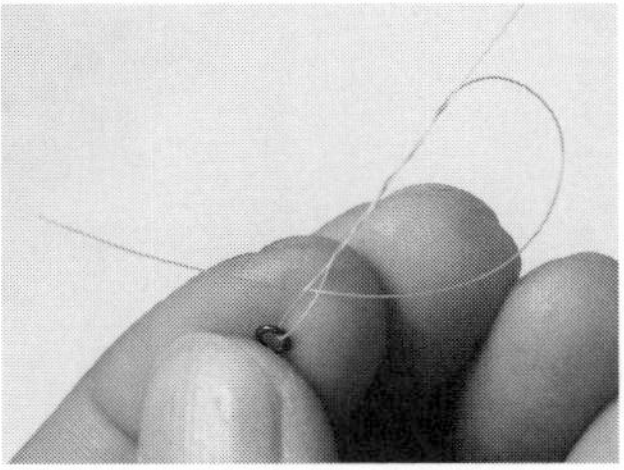

巻き付けた端を折り返して、カンへ通したラインの元輪（交差部分）に通す。そしてラインの端を引っ張って折り返したループを縮めながら本線を引いて締め込む。

結び目が小さくなってきたら、その部分を唾液で湿らせてからギュッと締める。ラインの端を2～3mm残してカットすればできあがり。

07

基本的な結び方を覚えよう

基本的な結び方をマスターしておかないと、せっかくのビギナーズラックも逃してしまうことになる。

糸と糸、サルカン、ハリの結び方 これにウキ止め糸を最初にマスター

ビギナーが釣りを始めるとき、おそらく糸の結び方なんてまったく考えていないだろう。市販仕掛けを購入し、現地で仕掛けをセットするときに悩む人が多いのではないだろうか。おそらく玉結びで済ませてしまう人もいるであろう。しかし、それでは限界がある。堤防釣りに限らずどんな釣りでも自分で仕掛けをセットするためには、糸の基本的な結び方だけは覚えておいたほうがよい。

堤防釣りをする場合、糸とサルカンの結び方、糸とハリの結び方、糸と糸の結び方、ウキ止め糸の結び方の四つを覚えておけば、釣り場で困ることはないだろう。これらを覚えてからいろいろな結び方を必要に応じて習得すればよい。

糸とサルカンの結び方にはいくつかあるが、クリンチノットと呼ばれる結び方が一般的である。方法は図示した通りだが、細い糸を結ぶとき

第1章

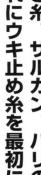

外掛け結び　ハリと糸の基本的な結び方

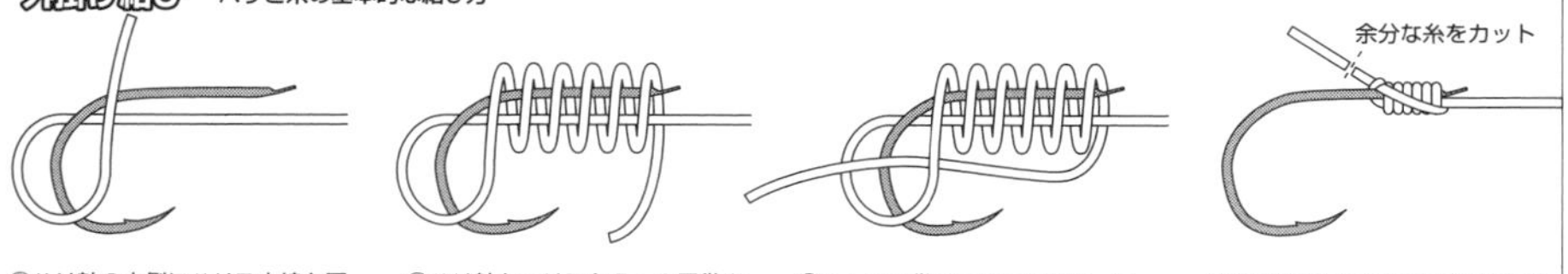

①ハリ軸の内側にハリス本線を平行に添わせ輪を作る　②ハリ軸とハリスを5～6回巻きつける　③5～6回巻きつけつけたら、最初に作った輪に先端を通す　④先端を引いて締めながら本線も引く

内掛け結び　内掛け結びもポピュラーな結び方

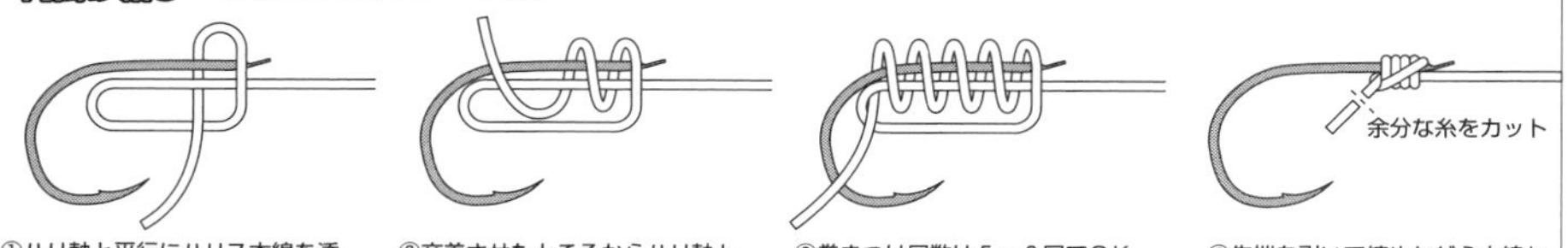

①ハリ軸と平行にハリス本線を添わせながら折り返して、チモト付近でハリスを交差させる　②交差させたところからハリ軸とハリスに巻きつけていく　③巻きつけ回数は5～6回でOK　④先端を引いて締めながら本線も引く

は慣れないとやや面倒だ。それでも必ず覚えておきたい結び方のひとつである。糸を締め込むときにヨレが入らないようにすることが肝心だ。

糸とハリの結び方には、外掛け結びと内掛け結びがある。特に外掛け結びは、最も基本的な結び方で、一見面倒そうに感じるが、慣れると簡単にハリを結べるようになる。キーポイントは、結んだハリスがハリのチモトの内側にくるようにすること。外側に回ってしまうと、魚が掛かったときに外れやすくなる。少しハリスを引っ張った状態で結ぶと結びやすくなる。

糸と糸を結ぶときは、通称「電車結び」と呼ばれる結び方が用いられる。これが最も簡単な結び方であるが、糸の太さが大きく違う場合は抜けやすくなるので注意しよう。また両方の糸を締め込むとき、ギュッと勢いよく締め込まないこと。強く引

結びは仕掛け作りに必要不可欠。基本的なものだけでも覚えておくとさらに釣りが楽しくなる。

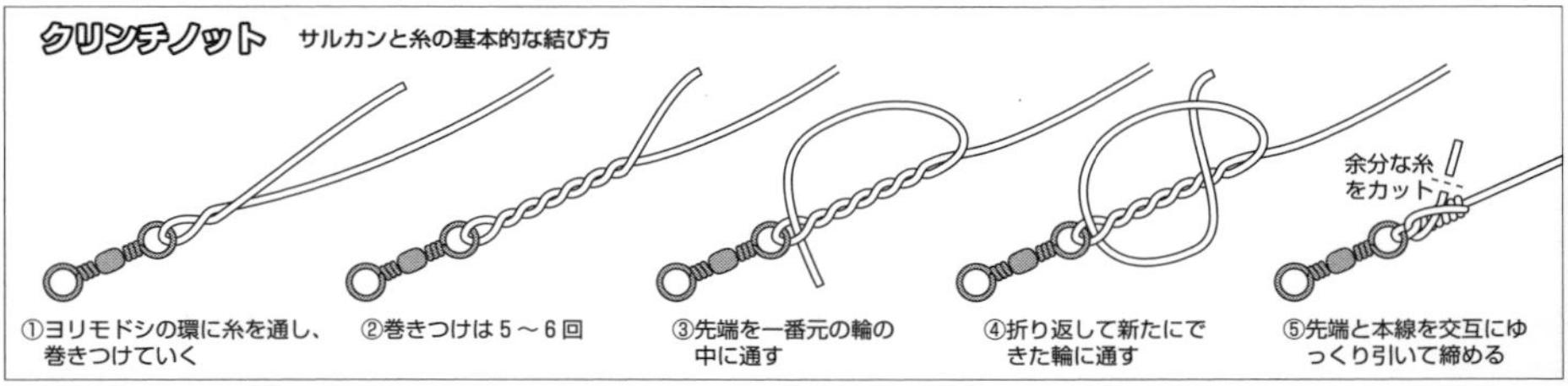

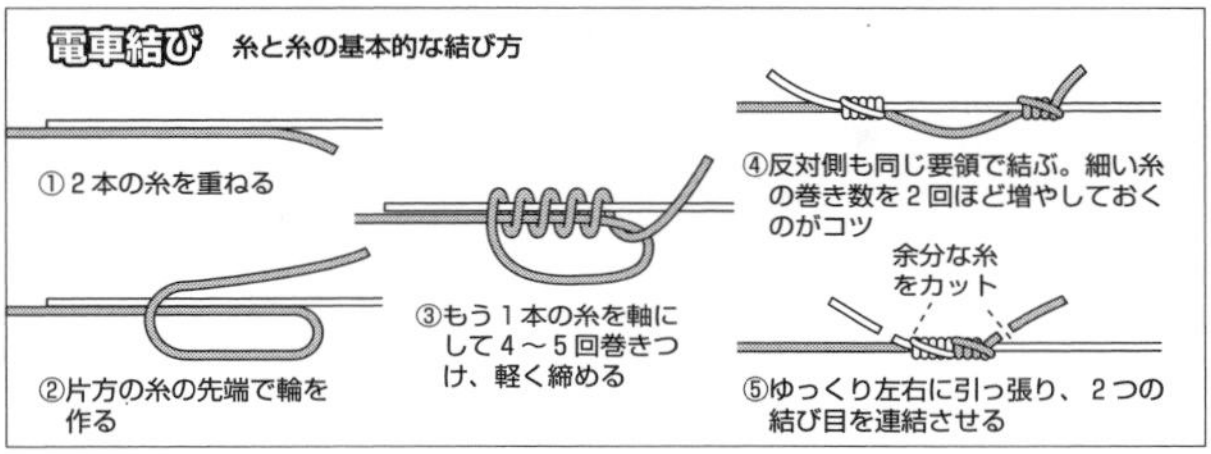

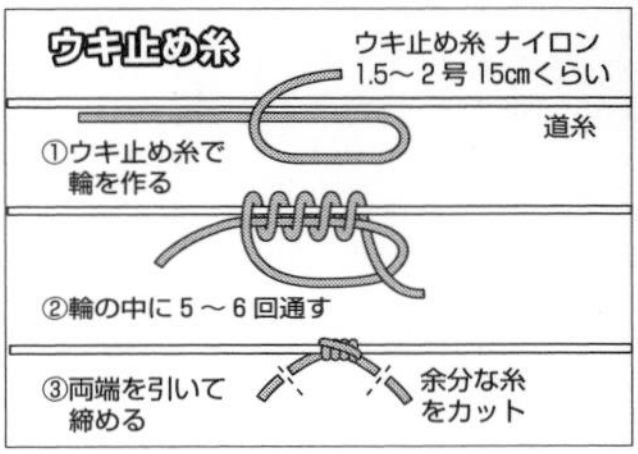

くと摩擦で糸の劣化が起こりヨレが入ってしまうこともある。摩擦解消のためには、水で湿らせてから引くとよい。ゆっくり締め込み、結び目が合わさってから強く締めるのがコツだ。

　ウキ釣りで使用するウキ止め糸は、竿の長さよりも深いタナを狙うときの必需品。専用のウキ止めゴムや糸も市販されているが、これらは大きすぎて竿のガイドに引っかかるなどのトラブルがある。特に中通し竿では、小さいものが必要になるため、ぜひともウキ止め糸の結び方を覚えておきたい。

　糸はナイロンがお勧めで、1.5号前後がよく使われる。道糸に2号のナイロンを使用している場合は、この道糸の切れ端で作ってもよい。フロロカーボンでもできるが、ウキ止めを動かす際、道糸が傷つきやすいので、なるべくナイロン糸を使用したい。ウキ止めは1個だと外れることがあるので、2個付けておくと安心だ。このほか、覚えておくと役に立つ結び方に枝ハリス、チチワなどがある。枝ハリスは投げ釣り仕掛けを自作する際は絶対に必要な結び方で、投げ釣りのほかにいろいろな仕掛けに応用できる。

ワンポイントアドバイス

ビギナーズラックを逃さないために

　ビギナーが魚を掛け、バラす原因で最も多いのがハリス切れ。次いで多いのがハリのチモトがほどけてしまうケースである。ハリス切れはベテランでもよくあるが、結びのミスは悔やんでも悔やみきれないものがある。もしかしたらそのバラした魚は、一生に一度の超がつく大物だったかもしれない。ビギナーズラックを確実にものにするためにも、結び方はしっかり覚えておきたい。

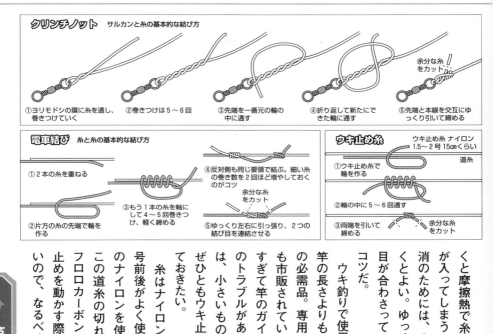

08 堤防釣り快適グッズ

これがなくても釣りはできる。だけど、あるとないでは大違い。堤防釣りをより楽しむための快適グッズを紹介。

海釣りには様々な釣り方があり、釣り方によって必要なものも変わってくる。竿やリールはもちろんだが、仕掛けや水汲みバケツなど釣りに欠かせないアイテムがある一方で、釣りを快適に楽しむための便利グッズもたくさんある。

季節によって快適グッズは異なる！夏に便利なもの、冬に欠かせないもの

堤防釣りを快適に楽しむために、あると便利なグッズや衣類を紹介してみよう。冬場はやはり防寒対策が必要である。透湿性に優れた防寒着があれば、暖かい日でも汗をかかない。また釣り専用グローブ（手袋）もあると便利。防寒対策としても使えるし、釣れた魚を掴む際にヒレなどから手を守ってくれる。ただし、人差し指と中指の先端が切れたものでないと、細かい手作業ができなくなる。

磯釣りでは欠かせない腰を守るためのヒップガードも役に立つ。堤防に座って釣りをするときズボンに傷がつかないのはもちろん、汚れずにすむ。

夏は軽装で釣りを楽しめるが、ライフジャケットなどの安全装備は必要。メッシュタイプの涼しいものも用意されているので多少の暑さは凌げる。また熱中症対策として、帽子

フィッシンググローブ

防寒だけではなく、ケガ防止にも役立つ釣り用グローブ。釣り専用のものは指先が５本抜きと３本抜きが用意されている。

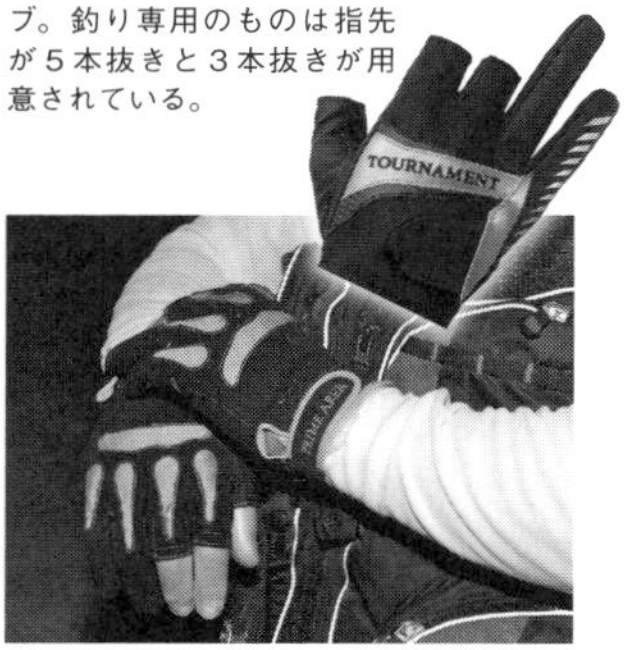

ヒップガード

磯釣りでは欠かせない腰を守るためのアイテムだが、転倒の際に越しも守ってくれるので堤防でも着用したい。座って釣りをするときにズボンに傷を付けることがないというメリットもある。

竿受け

堤防で重宝するのが竿掛け。クーラーボックスに取り付けられるものや投げ釣りで使う竿掛け三脚があると便利。複数の竿を置き竿にするなら三脚タイプがおすすめ。竿1本ならクーラーボックスに固定するタイプで十分だ。

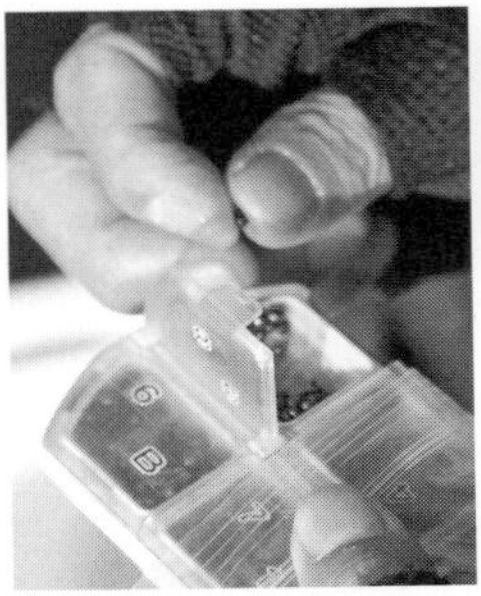

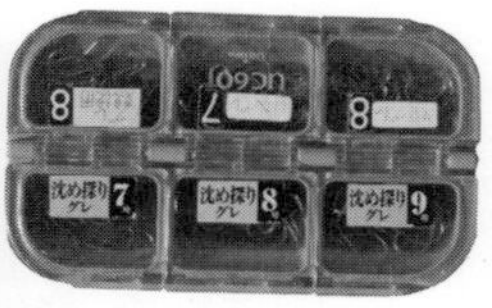

ユニットケース

ハリやガン玉、サルカンなど細かい仕掛け小物は、釣り場で仕掛けを作るときにユニットケースに入れておくと便利。購入すると小さな袋に入っているが、サイズ別に収納しておくと選びやすくなる。

フィッシングナイフ

釣れた魚を美味しくいただくなら生き締めが欠かせない。血抜きしておくだけでも魚の生臭さがなくなり、刺身で食べるなら欠かせない。そのためのナイフがあるといい。

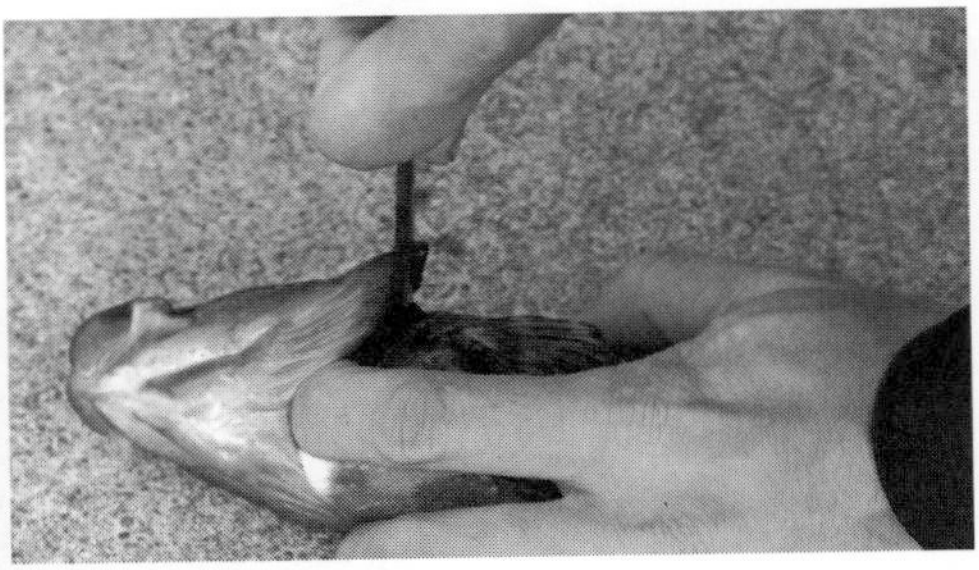

スカリ

スカリは釣れた魚を海水に浸けて生かしておくためのアイテム。釣れたらすぐ生き締めしてクーラーボックスに入れておけば必要ないが、夏場はスカリで生かしておき、帰り際にまとめて生き締めするとクーラーボックスの開け閉めの回数を減らせる。

ヘッドライト

夜釣りの必需品だが、タマヅメに時合いが来て夜釣りに突入することもある。そんなときはヘッドライトを持参しておくと安心。

は必ず被ること。氷入りのクーラーに冷やした水、お茶類を多めに持参し、こまめに水分補給することも大切だ。あまりノドが乾いていなくても、気温の高い日には水分補給をマメにしないと熱中症になりやすくなる。夏場の堤防は木陰がないので日焼け止めなどもあると便利である。

ハリやガン玉、サルカンなどの小物類を収納するユニットケースもあると便利だ。1つのケースでいくつもコマが分かれているので、いろいろなものをコンパクトに収納できる。クーラーボックスに装着できるロッドホルダー（竿掛け）もスグレもの。手作業が楽になり、竿を傷めずにすむ。

夏場は、夜釣りにチャレンジする人も多くなる。そんなときに必要なのがライト類。一般の懐中電灯では使いにくいので、キャップライトやフレックスライトなどがよく使われる。特にキャップライトは、目線の位置にライトの位置を合わせやすいので、非常に使い勝手がよい。また夜釣りでは蚊などが来襲することが多いので、蚊取り線香や防虫スプレーが必需品である。ライトや電気ウキなどの予備電池なども忘れないようにしたい。

魚をおいしく持ち帰るために欠かせないのがナイフ。魚は生きているうちにナイフでエラをカットして血抜きをし、海水入りの氷水に漬けて持ち帰るのがベスト。血抜きをした魚は、バッカンやスカリの中に入れて血が抜けてからクーラーボックスに納めるのが基本。ただしスカリに入れるときは、血の臭いにウツボが寄ってくることがあり、スカリを食い破られないように注意すること。イカ類は、クーラーボックスに入れるのはもちろんだが、水につけないようにして持ち帰るのがコツである。

この他、魚の大きさを計測するメジャーやピンオンリール、エサ箱、ヒシャクホルダーなどもあると便利だ。ウキ釣りではブラシがあると、バッカンにこびり付いたコマセをきれいに洗うことが出来る。また、じかに座るのが嫌なひとはパイプイスなどを持って行くとよい。

キャリー
堤防釣りの必須アイテムと言えるのがキャリーである。ウキ釣りならクーラーボックスにバッカン、コマセ用のオキアミなど重たい持ち物が多いのでキャリーで運ぶと楽である。場所によっては堤防先端までかなりの距離を歩くのでキャリーは欠かせない。

のんびり、まったり釣りを楽しみたいという方にはアウトドア用の椅子があるといい。

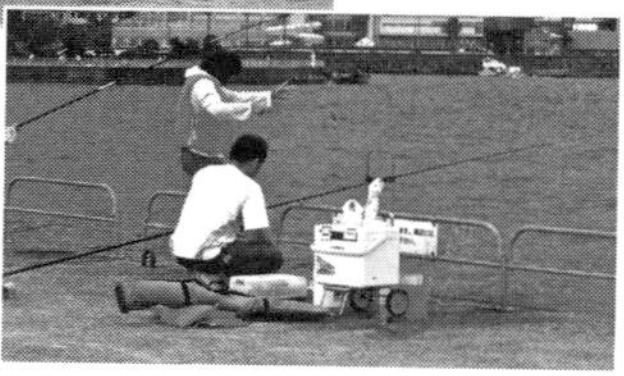

サイズも価格も様々で、大きいものは風に飛ばされて海に落ちてしまう危険があり、小さいものは居住性に欠ける。

ワンポイントアドバイス

小物類のメンテナンスも忘れずに

小物類は比較的安価なものが多く、つい使い捨て的な感覚で粗末に扱う傾向が強い。ハサミやピンオンリール、金属製のメジャー、キャップライトの電池ボックス周りなどは、釣りに行った後にそのまま放置しておけば、時間と共に必ずサビてくる。こうなると、たった1回しか使用しなくても、次回には使えなくなってしまうこともあるのだ。それではいくらなんでももったいない。そこで釣行後は、真水で塩水をふき取っておく習慣をつけよう。たった5分のアフターケアで、何度も使えるようになるのである。

第2章

ウキ釣りに挑戦!

基礎知識と釣り方の基本を解説

魚がエサに食いつくとそのアタリがウキに表れる。これぞまさに釣りの原点というシーンが展開されるウキ釣りは、堤防に限らず磯釣りでも親しまれている守備範囲の広い釣り方だ。ターゲットも豊富で、クロダイやメジナをはじめ、メバルやカワハギ、ウミタナゴ、そしてイナダやソウダガツオなど、大から小までバリエーション豊かな魚たちを狙うことができる。

CONTENTS

01 ウキ釣りはこんな釣り

魚がエサに食いつくとウキにそのアタリが表れる。ターゲットが豊富で釣りの原点ともいえる釣り方。

ウキ釣りの代表的なターゲットはクロダイとメジナ。一番人気はクロダイで、いぶし銀の圧倒的な姿に惚れ込む釣り人は多い。

小物から大物までターゲットは多彩 海釣りの醍醐味を味わうには最適

ウキ釣りは、サビキ釣りに比べて仕掛け全体が軽く、ウキの位置を上下に動かすことで表層から底まで、いろいろな層を探れる釣り方である。したがって釣れる魚種も多彩で、ベテランからビギナーに至るまで、幅広いファンに親しまれている。

タックルは、磯竿に小型スピニングリールの組み合わせをお勧めするが、渓流竿やノベ竿などリールを使わないタックルでも楽しめる。仕掛けはサビキ仕掛けに比べて市販仕掛けの種類が少なく、基本的に自作することになる。ただし難しい仕掛けではないので、ビギナーでも簡単に作ることができる。

渓流竿などリールなしのタックルは、大物や沖目狙いは無理。竿の長さよりも水深が深い場所を攻めるのも難しく、限られたポイントでしか使えない。それに比べて磯竿に小型スピニングリールを組み合わせたタックルなら、よほど遠いポイント以外はほぼ攻めることができ、まさかの大物にも対応できる。これなら小物から大物まで幅広く狙うことができ、いろいろな魚を釣ることができるのである。

さらに、仕掛けが軽いため魚が違和感なくエサに食いつきやすいこと、ウキ下を調節することで、表層から底までいろいろなタナを狙うことができるというメリットもある。そのため、サビキ釣りでは釣れないときでも、なんらかの獲物をゲットできる確率が高くなる。

ウキは棒ウキ、玉ウキ、円錐ウキ、シモリウキ、電気ウキなど種類が多く、ターゲットや釣り方、海の状況などに合わせてチョイスする。棒ウキは、文字通り細長い形をしたウキで、立ちウキとも呼ばれる。オモリ内臓の自立型や、オモリの入っていない非自立型、小型のトウガラシ型などもある。これらの棒ウキは繊細で、小さなアタリもよく取れる。波が穏やかで潮の流れが緩い場所に適しているので、堤防では最もよく使われるウキである。

玉ウキと円錐ウキは､同じタイプのウキで同様の形をしている。玉ウキはゴム管などで固定するものが多く、

ウキ釣りは堤防に限らず磯でも人気の釣法。メジナやクロダイの他、色々な魚を釣ることができる。

円錐ウキはウキの中に糸が通るタイプが主流。小さな玉ウキは、渓流竿などを使うときの定番ウキだが、円錐ウキはリール竿を使った本格的なウキ釣りによく使われ、波の荒いときや潮の速いときに効果的である。

シモリウキは、中通しの玉ウキを5個前後連らねてセットしたもので、主にウミタナゴやサヨリなどの小物釣りに使われる。独特の趣があり、アタリも見やすいため人気がある。電気ウキにも大型から小型まで､様々な種類があり、こちらも棒ウキタイプと円錐ウキタイプがある。これもターゲットによって使い分ける。

このようにウキはたくさんの種類があるので、好みによって選ぶのも楽しみのひとつだ。それぞれのウキが水面に浮かび、アタリで沈んでいく様子は、見ていて実に興奮するものである。これがウキ釣りの醍醐味ともいえる。

ここにも注目！

思い思いの釣りスタイルで

ウキ釣りは、ウキの種類と同様に釣れる魚種も非常に多く、何が釣れるか分からないという楽しさもある。ひとつの魚を頑固一徹に狙うのもいいが、堤防に生息している魚をすべて釣ってやろうというくらいの気持ちでチャレンジするのも楽しい。こんな一見無謀な考え方も、ウキ釣りなら不可能ではない。それほどの万能釣法がウキ釣りなのである。

クロダイ狙いの仕掛けに掛かったカサゴ。この他、カワハギやアジ、ブダイなどが色々な魚がヒットしてくる。

竿とリールは釣り具の量販店で購入するといい。リールと竿は様々なタイプが店頭に並び、どれを購入したらいいのか迷ってしまう。お店のスタッフに相談するのが一番だが、予備知識はあってもないよりはない。

02

タックル購入の目安とアドバイス

最初は安く済ませるか、きっと堤防釣りにハマってしまうのでそれなりのものを揃えたほうが経済的？

目安は竿とリールで3万円 リールはちょっとだけ投資してほしい

ウキ釣りに使用する竿は磯竿がお勧めで、これは竿の調子によって号数で区別されている。この中から狙う魚種やフィールドによって選択する。通常の中小物狙いなら0〜1・2号でよいが、大物狙いをする場合は、1・5〜2号を使用することもある。ただし堤防釣りでは、離島などの堤防を除いて、1・5号以下で十分に対応できる。例えば50㎝のクロダイでも、1号竿で十分に釣り上げることができる。

また、竿には外ガイド竿（アウトガイド）と中通し竿（インターライン、インナーガイド）があるが、これはどちらでもかまわない。ただしサビキ釣りよりも軽い仕掛けを使うため、穂先への糸絡みなどがやや多くなる傾向がある。そのため、糸絡みの少ないインターライン竿のほうがビギナー向きだ。長さは5〜5・3ｍが使いやすい。5ｍ以下でもよいが、応用範囲が狭くなる。

価格は、アウトガイド、インターラインどちらも1万円くらいから10万円以上する高価なものまで様々だが、安価なものでも十分だ。

リールは小型スピニングリールで、3号の道糸が100〜150ｍ巻けるものを選ぶ。これよりワンサイズ大きくても小さくても問題ないが、それ以上大きなものは、竿とのバランスが悪くなり、非常に使いにくくなる。大は小を兼ねないのである。

スピニングリールは、ドラグタイプとレバーブレーキタイプがある。ビギナーはドラグタイプから入門したほうがよいだろう。レバーブレー

各部の名称

スピニングリール

ウキ釣りで使われるのはスピニングリールと呼ばれるリール。ハンドルを回転させるとスプールと呼ばれる糸巻き部分が上下に動きながらベイルアームが回転することによって糸を巻き取る。糸を巻き取るベイルアームを、手で起こすと糸が解放される。ベイトリールと比べて、糸絡みのトラブルが少ないのが特徴。

キはベテラン向きといえるが、ドラグしか使わないベテランもいるので、どちらを使うかは各自の好みである。

スピニングリールも、1万円以下のものから8万円以上するものまでいろいろあるが、最初は安価なものでもよい。ただ竿に比べて性能がそのまま釣果に結びつくタックルなので、信頼できるメーカーのものを選びたい。ドラグ性能が悪いと、いざというときに道糸が出ず、ライン切れするようなトラブルが多い。これは、明らかにリールの性能不足によるバラシと言ってよい。メーカー名の分からない特別安価なリールはこうしたトラブルが多く、結局損をすることになる。有名メーカーのものなら竿とリールのセットで3万円前後のものなら安心だ。

仕掛け類では、道糸とハリスが大切だ。道糸はナイロンがお勧めで、近年注目されるPEラインは堤防の

レバーブレーキタイプのスピニングリール

DAIWA
プレイソ 2500LBD

レバーブレーキ付きスピニングリールのエントリーモデルながら、ボディとレバーには高強度で軽量なカーボン樹脂が使われ、上級モデルと同等の防水機能も備える。

DAIWA
トライソ 2500LBD

カーボン樹脂製のボディとレバー、アルミスプールを採用し、重量270gと軽量で扱いやすい。アルミのマシンカットハンドルは、ワンタッチで折りたためる。

シマノ
BB-X ラリッサ

エントリーモデルながら上級モデルと同等の撥水処理や防錆素材ベアリングを採用し、トラブルなく使い続けることができる。金属ボディながら軽量なのも嬉しい。

シマノ
BB-X デスピナ

強度に優れたギア類は耐久性が高く、滑らかな回転が長く続く。軽量のローターを採用し、巻き始めが軽くリールがブレないので、正確な操作が可能だ。少ないのが特徴。

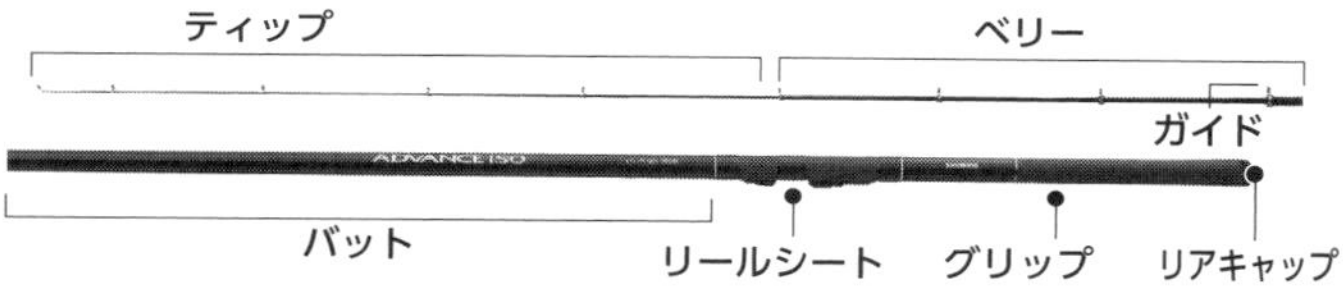

各部の名称

磯竿

ウキ釣りでよく使われるのが磯竿。磯でメジナやクロダイを狙うための竿だが、堤防でも一般的に使われている。

シマノ　IG-HISPEED APERTO ISO

インナーガイドのエントリーモデル。トップには高耐久撥水処理が施され、糸絡みの心配もないので初心者にも扱いやすい。

DAIWA　プレッサドライ

軽い仕掛けや細糸でもラインが内部に張り付きにくい処理が施されたインナーガイドロッド。
不意の大物でもしっかり対応できる本格的な調子。

シマノ　ADVANCE ISO

高級モデル同等のねじれ防止構造や、しなやかで強度のある穂先など、エントリーモデルながら操作性の良い磯竿

DAIWA　リバティクラブ 磯風

高級モデル同等のねじれ防止構造や、しなやかで強度のある穂先など、エントリーモデルながら操作性の良い磯竿。

コマセの材料となるオキアミやアミエビは冷凍したものが市販されている。

コマセの材料はオキアミにターゲットに合わせた配合エサ。

ワンポイントアドバイス

専用リールと専用竿

　竿やリールには釣り方やターゲットに対応したいろいろなタイプがある。そのため、魚の名前が商品名に付くタックルが目につくようになった。初めてタックルを購入する人にとっては、この魚だけしか釣れない、狙えない専用タックルだと思う人もいるだろう。しかし実際には、魚の名前が付いた竿やリールも応用範囲が広く、特に堤防釣りや磯釣りでは様々な魚を狙うことができる。こうした商品でも応用範囲は広いのである。

ウキ釣りでは必要ない。太さは2〜3号がよい。最近は1号台の道糸を使う人が多いが、ビギナーは道糸切れを起こしやすいので2〜3号を使うのが無難な選択。ハリスはナイロン、フロロカーボンどちらでもよい。ただしハリス付きのハリを購入する場合は必要ない。

タックル以外の必携アイテム

仕掛けに道糸やウキ、オモリ、サルカン、ウキスイベル、シモリダマ、ハリス、ハリなどが必要で、仕掛け作りにはラインカッターやハサミが欠かせない。ウキは、さまざまなタイプがあり、玉ウキ、棒ウキ、シモリウキなど細かく分ければさらにいくつもの種類がある。ウキフカセ釣りでは円錐ウキが使われるが、これも種類が多い。

　ウキ釣りでは付けエサの他に、魚を寄せるためのコマセが必要で、そのコマセ作りに欠かせないのがバッカンである。コマセ作りには冷凍オキアミやアミエビを砕くミキサーと呼ばれるアイテムが必要で、さらにヒシャクがないとコマセを撒くことができない。ウキ釣りはコマセ関連のアイテムが多くなる。

ウキは消耗品と考え、最初から高価なウキを買う必要はない。意外とロストすることが多く、高価なウキを使っていた場合はショックが大きい。安価なウキから入門し、慣れてきたらいろいろ試すようにすればよいだろう。

コマセ作りに欠かせないのがバッカンに水汲みバケツ、それに冷凍オキアミを砕くミキサー。

出来上がったコマセを撒くためのコマセシャクも必携品。間断なくコマセを少量ずつ撒くのがコツ

03 ターゲットとポイント

ウキ釣りの多彩なターゲットとはどんな顔ぶれなのか、それらの魚は堤防のどこで狙えばいいのかを解説する。

港やその周辺は好ポイントが点在している。週末は人が多く狙った場所に入れないことがある。そんなときはぐるっと港をひと周りしてみよう。

ポイントは堤防先端やテトラ帯 仕掛けをちょっと変えて多彩な魚に挑戦

堤防周りには極めて多彩な魚が生息しているが、投げ釣りのターゲットを除くほとんどがウキ釣りで狙うことができる。中小物ではサヨリ、メジナ、ウミタナゴ、メバル、アジ、イワシ、サバ、タカベ、カワハギ、カサゴ、ソイ、アイナメ、ハゼ、シマダイ、中大物ではクロダイ、スズキ、ブダイ、ボラ、ソウダガツオ等々、数え上げたらきりがないほどである。さらに潮やポイントによっては、投げ釣りのターゲットであるシロギスやカレイ、イシモチなども釣れることがある。

こうして見ると、表層にいる魚から底に居着く魚、さらに回遊魚まで、幅広くウキ釣りのターゲットになっていることが分かるだろう。つまりウキ釣りは、非常に応用範囲の広い釣り方であるということだ。これらすべての魚を同じ仕掛けで釣るのは難しいが、ハリの大きさやハリスの太さ、エサの種類、ウキ下（狙うタナ）など、わずかなマイナーチェンジで狙い物を変えることができる。基本的な仕掛けはそのままに、パーツをちょっと変えるだけでもよいのである。つまり、思わぬ魚が回ってきても、すぐに対処できるということだ。

ポイントは狙う魚種によっても違うが、基本的には潮通しがよく、ある程度の水深があるところが有利である。小規模な港の堤防では、先端部や船道、外海側のテトラ周りやテトラの際などが狙い目で、マヅメ時や夜は港内の浅場にやってくる魚もいる。特に夜は常夜灯を好む釣り人が多いが、光に集まるのはアジやサ

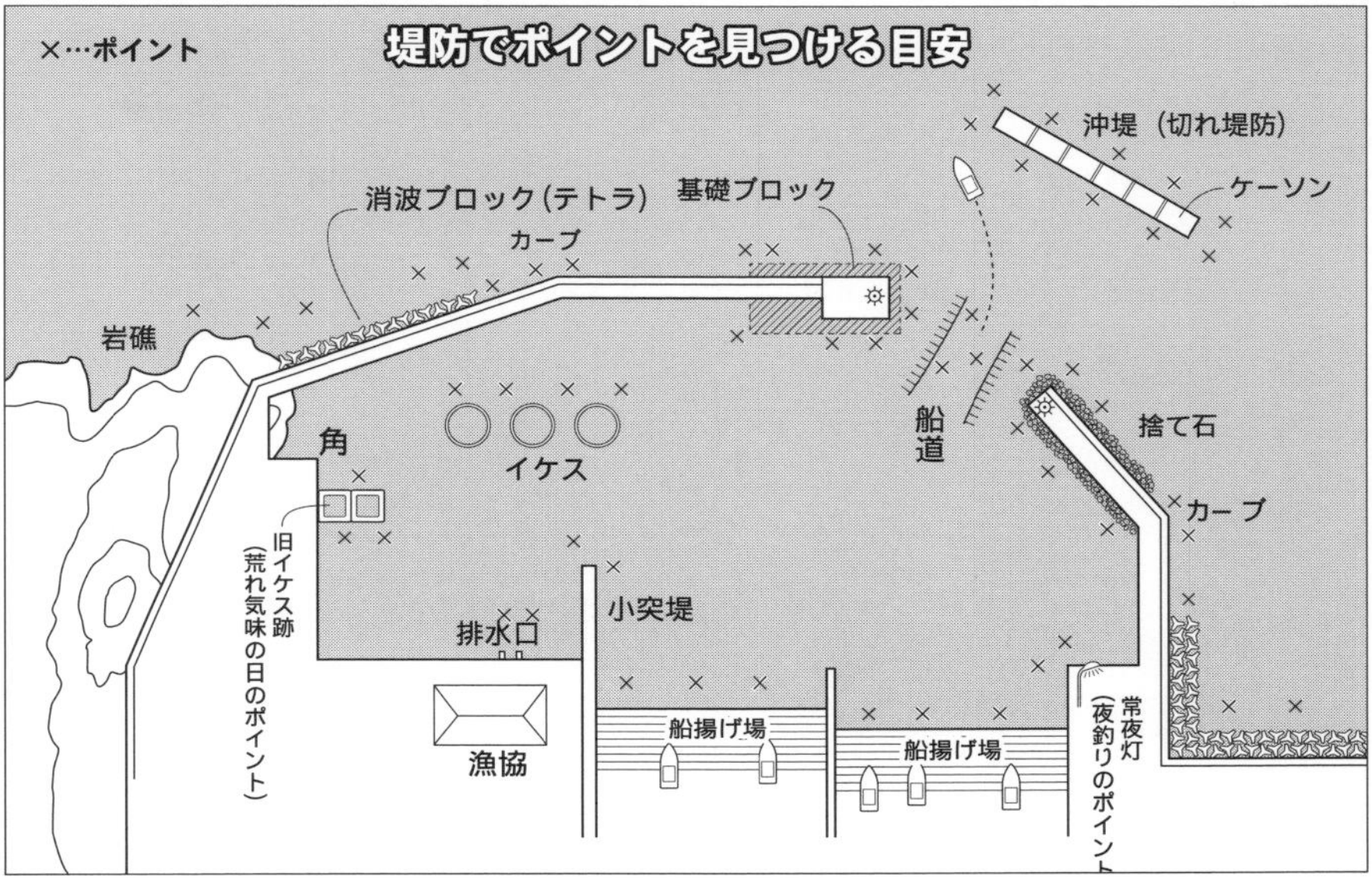

堤防のポイント

①**ケーソンの継ぎ目**＝堤防にはいろいろな構造と様式があるが､長さ10～20ｍ幅5ｍほどのケーソンを並べたものが多い。ケーソンとケーソンの隙間は細い水路となって海水が出入りして小さなサラシが生じ、酸素が海中に供給され、イガイやフジツボ、カニやエビなども生息する。

②**捨て石周り**＝捨て石というのは堤防を造る（ケーソンを乗せる）ために海底へ沈めた石のことで、貝類や海藻類が付着し、隙間にカニやエビが生息して恰好のエサ場となる。捨て石と砂地の境目も見逃せない。

③**船道**＝港の出入り口にある船の通り道。船底をこすらないように深く掘られていて、そのカケアガリは流れに変化が生じやすく、エサがたまりやすい。身を隠せるスペースもあり、魚のエサ場や通り道となる。

④**消波ブロック**＝外洋に面した堤防などは力のある波に叩かれることが多いため、その勢いを軽減する目的で消波ブロック（テトラポッドなど）を入れている。この消波ブロックが魚たちの漁礁となっている。

⑤**船揚げ場**＝船を陸へ揚げるために造られた斜面のことで、枕木には稚貝や海藻が付着し、船を洗う時に船底に付着した稚貝などもこぼれ落ちる。船揚げ場の先は深く落ち込み、水深は浅いが、大型のクロダイやスズキなども釣れる意外性の場所。

⑥**排水口周辺**＝漁港内には市場や加工工場からの排水が流れ込み、ここから流れ込む魚肉やワタなどがコマセとなる。外海が荒れているとき、夜釣りでは要チェックの場所だ。

⑦**イケス跡**＝漁港は港内に養殖イケスや古いイケス跡が残っていることが多い。イケスは魚たちのエサ場、イケス跡は遊び場となっている。水深は浅くても狙う価値のあるポイントだ。

⑧**曲がり角**＝堤防がカーブする場所は潮の流れが変化しやすく、岩礁に造られた堤防の場合、曲がり角の周辺に岩礁が広がっていることが多い。

ケーソンの切れ目周りは潮の動きに変化が生じやすい。

向き合う堤防と堤防の間は船道になっており絶好のポイント。

磯のポイントは海底の様子がわかる偏光グラスが欠かせない。

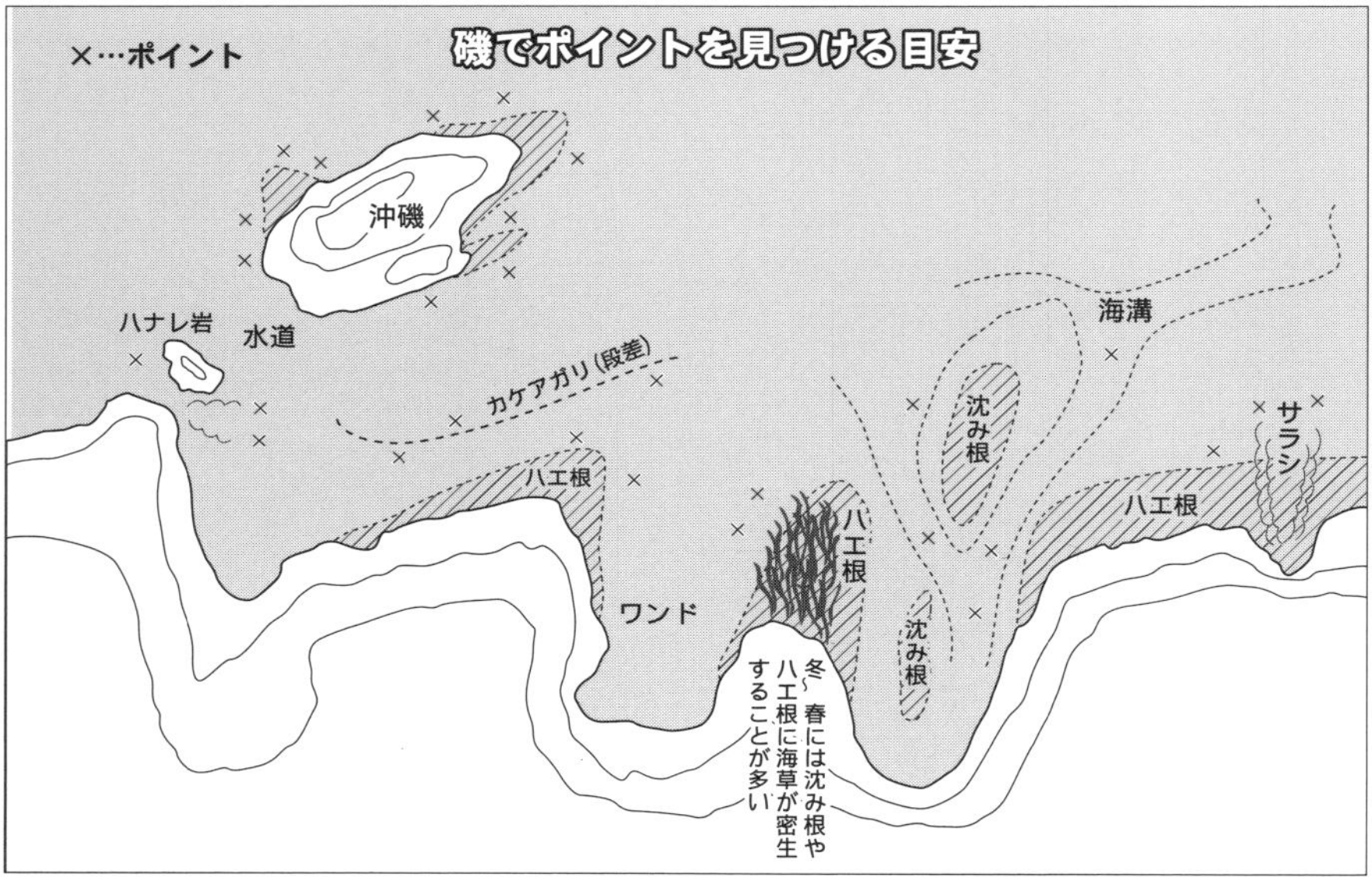

磯のポイント

①**海溝**＝読んで字のごとく海底にある溝のこと。岩のもろい部分が波の浸食によって削られ、内湾の小磯ではその部分に砂がたまるケースが多い。偏光グラスで見ると白っぽい溝が沖に向かって延びていたり、それが途中で枝分かれしたり、さらに大きな溝と合流していたりするのが分かる。魚はこの海溝を伝って沖から入ってくるが、とくに枝分かれやカーブしている場所は底潮が変化し、コマセもたまりやすい。身を隠すこともできる。

②**沈み根**＝海底にある岩盤や大きな石で、底潮が変化しやすく、カジメやアラメなどの海藻類も生えるので魚の寄り場となる。潮が澄んでいるときは沈み根の陰がポイントになりやすい。海底に変化の少ないところでは沈み根方向へ潮が流れる場所に釣り座を構えるのが基本だ。細長い沈み根があれば沈み根沿いに海溝が走っていることが多い。

③**ハエ根**＝磯際から海中に張り出した岩棚のこと。ハエ根の下はコマセも溜まりやすく天然のエサも豊富で、下がえぐれたハエ根は魚たちの通り道になる。途中がV字に切れ込んだハエ根はサラシがまとまって、最高のポイントを形成する。

④**海藻**＝水深の浅い穏やかな内湾の磯には、初冬から初夏にかけてカジメやホンダワラが繁茂する。これらの海藻類は磯魚たちに天然のエサと産卵場を提供する。海面近くを漂う海藻は釣りにはやっかいな代物だが、ブラインドとなって釣り人の気配を消してくれるため、春は海藻が繁茂する場所にポイントを設定するのがコツだ。

⑤**カケアガリ**＝海底が深場から浅場へと駆け上がっている斜面。身を隠せるだけのスペース（段差）があり、エサも豊富なため、魚たちはカケアガリに沿って移動する。一気に深みへと落ち込んでいる規模の大きなカケアガリもあるが、ハエ根から海溝への落ち込み、沈み根から砂地へ続く傾斜も一種のカケアガリである。海底のわずかな段差が底潮の流れを変化させてコマセが滞留するスペースを作る。

メジナは潮通しのよい岩礁周りでヒットすることが多い。堤防なら先端やテトラ周りが絶好のポイントとなる。

ここにも注目！

ポイントよりも潮

　堤防のポイントは、先端部などに釣り人が集中しやすい。これは好ポイントであることの証拠だが、そこに入れなくてもあきらめることはない。そんなときは、潮の流れをよく観察してみよう。意外に横方向に流れて、釣り人のいないところにコマセがたまっていることもあるからだ。そんな場所が見つかればしめたもの。自分のために他の釣り人がコマセをまいてくれているようなものである。だが潮の流れが変われば、まったく釣れなくなるというリスクもあるので、長居は禁物なのだ。

バなどの小魚が中心。これを狙ってスズキなどもやってくるが、スズキやクロダイなどは、本来は光を嫌う魚なので、これらを専門に狙うときは暗い場所のほうが有利である。

　大規模な港の堤防では、先端部や船道、テトラ周りだけでなく、港内の岸壁や船着場なども好ポイントになる。水深が深ければ、かなりの大物が期待できる。ただし、潮の流れが極端に速くなるところや、水深が深すぎる場所はかえって釣りにくいこともある。

　水深は5～7mが最も釣りやすく、コマセがトロトロとゆっくり横に流れるときは絶好の条件となる。また釣り場によっては水深3m以下の浅場でも、満潮前後になれば好ポイントに変身する。こういった浅場は、干潮時は釣りにならないが、そのときに海底をよく観察しておきちょっとした障害物があれば、満潮前後にその周辺を狙ってみよう。

　魚種別にみると、クロダイやメジナ、カサゴ、アイナメ、メバル、ウミタナゴなどは岩礁や海藻帯に多い魚なので、ヘチ寄りの捨石帯やテトラ周りがポイント。クロダイ、カサゴ、アイナメは底狙い、メバルは日中が底、マヅメ時や夜は中層から上層、ウミタナゴは中層狙いが基本だ。この他、サヨリは表層狙い、アジとサバは上層から中層、ハゼは底、スズキは中層から底でよくヒットしてくる。

カサゴは岩礁や海藻が繁茂した所を好む。底狙いが基本となるクロダイの外道としてお馴染みの魚。

釣り具店には数多くのウキが並んでいる。小さな浮力体だが、カラーリングはもちろん、素材、形状、重心が微妙に異なる。それぞれに状況や条件に合った特性がある。

04 ウキの機能と役割

ウキという小さな浮力体にはアタリを伝えること意外に様々な役割と機能がある。そこから用途と状況別の選択基準を考えてみよう。

海面を漂うウキは様々な情報を提供するセンサーだ

ウキでアタリを見極めるウキ釣り。ウキはアタリを知らせてくれることが重要な役割である。しかし、ウキには色々な役割があり、魚を釣るためサポートをしてくれる。大きな役割を挙げると、

1、魚信（アタリ）を見る
2、仕掛けを投げやすくする
3、付けエサをポイントへ届ける
4、一定の層に付けエサを漂わせる
5、ウキを支点に仕掛けを動かす

主に5つの役割が考えられる。水深を測る、潮の流れを見る、変化する魚のタナを知る、付けエサの有無を知る、といった機能もあり、カゴ釣りならコマセをポイントへ届ける機能、ヘラブナ釣りならエサの溶解

棒ウキ、円錐ウキともに様々な種類とタイプがあり、主に磯でメジナやクロダイを狙うときは円錐ウキが使われることが多い。

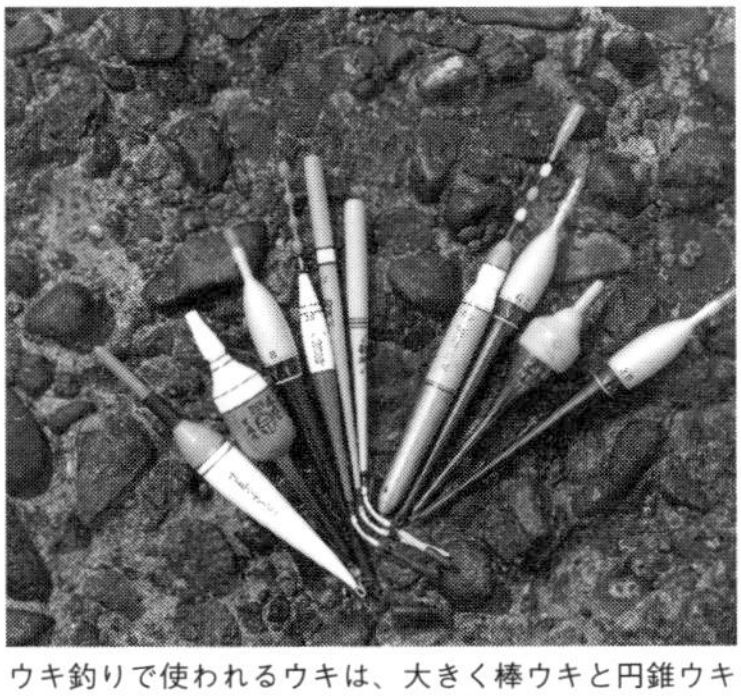

ウキ釣りで使われるウキは、大きく棒ウキと円錐ウキに分けることができ、釣り場の状況や条件、魚の活性などにあわせて使い分ける。

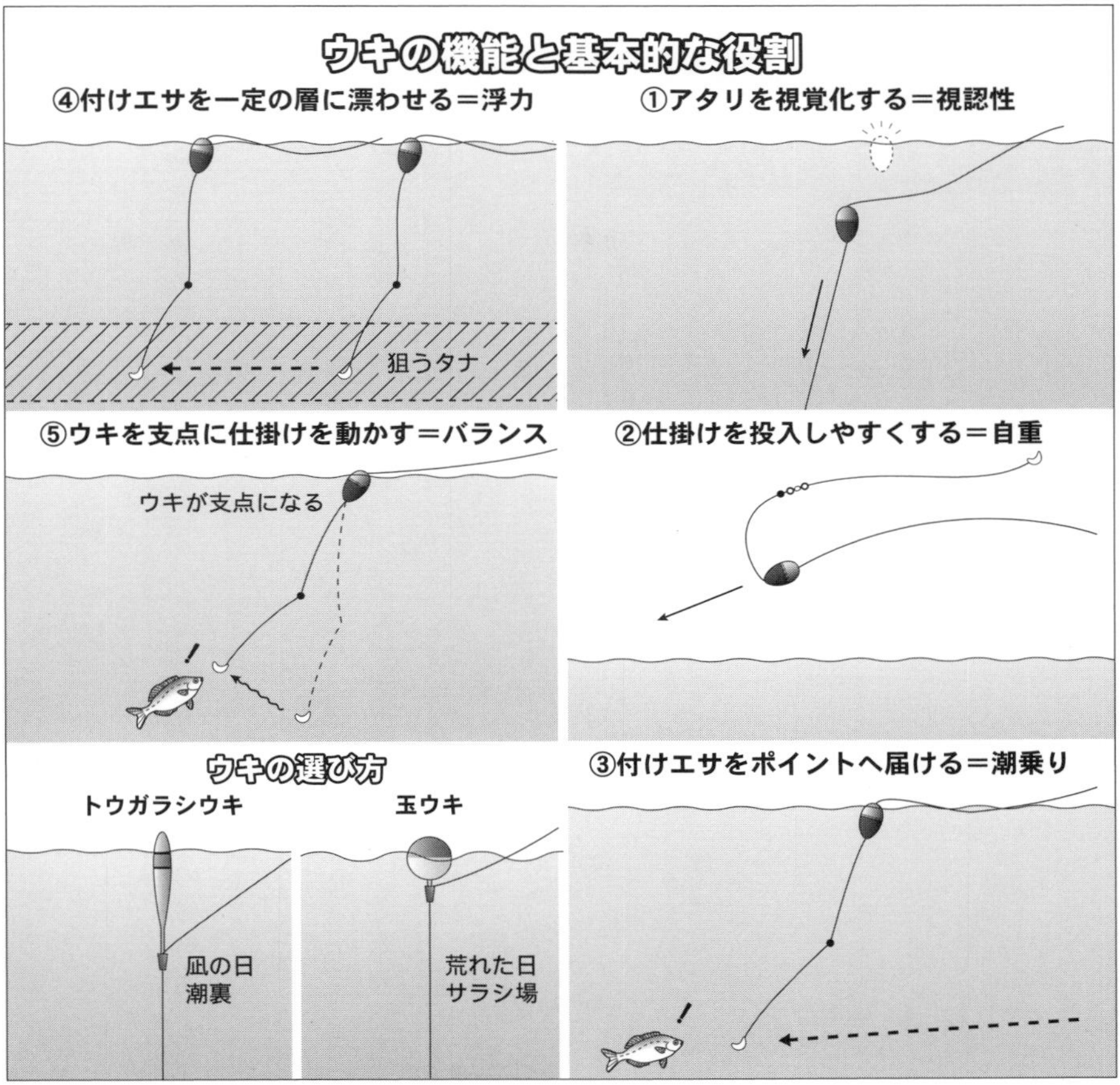

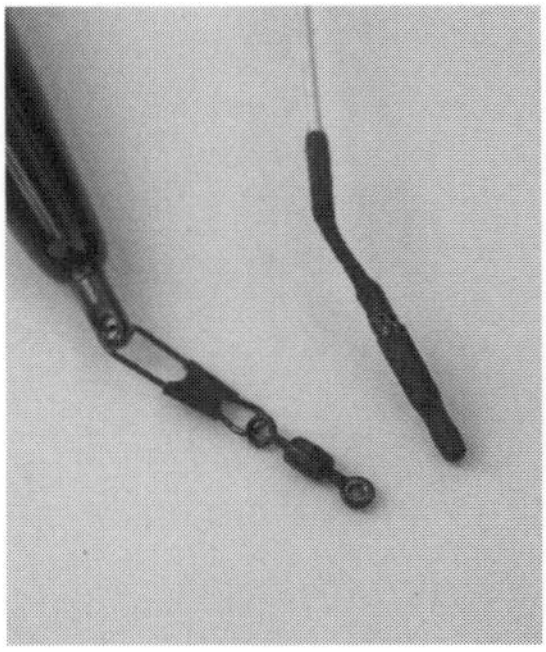

棒ウキにはカンが装着され、スナップサルカンを使えばワンタッチで交換できる。トウガラシウキはウキゴムで装着する。

円錐ウキは糸に通しただけでは固定されないので、狙うタナに合わせ道糸にウキ止め糸を結び、間にシモリ玉を入れる。

円錐ウキの特徴は中央にラインホールがあり、そこに糸を通して仕掛けに装着する。糸を切らないと交換できないのが面倒。

速度を判断する役割もあるが、ウキフカセ釣りでは先に挙げた5つの役割が大きい。

1は「感度」「視認性」という言葉で表現される機能。つまり、外的な力に対して敏感に反応する度合いと見やすさの問題だ。ウキが小さく（または細く）なるほど感度は高くなるが、逆に視認性は低くなり、その妥協点をどのへんに見出すかが難しい。

2は重さ（自重）の問題。どんなに感度のよいウキも、向かい風でもポイントへ振り込めなければ役に立たない。3は潮乗りの問題であり、ウキの形状と関係する。サポート役として水中ウキを組み合わせる方法もある。4は浮力（オモリ負荷）と深い関係があり、深いところで付けエサをキープするにはオモリに対応する浮力が必要だ。5は形状の問題で、誘いをかけやすいウキとかけに

円錐ウキの形状

ウキを形成する5大要素

ウキを選ぶときの目安となるのが、自重、浮力といった表示と形状である。ここではウキを形成する５大要素について簡単に説明しておこう。

●**自重**＝ウキ自体の重さ。重いほど投げやすく、海面での安定はよいが、同素材で同浮力のウキを作ろうとすると重いほどサイズは大きくなり、感度は鈍る。
●**視認性**＝見やすさ。大きなウキほど見やすく、小さなウキほど見にくい。ヘッドやトップのカラーリングや塗装面積、ウキの形状も視認性を左右する。
●**サイズ**＝一般には大（L）、中（M）、小（S）に区分けされ、特大（LL）や極小（SS）もある。ウミタナゴ釣りではSとSSがもっとも多用されるサイズだ。
●**浮力**＝オモリ負荷のこと。どれだけのオモリを付けられるかという目安。ただ、3Bのウキに3Bのガン玉を付けて浮力が0になると扱いづらいため、わずかな余浮力（＝余分な浮力）がプラスされているのが一般的である。
●**形状**＝大きく分けると玉ウキ系と棒ウキ系になる。円錐ウキは玉ウキ系、トウガラシウキや立ちウキは棒ウキ系である。また、それぞれは上ぶくれ、中ぶくれ、下ぶくれといった３パターンに分類される。

上ぶくれタイプの円錐ウキ

ウキの上部が膨らむ円錐ウキ。安定性には問題ないが視認性がやや劣る。巻き上げのときに抵抗を受けやすい。

中ぶくれタイプの円錐ウキ

円錐ウキの中では定番のどんぐり形状。一番多い形でバランスがよい万能タイプ。あらゆる環境で対応できる。

下ぶくれタイプの円錐ウキ

下部が大きく膨らむ逆円錐タイプ。水面での安定感があり、沈むときの抵抗が少ない。傾き抵抗には難がある。

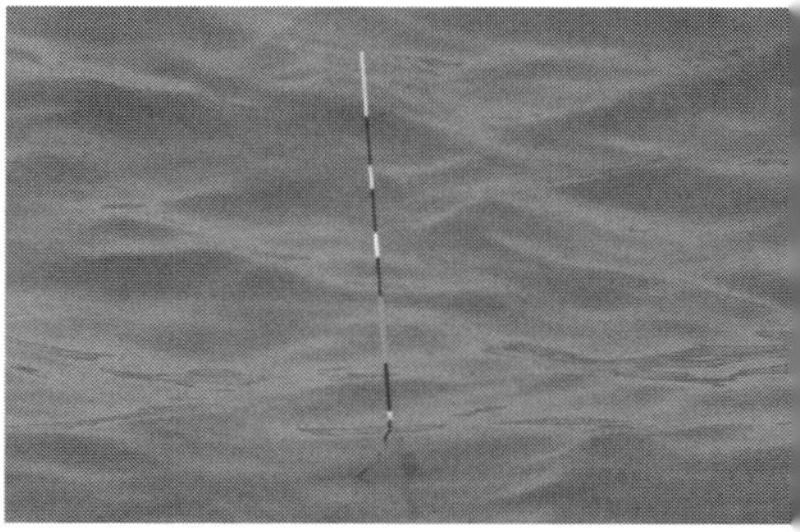

海面から突き出た棒ウキは、仕掛けの動きやアタリが明確に伝わる。

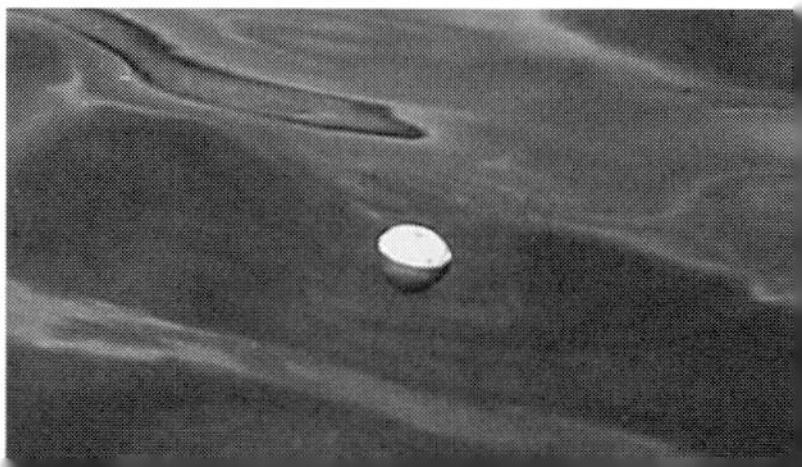

海が荒れているときは、棒ウキよりも円錐ウキが有利。

くいウキがある。

　ウミタナゴ釣りで使われる玉ウキとトウガラシウキだけに限っても、使いこなしや使い分けは難しい。波のある日やサラシ場には玉ウキが適しており、凪の日や食い渋りには繊細なトウガラシウキが適している。トウガラシウキは細身で感度のよさが魅力だが、感度がよすぎるためちょっとした波やサラシで沈むことが多い。


ウキの選択基準は状況にマッチした扱いやすさを優先すべきなのである。感度だけを考えればマッチ棒に勝るウキはないが、マッチ棒で釣りをする人はいない。その理由を考えてほしい。

　最初に玉ウキをセットしてみよう。肝心なのはポイントの距離や風などの条件、狙うタナの深さに合わせて使用するオモリを決め、その重さに対応したサイズを選ぶことである。小さいウキに大きなオモリは付けられないから仕掛け全体の重さは軽くなり、狙ったタナに付けエサをキープすることもできない。

　もちろん、魚に与える抵抗は小さく軽いウキほど少ないわけだから、ウキ選びの基準は「状況が許す範囲内で小さく軽いウキ」ということになる。そのためには最低でも3種類のサイズが必要だ。玉ウキとトウガラシウキで計6個はそろえたい。

円錐ウキのラインホール

用途に合わせた様々な形状

　メジナやクロダイはウキフカセと呼ばれるウキ釣りで狙うのが一般的。このウキフカセ釣りで使われるのが円錐ウキである。円錐ウキとはいっても種類は様々だが、さらにラインホールの形状にも用途に合わせた複数のタイプがある。

SiC リングが装着

ラインホールの入り口にSiC リングが装着されたものは、糸の通りがスムーズ。

大口径

糸の通しをよくするためラインホールが大口径になっているオーソドックスなタイプ。

ガラス管

糸の滑りを良くするためラインホールにガラス管パイプを使った円錐ウキ。

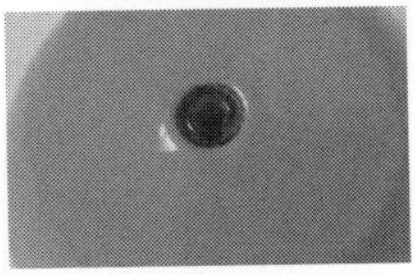

トップだけ大口径

トップは大口径だが徐々に狭くなるタイプで、これはラインホールの途中でウキ止めが止まる。

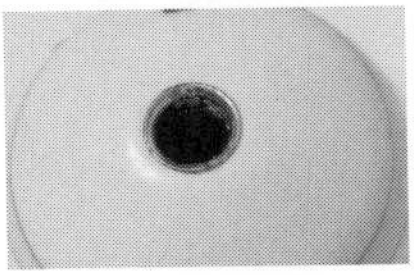

糸落ちを優先した大口径のラインホールをもつ円錐ウキは深ダナ攻略に最適。

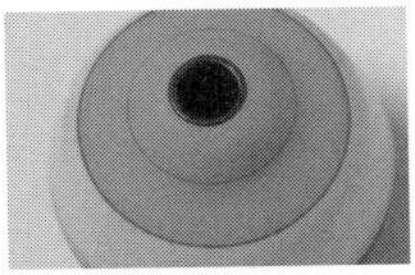

様々なタイプと種類がある円錐ウキ。

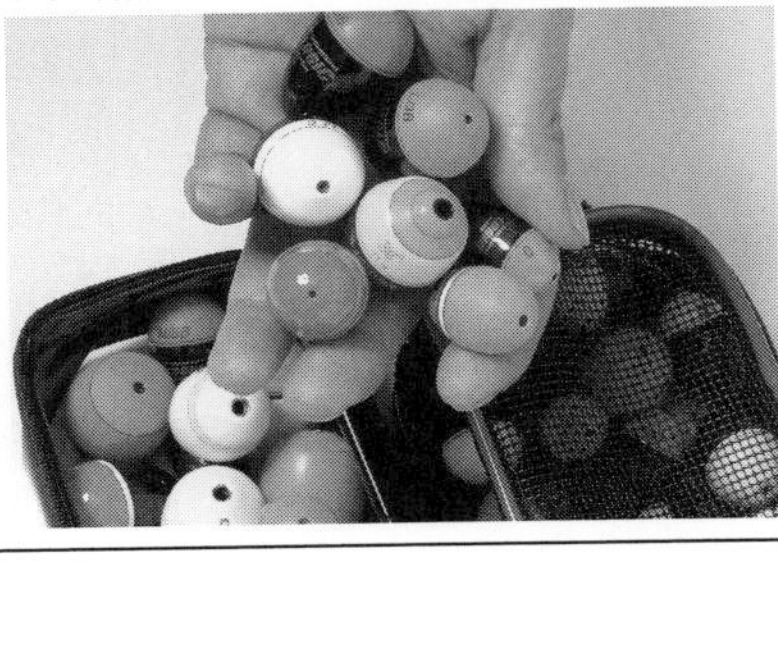

05 オモリの機能と役割

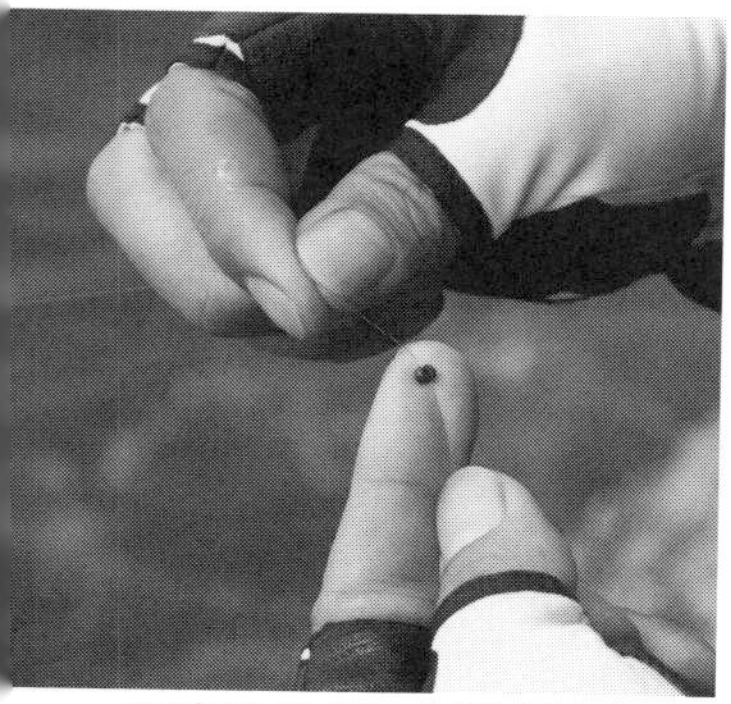

この小さなガン玉は、仕掛け全体に釣り人の思惑を反映させてくれる。仕掛けを沈めるだけでなく、潮に乗せたり浮かせたりとガン玉の果たす役割は大きい。

小さな「鉛の塊」が、仕掛けに命を吹き込む。仕掛け作りに欠かせないオモリの役割と使いこなし。

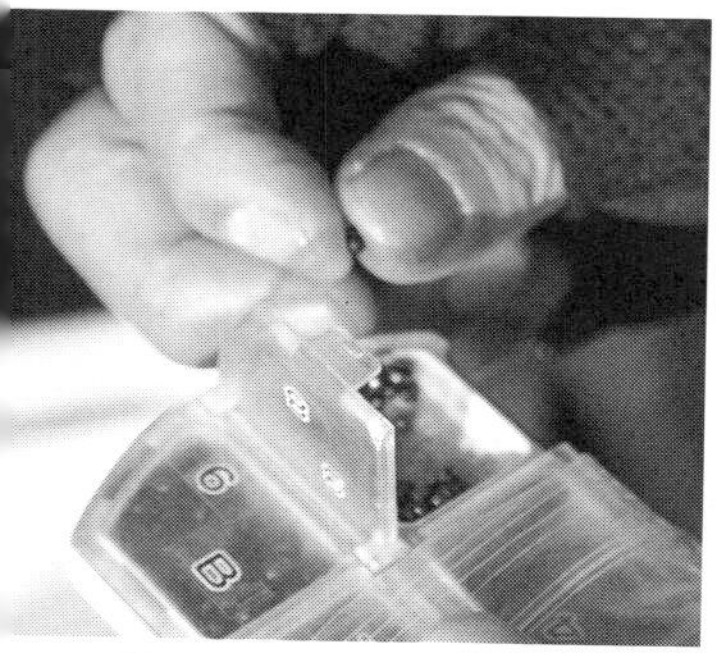

ガン玉一つでウキの性能が変わると言っても過言ではない。ウキの性能が変わるということは仕掛けを生かしも殺しもすると言うことである。

潮やコマセとの同調はガン玉によって決まる

釣りではいろいろなタイプのオモリを使うが、ウキ釣りではガン玉が主役である。深ダナを狙う時は中通しのナツメオモリや丸玉オモリ、玉ウキやトウガラシウキの浮力調整には板オモリも使われるが、カミツブシ（割りビシ）は海中で回るせいかあまり使われなくなった。ところで、ウキ釣りにおけるオモリの役目というのはなんだろう。ウキ釣りは「付けエサをコマセといっしょに自然に近い状態で流す釣り方」である。それならオモリは必要ないはず。実際にオモリを使わない「完全フカセ」という釣り方もあり、状況によってはそのほうが有効なケースもある。ただ、オモリを一切付けない仕掛けは、投げ、沈め、流し、止め、アワセ、といった操作をやりづらい。

オモリを付けない玉ウキ仕掛けを投入してみよう。ほとんど重さらしい重さがないため、振り込みに苦労するだろう。どうにか投入できても、ハリに刺した付けエサは海面近くをいつまでも漂っている。風があるとウキは風下へ流されて潮に乗らない。道糸を張るとせっかく馴染ませた仕掛けは浮き上がり、仕掛けがたるむため、鋭いアワセをしてもハリ掛かりしないことが多いのだ。

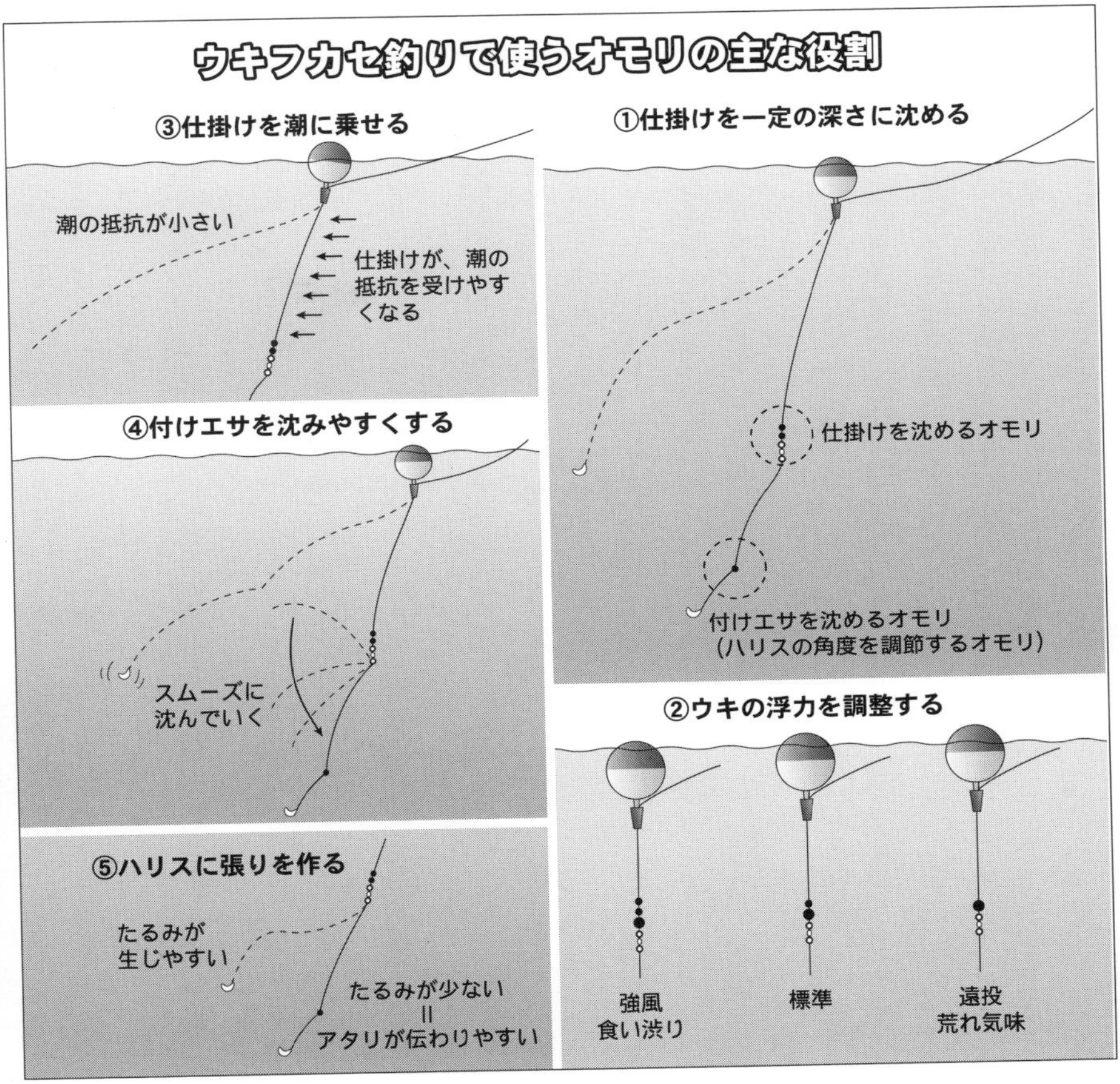

ウキ釣りにおけるオモリの主な役割はつぎの5つ。

1、仕掛けを一定の深さに沈める
2、ウキの浮力を調整する
3、仕掛けを潮流に乗せる
4、付けエサを沈みやすくする
5、ハリスに「張り」を作る

ふつうは1と2の役割だけを想定しがちで、オモリはサルカンの上に付けられることが多い。ただ、浮力調整が目的なら、オモリはウキのすぐ下に打てばよいのだ。仕掛けを沈めるためのオモリはサルカンの上、浮力調整用オモリはウキの直下に分散するのが正解である。

オモリなどを付けないほうが仕掛けは潮に馴染む、と考えるのは単純すぎる。しなやかなラインは潮に馴染むのではなく、ウキを支点にして吹き上げられてしまうのだ。ラインはオモリがピーンと張ることによって潮を受けやすくなり、乗りやすくなる。時にはオモリを分散して潮に馴染みやすい仕掛けの角度を作ることも大切。常にこの点を意識しながらオモリの重さと位置を決めるようにすれば、必然的に仕掛けはコマセにも同調するわけだ。

ハリスに打ったオモリは付けエサの沈む角度や速度も調整する。また、オモリはたるみを抑え、アワセの動きを伝達する役割も果たしてくれる。オモリを1個プラスしたことによって仕掛けがどういう状態になるかを想像しながら、オモリを付ける位置やサイズを決めることが大切なのだ。

オモリが仕掛けに命を吹き込むのである。アタリがない時は、とりあえずオモリのサイズや位置を変えてみることをお勧めする。「たかが鉛の塊」などとあなどってはいけない。

ワンポイントアドバイス

B×2個＝2Bではない!

ウキフカセ釣りでもっとも多用されるのがガン玉というオモリだ。これは散弾銃の弾をベースに作られたオモリで、Bを基準に2B→3B→4B→5Bと次第に重くなり、1号→2号→3号→4号→5号という順序で次第に小さくなる。このへんの表示システムがややこしい。ガン玉の1号と中通しオモリの1号ではまるで重さが違うのだ。B以下の小さなガン玉をジンタン（仁丹オモリ）と区別している場合もあり、G1とかG2とも表示される。Gはガン玉（GANDAMA）の意味。

また、Bを2個付けると2Bになると思い込んでいる人もいるようだが、これは間違い。ガン玉Bの重さは平均0.55g、2Bの重さは0.75gだから、B×2個は1.10gとなり、2Bよりはるかに重い。2Bのウキに Bのガン玉を2個付けると沈んでしまうので注意しよう。ガン玉とオモリの平均重量、分散する目安を表にまとめたので参考にしていただきたい。ガン玉を購入する時は鉛純度の高い軟らかいタイプがお勧めだ。ラインを傷つけないようにラバーコーティングされた製品も多く、モスグリーンやブラウン、マリンブルー、オキアミカラーなどのガン玉も市販されている。

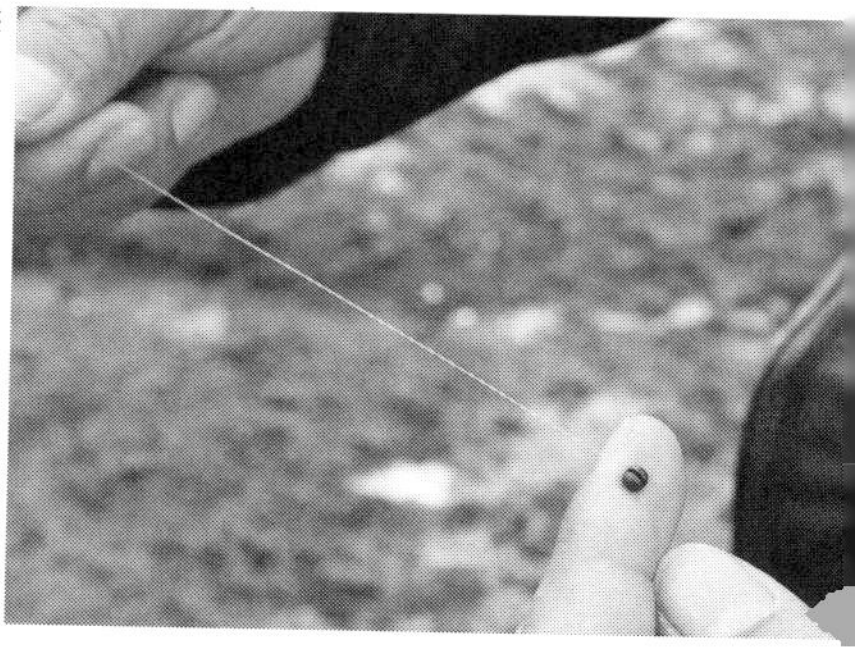

ガン玉は、浮力調整のために道糸に付けることもあるが、一般的にはハリスに付けるもの。ガン玉を付ける位置によって性掛けの性能が変わる。

ウキの性能を左右するガン玉。状況に合わせて臨機応変に使えるよう、サイズごとに分けて専用ケースに入れておくといい。

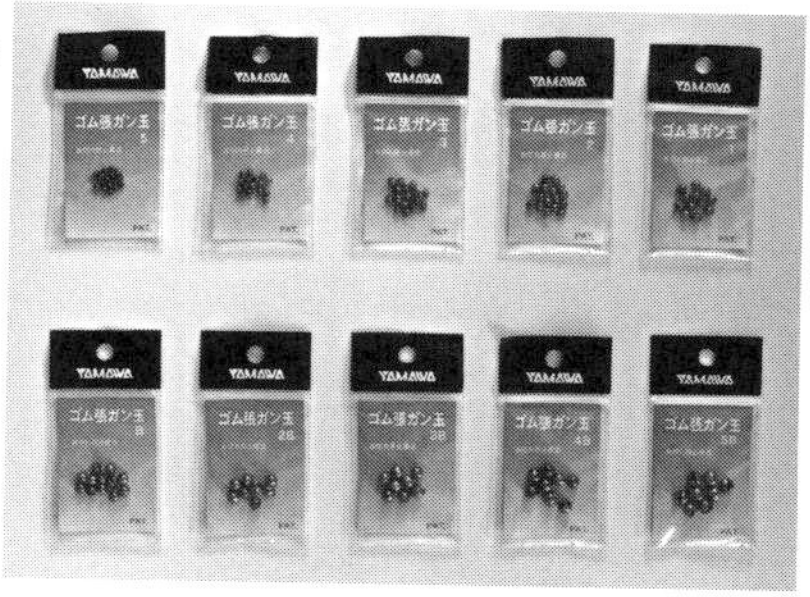

ガン玉のサイズは1〜5号とB〜5Bが用意されている。

リールシートの固定金具のツメ（ストッパー）を開き後方へスライド。リールフットの前方をリールシートの前の部分に差し込む。

06 タックルと仕掛けのセッティング

釣り道具を用意すればすぐに釣りができるわけではない。ここでは竿とリール、仕掛けのセット方法を紹介。

タックルの準備は自宅 ウキ下の設定と浮力調整は釣り場で

仕掛け作りには、釣り場でやる作業と自宅で準備しておきたい作業がある。まず自宅でやっておきたいことは、リールに道糸を巻いてウキ止め糸を結んでおくこと。2～3号の道糸をリールの糸巻量通りにスプールに巻いてもよいが、堤防のウキ釣りで必要な糸の量は50～70m程度。したがって150mの道糸なら、半分ずつ2回に分けて使用することができる。こうすればかなり経済的である。スプールの下巻きに使う糸は、実際に使う糸よりも太くて安価なもので十分。例えば5号の道糸を50mほど巻いて、その上に2～3号を50mほど巻けばよいのである。また初めての場合は、2～3号の道糸を巻けるだけ巻いて、道糸を替えるときに、半分だけ交換するのもよい。

仕掛けを作るときは、まず竿にリールをセットする。アウトガイド竿ならガイドに道糸を通す。インターライン竿の場合は、道糸をワイヤーで通してから仕掛けの準備に取り掛かる。このとき、竿を伸ばす前に道糸にウキを通してサルカンを結ぶ。ここでハリスを結んでしまう人と、竿を伸ばしてからハリスを結ぶ人がいる。どちらがよいかは各自の好み。次にハリを結べばウキ釣り仕掛けのできあがりだ。

仕掛けができても、もうひとつ大切なことがある。それはウキの浮力調節とウキ下の設定である。ウキの浮力は、各ウキによって異なる。例えば3Bという表示のあるウキは、3Bのオモリ負荷があるという意味だ。したがって3Bの浮力調整

リールのセット

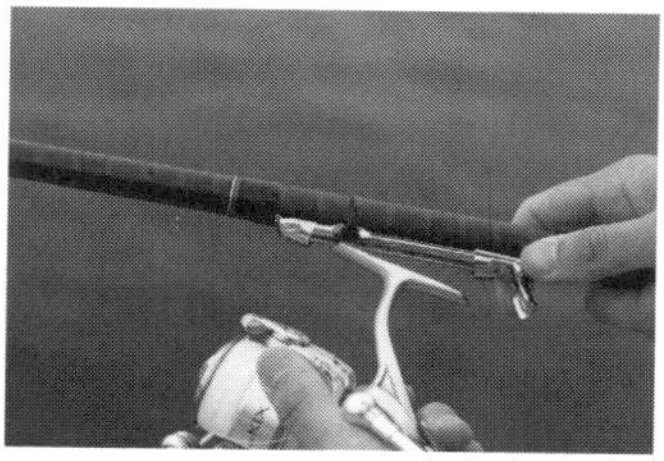

リールシートの固定金具のツメ（ストッパー）を開き後方へスライド。リールフットの前方をリールシートの前の部分に差し込む。

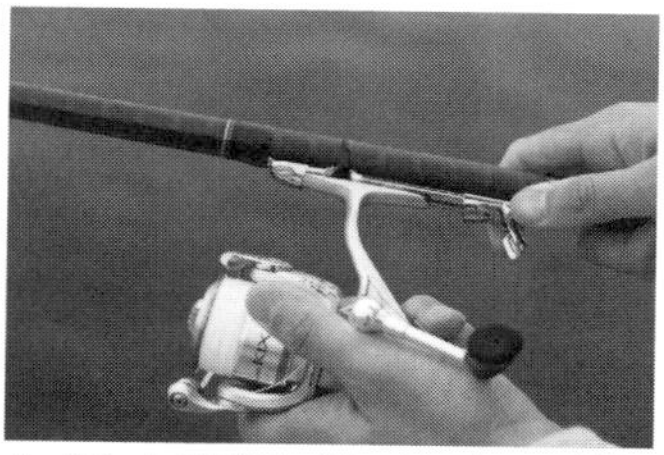

リールフットの底をリールシートにピッタリ密着させる。リールシートの固定金具を前方へスライドさせ、押し付けるようにしながらツメを閉じる。

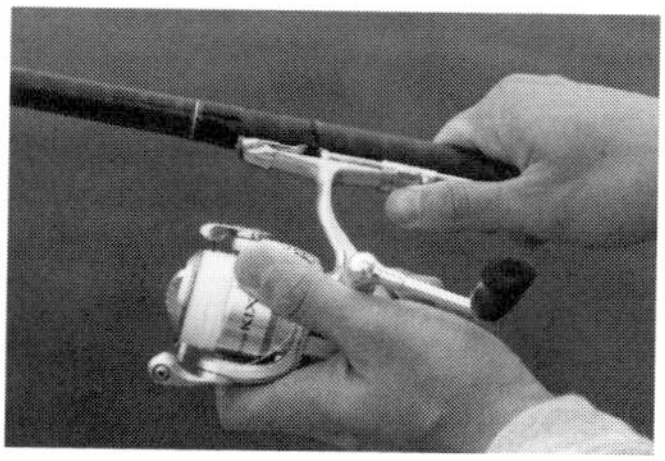

リールがグラつかなければ、リールのセットは終了。続いてリールのベイルを開け道糸を少し引き出す。

道糸の先をトップカバーの糸通しバーに通し、トップカバー自体をゆっくり引き抜くと全部のガイドに道糸が通る。

オモリを打つ必要がある。ただしこの表示は、それほど厳密ではない。多少の残浮力を残したウキも多いので、一般的にはこれよりも少し重いオモリまで使えるようになっている。ハリスに小さなオモリを打ちたいとき、サルカンの上に浮力表示に相当するオモリを打ち、ハリスに小さいオモリを打つという使い方ができる。

またプロ仕様という表示で、3Bならきっちり3Bのオモリしか背負わないウキもある。このウキでハリスにもオモリを打ちたいときは、2Bのオモリをウキの浮力調整用としてサルカンの上に打ち、残りの浮力分をハリスに打てばよい。

次にウキ下の設定である。これは狙う魚種やそのときの海の状況によっても違ってくる。表層狙いなら当然浅く、中層なら1～3mほど、底狙いなら水深に合わせたウキ下に設定すればよい。

ベタ底狙いといって、エサを海底に這わせるような釣り方では、水深よりももっと深いウキ下にするのが鉄則。海には潮の流れがあり、これが速いほどエサも浮き上がりやすくなるので、潮の速さも計算に入れなければならない。

また、竿の長さよりも浅い水深なら、固定ウキといってウキを動かさない仕掛けで攻められるが、深い場所を探る場合は、ウキを固定せずウキ止めでウキが止まるようにする。つまり7mのウキ下なら、ハリから7m上の位置にウキ止めを移動し、そこでウキが止まるようにするのである。

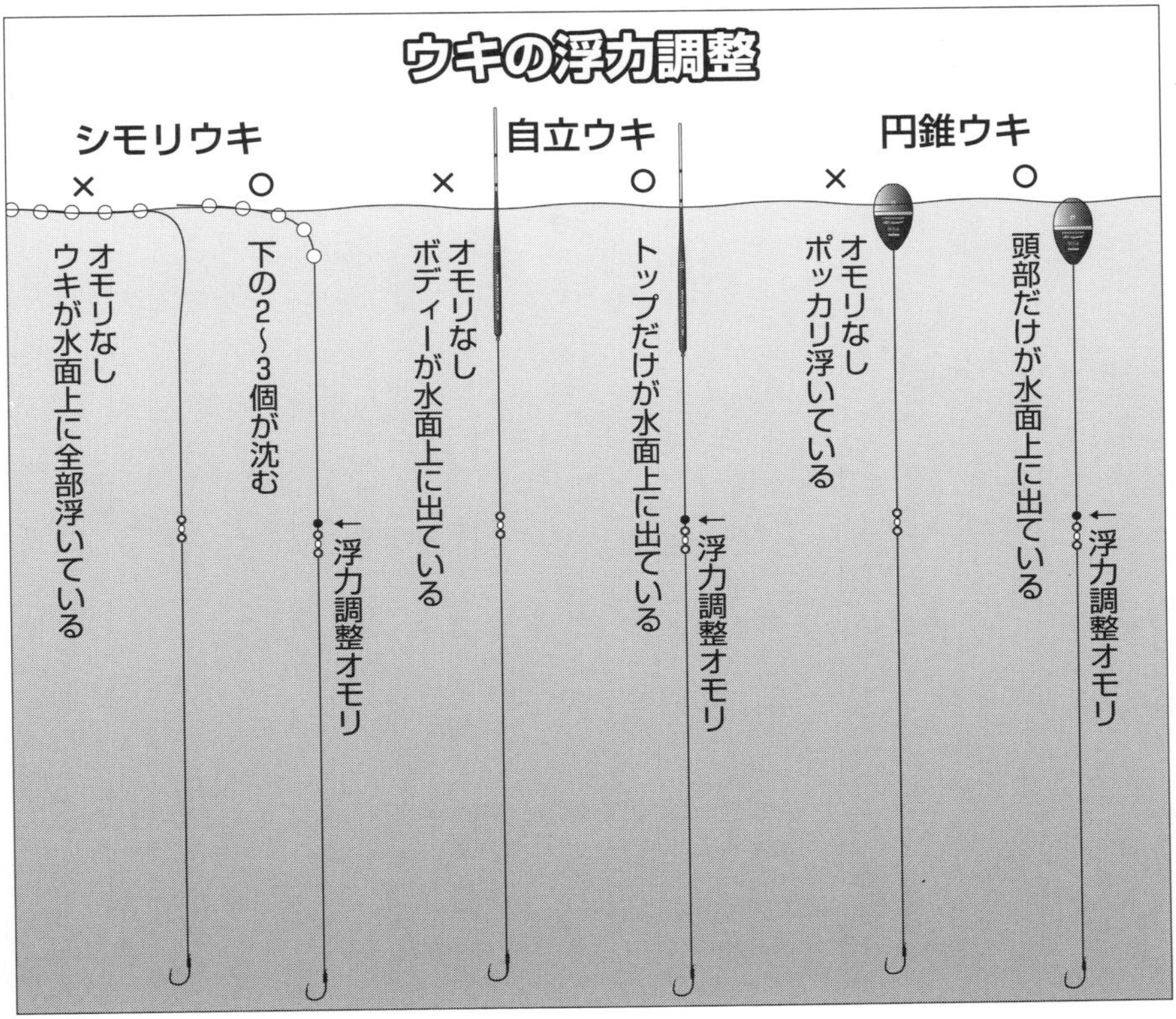

ワンポイントアドバイス

自宅でできることは自宅で

　仕掛けは釣り場で作るのがセオリーだが、ハリスとハリ以外の部分を自宅で作っておくと、釣り場でより早く竿を出すことができる。竿にリールをセットしてガイドに道糸を通し、竿を伸ばさずサルカンから上の部分だけをセットしておく。こうすれば、現地でハリスとハリを結ぶだけ。特にインターライン竿では、道糸を通すのが面倒なので、これをやっておくとかなり楽である。

穂先からガイドの向きを揃えて竿を伸ばす。

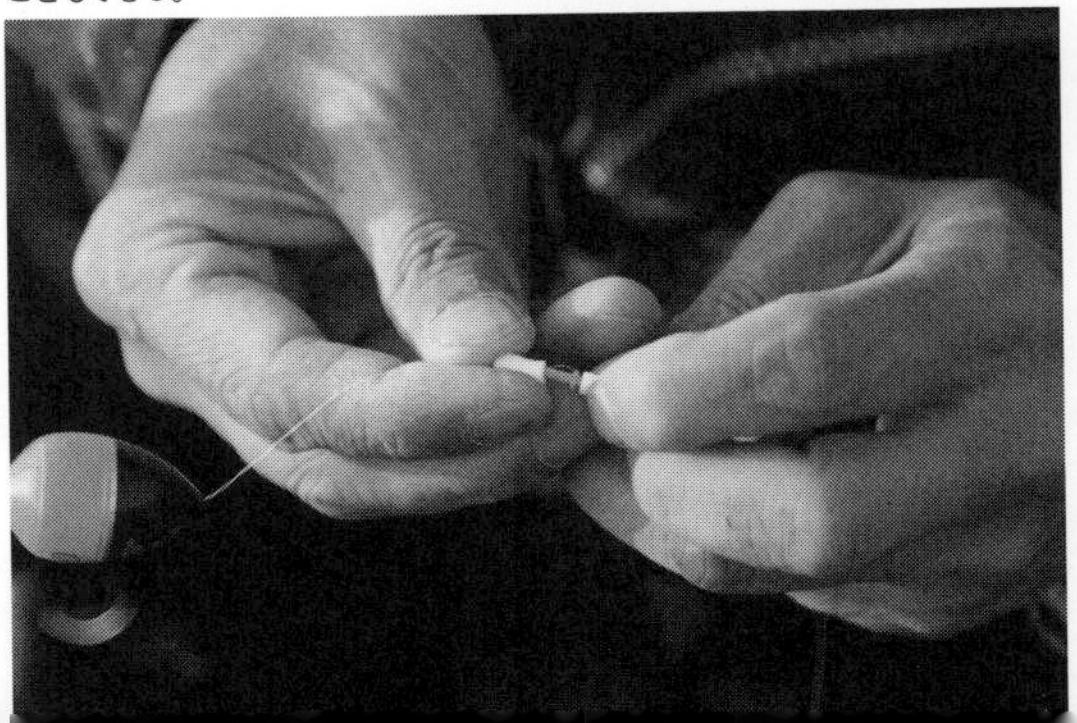

ウキとガン玉の間にフカセからまん棒を付けると、糸絡み防止はもちろんガン玉とウキの衝突を防ぐこともできる。

コマセはオキアミと配合エサを混ぜ合わせるのが基本。ターゲットや狙いたいタナ、海況に合わせてブレンドする。

07

コマセと付けエサ

ウキ釣りの多彩なターゲットとはどんな顔ぶれなのか、それらの魚は堤防のどこで狙えばいいのかを解説する。

付けエサは抵抗が少ないオキアミ コマセはオキアミ3kgに配合エサ1袋

ウキ釣りに欠かせないものにコマセがある。コマセがなくてもウキ釣りはできるが、それでは効率が悪く確実な釣果は期待できない。しかし、コマセをまくことで、1ヵ所に魚を集めることができ、効率良く魚を釣ることができる。一般的にコマセはアミエビやオキアミを主体にして、これに配合エサを混ぜ合わせる。配合エサを加えることで食い気を誘い、コマセがほどよい硬さにまとまるので投入しやすくなる。

作り方は、アミエビなら冷凍のブロック、塩アミ、パック詰めなどいずれでもよく、冷凍ブロックは解凍して使用する。およそ3kgに対して配合エサ1パックの比率で混ぜ合わせる。また無風時は配合エサを加えず海水で溶いたものでもよい。ただしこれだと、コマセの遠投はできず、足下にまくことしかできない。

オキアミの場合は、冷凍ブロックを解凍して使用する。完全に解凍したものより半解凍状態のほうが配合エサを混ぜやすい。オキアミも3kgに対して配合エサ1パックの割合で混ぜ合わせる。1日分の目安はオキアミ6kg前後に配合エサ2〜3パックである。

配合エサにはいろいろな種類があり、比重の重いものや軽いもの、魚名がついた専用のものも発売されている。どれがよいかは好みだが、水深の深いポイントで海底近くにコマセを効かせたいときは、比重の重いクロダイ用の配合エサがお勧め。これだとコマセがあまり拡散せずに、速く深いタナに沈んでいく。逆に浅

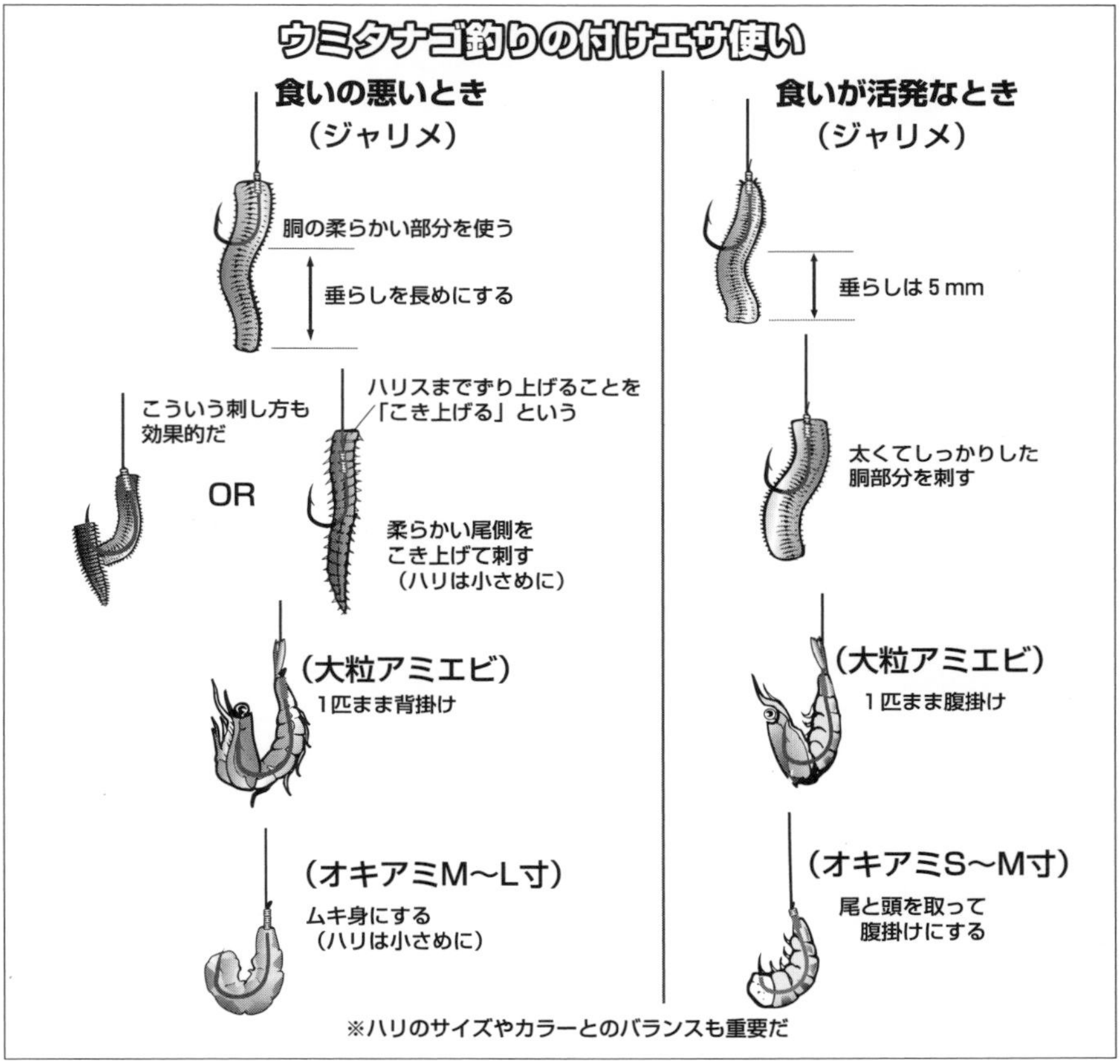
ウミタナゴ釣りの付けエサ使い
食いの悪いとき
（ジャリメ）
胴の柔らかい部分を使う
垂らしを長めにする
こういう刺し方も
効果的だ
OR
ハリスまでずり上げることを
「こき上げる」という
柔らかい尾側を
こき上げて刺す
（ハリは小さめに）
（大粒アミエビ）
1匹まま背掛け
（オキアミM～L寸）
ムキ身にする
（ハリは小さめに）
食いが活発なとき
（ジャリメ）
垂らしは5mm
太くてしっかりした
胴部分を刺す
（大粒アミエビ）
1匹まま腹掛け
（オキアミS～M寸）
尾と頭を取って
腹掛けにする
※ハリのサイズやカラーとのバランスも重要だ

いタナにコマセを効かせたいなら、拡散性がよく比重の軽い、メジナ用の配合エサが使いやすい。また、アミエビやオキアミ以外にサナギのミンチなどもコマセとして使われる。これはクロダイ釣り専用のイメージが強いが、他の魚もかなり集まってくる。

　付けエサは、オキアミ、アミエビ、サクラエビ、アオイソメ、ジャリメ、イワイソメなどがよく使われる。この中でもオキアミは特によいエサで食いも抜群だが、エサ持ちが悪いのが難点。夏場は特に食いがよすぎて大物釣りのエサには適さない。仕掛けを投入した瞬間に小魚などに取られてしまう。

　付けエサは狙う魚の大きさや種類によって使い分ける。小型のメジナやウミタナゴ、アジなどを狙うときは、小さなハリを使い、このハリの大きさに合わせて付けエサも小さく付けるのがコツ。オキアミなら腹掛けか背掛けで、尾羽根と頭をカットする。アミエビも背掛けがよい。大型のクロダイを狙うときは、ハリも大きくして、大型のオキアミを1〜2尾、ハリ付けする。

　イソメ類は、小型のジャリメは1尾付けでもよいが、大型のアオイソメやイワイソメなどは、ちぎってハリ付けすることもある。特にイワイソメは大きいので、小魚向きの付けエサではない。ほかに、大型狙いのエサとして練りエサ、ボケジャコ、生サナギ、ユムシなどがあり、イガイ（カラス貝）やアケミ貝などはむき身にすれば小魚の食いもよい。

オキアミの刺し方

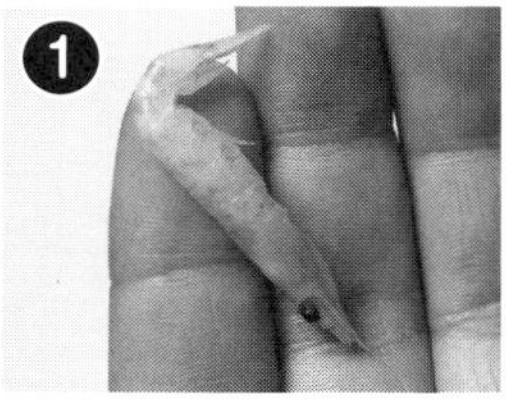

ウキ釣りで一般的に使われるオキアミ。SサイズからLサイズまで用意され、ターゲットに合わせたサイズを選ぶ。クロダイやメジナはLサイズ、ウミタナゴならSサイズが目安。

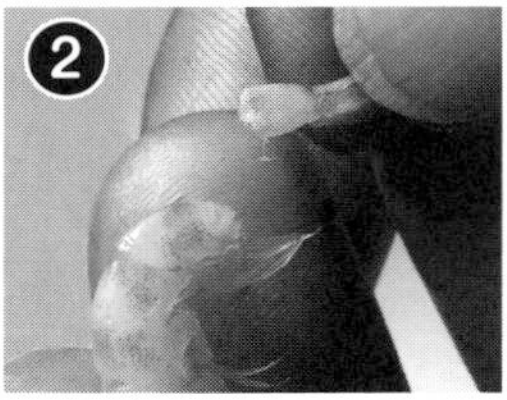

尾羽根を引っ張るときれいに取れ、これだけでもハリ付けしやすくなる。尾羽根を取っただけで身崩れするオキアミは付けエサには向かないので、身のしっかりしたものに交換しよう。

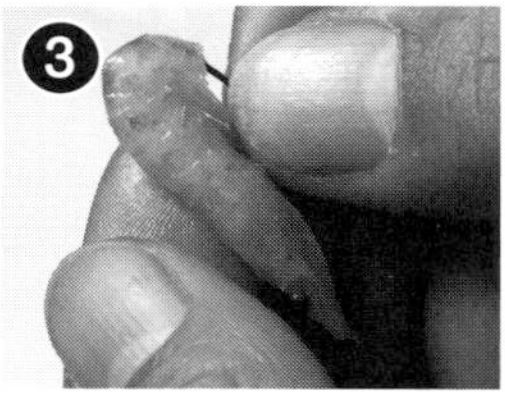

オキアミの尾羽根を取ったところからハリを刺し、背中側の殻に沿ってハリを通していく。ハリのチモトまでしっかりハリを通す。これで合わせたときのスッポ抜けを防ぐことができる。

これで完成！

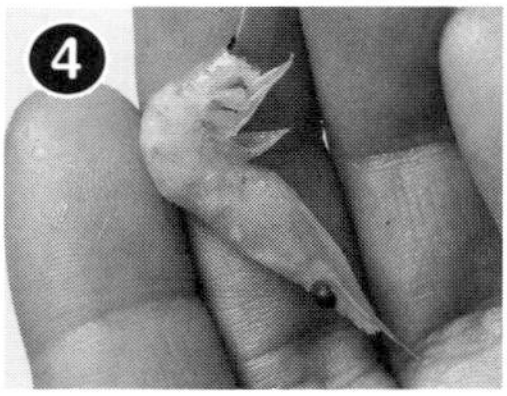

これがもっともオーソドックスな腹掛けと呼ばれるハリ付け法。オキアミは無理に真っすぐにする必要はなく、背は曲がったままでOKだ。

ここにも注目！

ちょっとした工夫でエサ持ちが向上

　ビギナーが最も失敗しやすいのがエサの付け方。特にオキアミは柔らかく、しっかりエサ付けしないと投入時に落ちたり食い逃げされてしまう。そこでしっかりハリに付けられるよう練習したい。まずは尾羽をカットしてその切り口からハリを通す。オキアミの中心にハリが通るように神経を遣う。そしてゆっくり頭部のほうまで通したら、ハリのチモトが隠れるようにする。また柔らかくなって刺しにくいオキアミは、背側にハリ先を抜く付け方がよい。こうすれば、仕掛けを多少投げても付けエサが飛ばないようになるはずだ。

クロダイ用とメジナ用の配合エサは色々な種類が用意されている。ターゲットに合わせて配合エサをブレンドする。沈むタイプや浮くタイプ、拡散性の高いものなど配合エサにも機能が備わっている。

クロダイやメジナはオキアミ＋配合エサ、ウミタナゴはアミエビ＋配合エサが基本的なコマセ。オキアミやアミエビは冷凍されており、これを砕くミキサーは必需品。海水で粘り気を調整するので水汲みバケツも欠かせない。

08

仕掛けの投入
オーバースローの手順

仕掛けの投入は力まかせに投げるのではなく、竿のしなりとウキの重さを利用して放り出すようなイメージで。

キャスティングの基本となるのがオーバースロー。遠いポイントに仕掛けを投入する際に有効なキャスト。汎用性が高く堤防でも磯でも使える。

最初はちょっと重めの仕掛けで練習しよう

ウキ釣りでは仕掛けの投入フォームにいろいろなスタイルがあるが、基本となるのは送り込み、横送り込み、タスキ振り、オーバースローの4パターンだ。これらを地形的条件や風や雨といった気象条件、仕掛けの種類、ポイントまでの距離などに応じて使い分けるのが基本である。

投げ釣りやルアーフィッシングなどに比べ、ウキ釣りの振り込みは難しい。最初はちょっと重めの仕掛けではじめるのが上達の秘訣だ。オモリ負荷が1～3号と表示された竿を使用する場合は1～3号（3・75～11・25g）の仕掛け重量がお勧めだが、慣れないうちは3号前後を目安にするとよい。サルカンやハリス、ハリや付けエサの重さを1g前後と仮定し、ウキとガン玉の重さが10g前後になるように組み合わせる。ガン玉の重さは30頁の表を参考にしてほしい。ウキの重さはボディやカタログに表示されている。分からなければ測ってみよう。

リールは中指と薬指でリールフット（脚部）をはさむ。これは2本の指でしっかり固定でき、もっとも活躍する人差し指が自由に動かせるからだ。道糸をこの人差し指に引っ掛け、ベイルを開いて竿を後方へ倒し、片手を竿尻に添えるというのがオーバースローの基本スタイル。ウキをトップガイドぎりぎりに巻き上げるとウキの重さが竿先に乗らず、ウキは足下へボチャンと墜落するかライナー気味に飛んで仕掛けが絡む。トップガイドとウキとの間隔（これを垂らしという）を20～50㎝ほどにする

第2章

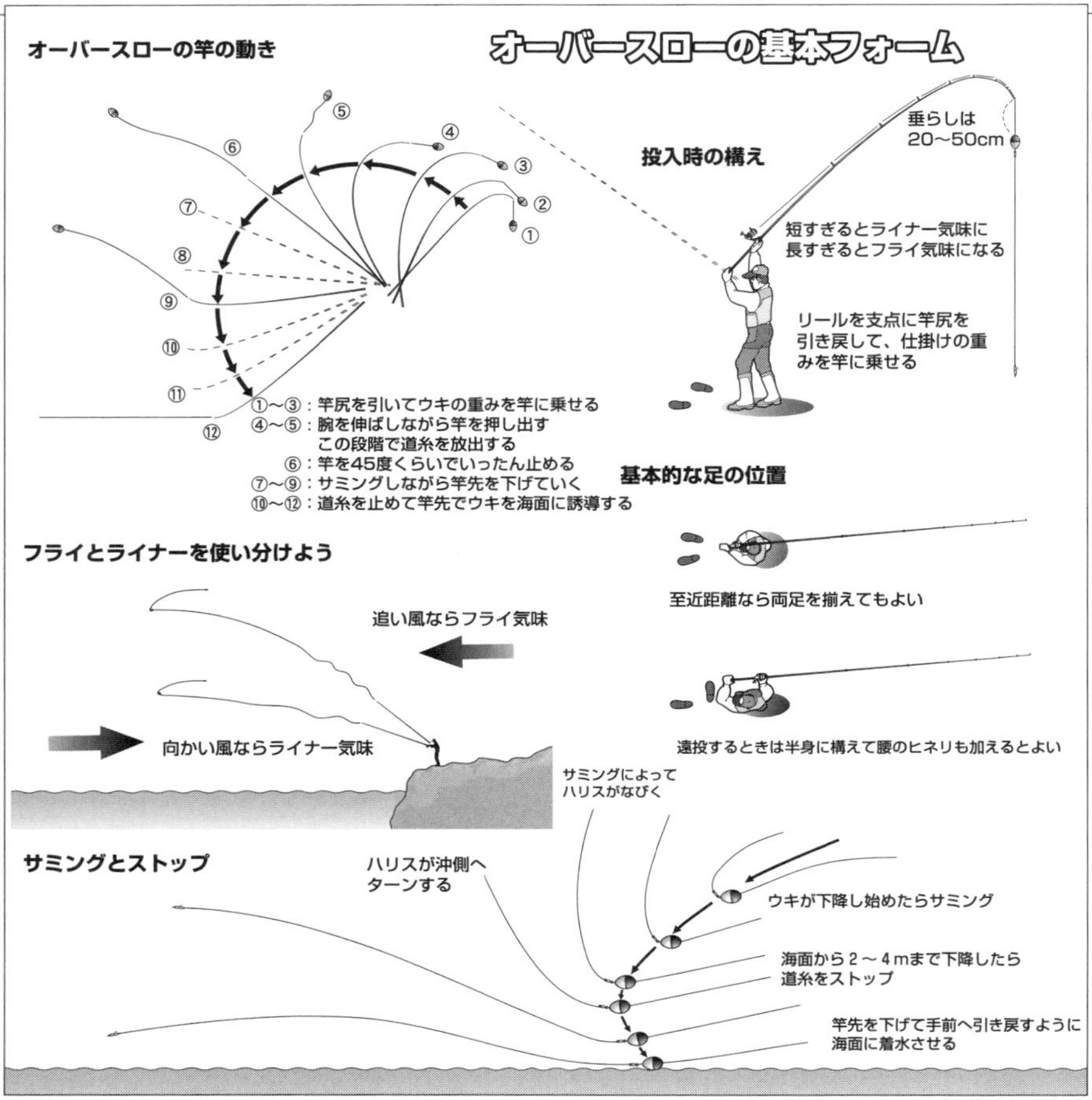
オーバースローの基本フォーム
オーバースローの竿の動き
①～③：竿尻を引いてウキの重みを竿に乗せる
④～⑤：腕を伸ばしながら竿を押し出す
この段階で道糸を放出する
⑥：竿を45度くらいでいったん止める
⑦～⑨：サミングしながら竿先を下げていく
⑩～⑫：道糸を止めて竿先でウキを海面に誘導する
投入時の構え
垂らしは
20～50cm
短すぎるとライナー気味に
長すぎるとフライ気味になる
リールを支点に竿尻を
引き戻して、仕掛けの重
みを竿に乗せる
基本的な足の位置
至近距離なら両足を揃えてもよい
遠投するときは半身に構えて腰のヒネリも加えるとよい
フライとライナーを使い分けよう
追い風ならフライ気味
向かい風ならライナー気味
サミングとストップ
サミングによって
ハリスがなびく
ハリスが沖側へ
ターンする
ウキが下降し始めたらサミング
海面から２～４ｍまで下降したら
道糸をストップ
竿先を下げて手前へ引き戻すように
海面に着水させる

と投入しやすい。

投げ竿と違って磯竿は細くて軟らかい。力いっぱい振り切るよりも、ゆっくり斜め上空へウキを放り上げるように竿を振るのがコツ。竿先はいったん45度で止め、ウキを見ながら着水するちょっと手前でスプールエッヂに指を軽く当ててブレーキをかける。この操作をサミングという。サミングによって仕掛けの飛びすぎが抑えられ、放物線を描いた道糸がまっすぐに伸びて着水後の糸フケを軽減できる。

ウキが海面上２～４ｍまで降下したら人差し指を強く当てて道糸にストップをかけ、竿先を海面近くまで下げていく。この操作で道糸のたるみはさらに取り除かれ、ウキを支点にハリスが沖側へフワリと落ち、仕掛けが絡むトラブルを防ぐことができる。仕掛けが着水したら、ハリスの長さの半分くらいまでウキを引き

手順1

リールを上向きにした状態でヒジを曲げ、竿を後方にして構える。竿尻を持つ手は軽く握り込むように。

手順2

ヒジを伸ばしながら竿を振り上げ、ウキの重みを乗せて竿にしなりを作る。前方へ振り下ろすときに竿尻を手前に引く。

手順3

45度の位置でいったん竿を止めウキの重さで仕掛けを飛ばす。ウキが落下し始めたらサミングしながら竿先を下げる。

ここにも注目!

二刀流釣法のすすめ

ウキ釣りではキャスティング（投入）がきちんと整理されていないため、用語は投げ釣りやルアーフィッシング、ヘラブナ釣りからの借用がほとんど。いまだに用語が統一されていないのが現状だ。オーバースローとオーバーヘッドキャストは同じ。送り込み、横送り込み、タスキ振りなどはヘラブナ釣りの専門用語だ。これらはそれぞれアンダーキャスト、バックハンドサイドキャスト、バックハンドスリークオーターキャストと表現されることもある。

ルアーフィッシングでも用語にはばらつきが多いようだが、テニスのようにフォアハンドとバックハンドに区分けすると分かりやすい。投入方向に手のひらを向けた状態がフォアハンド、手の甲を向けた状態がバックハンドである。両手で投げるとダブルハンド、片手投げはシングルハンド、これにオーバーヘッド、スリークオーター、サイド、アンダーといった振り込み角度を組み合わせて用語が成り立つ。したがって、タスキ振りはシングルハンド・スリークオーター・バックキャストということになる。英語にしてみると竿の持ち方や構え方が理解しやすくなるというのは皮肉な話である。

戻し、ハリスのたるみを取り除く。

オーバースローにもいろいろなテクニックが必要だが、狙った地点の少し先へウキをフワリと着水させることができればＯＫ。追い風のときはややフライ気味、向かい風や横風ならライナー気味に投入するとよい。通常は正面を向き、遠投したいときは足を前後に開いて構える。超遠投なら半身に構えて上半身のヒネリを加えながら竿を大きく振る。竿を振る角度をやや斜めにしたのがスリークオータースロー。いずれも投入の基本形である。

仕掛けを投入したらリールを巻いて仕掛けを少し手前に寄せる。これで余分な糸フケを取り、コマセを投入。この一連の動作を繰り返すことが重要。

09 仕掛けの投入
送り込みとタスキ振り

クロダイ、メジナ狙いで磯へ行くようになると、もっとも重宝するのがタスキ振り。何度かやってみるとそれほど難しくない。

ウキ釣りのキャスティングでもっとも多用されるのは、コンパクトでトラブルの少ないタスキ振りである。

横送り込みとタスキ振りは送り込みを応用

送り込みは足場の高い堤防、海面までの高さがある磯などで竿先へそっと投入するのに役立つ。この投入方法は竿先の反発力を生かして仕掛けを送り込むため、仕掛けがだらりと垂れ下がっていると弾力が効かない。飛ばそうと竿を振り上げると仕掛けが真上へ飛び上がったり、道糸が穂先に絡んだりする。その名が示す通り、振り込むというよりは送り込むのがコツだ。

ハリ上をつまんだ手を引いて竿先をしならせたら竿を下げ、竿を下から前方へ押し出すように投入する。振り子の原理を利用して仕掛けを前方へ送り出すわけだ。竿先を30度まで持ち上げながら指先に掛けた道糸を放す。目標地点の手前でサミングしながら竿を45度くらいまで上げると、ウキはブレーキをかけられながらスッと上空へ舞い上がり、ハリスが前方へターンする。そのまま竿先を下げてウキを着水させる。

送り込みの角度を真横にすると横送り込みになる。振り幅が大きいため竿の弾力をフル活用でき、遠投も可能である。ハリ上をつまんで竿先がしなる程度に道糸を巻いたら竿先を真横に構え、竿先の反発力を利用して仕掛けを前方へ送り込む。ヒジを支点に腕を扇状に広げ、遠投するときは横ではなく下から上へ竿を振り上げるイメージで竿を操作する。

横送り込みの竿の角度を45～60度にしたのがタスキ振りである。竿を持つ腕がタスキをかけるように胸の前でクロスするのが特徴。竿を振り下ろすような形になるので横送り込

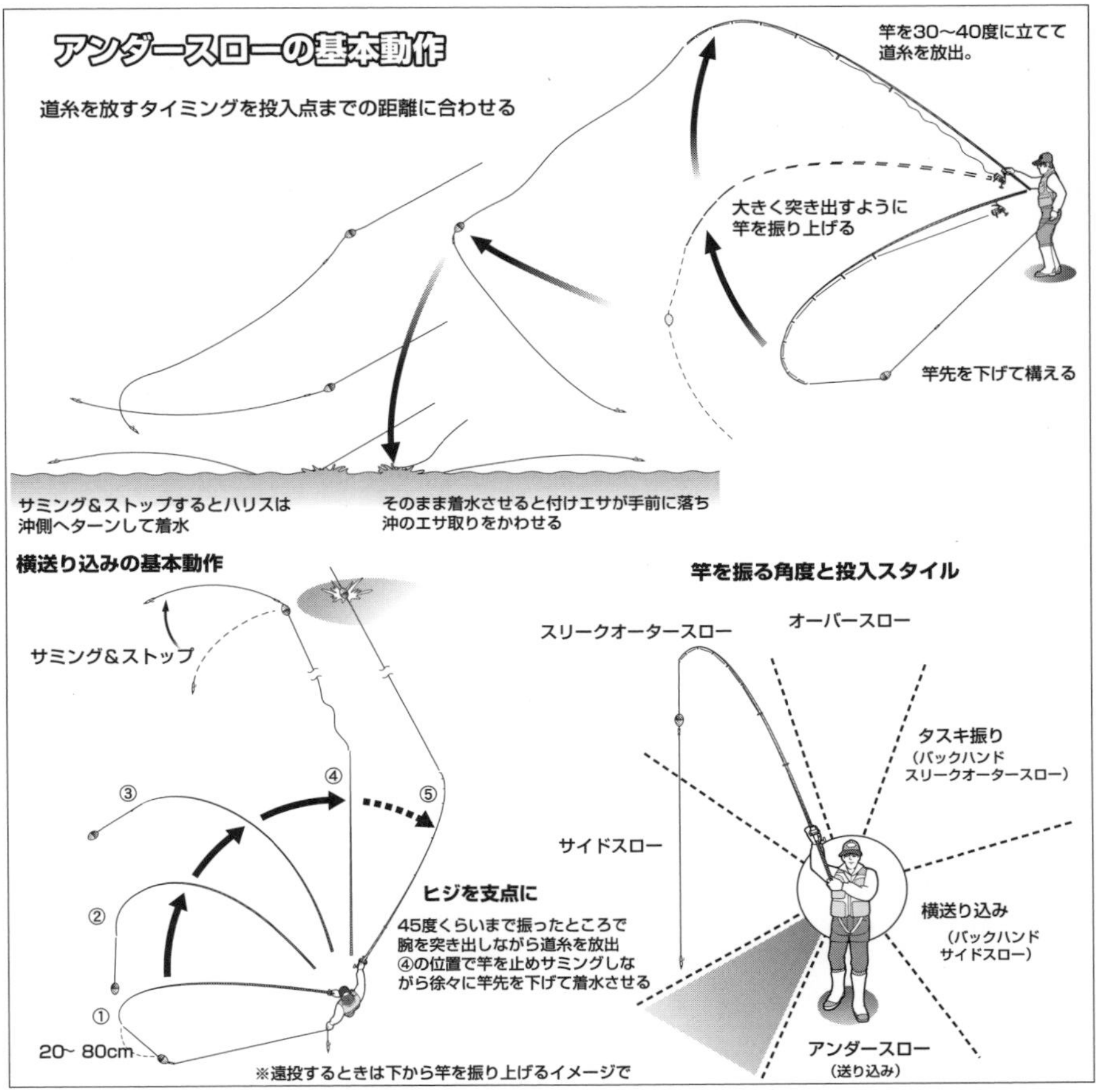
アンダースローの基本動作
道糸を放すタイミングを投入点までの距離に合わせる
竿を30〜40度に立てて
道糸を放出。
大きく突き出すように
竿を振り上げる
竿先を下げて構える
サミング＆ストップするとハリスは
沖側へターンして着水
そのまま着水させると付けエサが手前に落ち
沖のエサ取りをかわせる
横送り込みの基本動作
サミング＆ストップ
③
④
⑤
②
①
20〜 80cm
ヒジを支点に
45度くらいまで振ったところで
腕を突き出しながら道糸を放出
④の位置で竿を止めサミングしな
がら徐々に竿先を下げて着水させる
※遠投するときは下から竿を振り上げるイメージで
竿を振る角度と投入スタイル
スリークオータースロー
オーバースロー
タスキ振り
（バックハンド
スリークオータースロー）
サイドスロー
横送り込み
（バックハンド
サイドスロー）
アンダースロー
（送り込み）

みよりコントロールをつけやすく、遠投能力も高い。向かい風のときは腕だけで竿を振るのではなく、上半身を前方へ倒して体ごと腕と竿を押し出すとよい。至近距離へ正確に投入する場合には腕を縮めてコンパクトに竿を振り、遠投するときはヒジを伸ばして大きく振ること。上半身を傾け、竿を垂直に構えて振り込めばバックハンド・オーバーヘッドキャストになる。

ハリ上をつまんだ体勢で投入動作に移るため、動きに無駄がなく、手返しも格段にアップする。左右や背後に障害物があっても邪魔にならない。これがオーバースローやスリークオータースローと違う点だ。後ろが高い崖でも左右に釣り人がいても投入自体には支障がない。どういう状況であっても自在に振り込めるのがこの投入方法のメリットであり、ウキフカセ釣りでタスキ振りが多用

ワンポイントアドバイス

磯際への投入、雨対策の投入

　堤防や磯の際は大型が潜む場所である。ポイントは竿先よりも手前だから、仕掛けを振り込むというよりも落とし込むという感じになるが、なかなか狙った場所に仕掛けが入らない。竿を立てたら体を斜めに構え、付けエサを磯際ギリギリに落とし、付けエサの沈む速度に合わせて徐々に竿先を下げていくのがコツ。ただ、風が強いときなどはハリが岩に引っ掛かってしまうトラブルも起こりやすい。そんなときは、ウキがトップガイドにくっつくまで巻き込み、竿先を下げて磯際へウキを置く。スプールから道糸を引き出してつまみ、仕掛けの遊動に合わせて引き出した道糸を送り込んでいくと、竿先を海面近くに下げたまま落とし込める。強風の場合は海面に竿先を入れた状態で行なう。

　また、雨の日は道糸が竿にへばりついて思うように振り込めない。ハリ上をつまんでラインを張ったら、竿を小刻みに振って水滴を弾き飛ばしてから振り込むとべたつきを解消できる。それでも振り込みにくいときはワンランク重いウキに交換しよう。仕掛けがポイントに入らなければ、どんなに感度のよいウキも魚の反応を引き出すことはできないのだ。

手順1
ハリ上をつまんだ手はお尻の辺りまで持っていき、竿を湾曲させラインにテンションを加えて構える。

手順2
ハリ先をつまんだ手を離し、反発する力を利用して仕掛けを振り込む。このときヒジを支点に竿を振り出すのがコツだ。

手順3
ヒジを支点にして腕を広げるように竿を振り出し、ハリ先が体に引っかからないよう注意してウキの重さで仕掛けをポイントに投入する。

される理由である。

　ほかに、ハリ上をつまんだ手を脇の下に入れてフォアハンドで振り込むワンハンド・オーバースロー、ハリスを前方に垂らし、竿を頭上で「の」の字を描くように回転させながらスリークオータースローで振り込む頭上回し振りというスタイルもある。ただ、最初からすべてのキャスティングを覚える必要はない。オーバースローとスリークオータースロー、送り込み、横送り込み、タスキ振りの5つをマスターすることからはじめよう。

タスキ振りは磯釣りでよく使われる仕掛けの投入法。堤防では足下や竿下狙いも多いので、キャスティングというよりも仕掛けを落とすイメージになるが、沖目のポイントを狙う場合は重宝する。

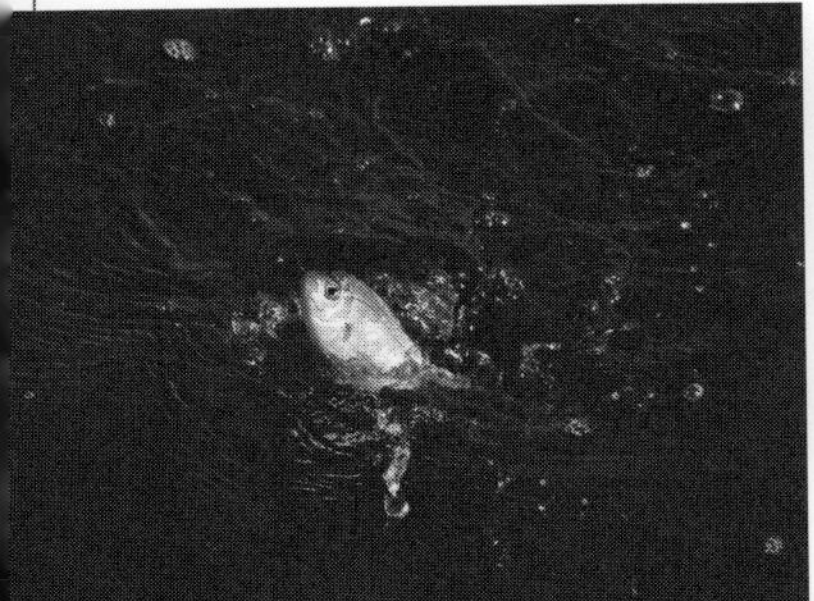
ウミタナゴは微妙なアタリが多く、ウキに対しても明確に表れることが少ない。この微妙なアタリを見極めるのが至難の業。ウキ釣り入門に最適なターゲットだ。

10 アタリから取り込みまで

水深、タナ、ウキ下を混同すると適切なアプローチができない。タナは常に変化するということを意識しよう。

コマセで魚のタナをコントロール 捕食ダナでコマセと付けエサを同調

ウミタナゴはちょこんと付き出たスポイト状に伸び縮みする小さな口で、エサを吸い込むように補食する。そのため、ウキに出るアタリは小さいことが多い。活性が高く、コマセに対して斜めに上下する動きをする場合は、ウキを勢いよく消し込んでくれる。しかし、活性が高いときでもアタリは小さくなることがある。それは、大きな群れを作ってコマセで浮いてくるケースで、この場合は上下動ではなく横移動でエサを補食するため、ウキは消し込まれず、浅い角度でわずかに動くだけ。

入れ食いのときによく釣る人とあまり釣れない人がハッキリするのは、こんなときである。よく釣る人はアタリが分かりやすい仕掛けに交換する。玉ウキ1個だと小さな変化を見落としがちだが、玉ウキの先にもう1個、浮力をギリギリに設定したひと回り小さなウキをセットするとアタリが見やすくなる。2個のウキが離れたり、先ウキだけがツンと沈んだりするものアタリ。ウミタナゴ釣りではシモリ玉仕掛けもよく使う。サイズを変えた中通しのシモリウキを4～6個ほど等間隔でセットし、2個めのウキが海面ギリギリに浮くようにオモリを付け、先端の2～4個を海中に沈めた状態で釣る仕掛けだ。魚の動きが小さいときは海中の玉ウキだけが横に動いたり、海面ギリギリに浮く2個目のウキだけが沈んだりする。

もちろん、水温低下や潮が澄んだりしてウミタナゴの活性が低下したときも、ウキに対する反応は鈍く微

ウミタナゴの微妙なアタリを見極めやすいシモリ玉仕掛け。上の２個を水面に浮かせ、下のシモリウキを沈めてアタリを待つ。

妙なアタリが多くなりがちだ。そんなときも1個ウキよりも複数のウキを使った「分散型」の仕掛けが有効である。同時にハリスに打つガン玉の位置もハリに近づけたり、離したりしてみよう。

コマセは同じ位置に同じリズムで撒くのが基本だが、活性が低いときは1回の量を少なくして回数を多く撒き、活性が高すぎて群れ全体が浮いてしまうような場合は、1回の量を多くして撒く回数を減らしてみる

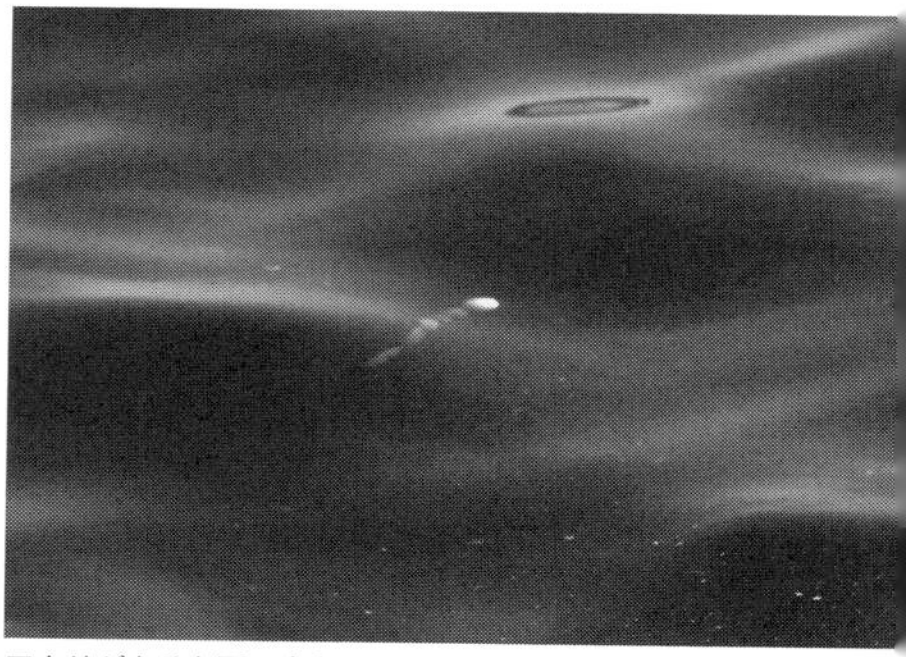

アタリがあると下のウキからツツッーと引きこまれていく。この瞬間は見ているだけでもワクワクドキドキ。

とよい。こういうタナの変化はウキへのアタリの出方で判断できる。

合わせのタイミングと強さもアタリによって変化をつける。基本的には、小さなアタリには素早く小さく、大きなアタリにはゆっくり大きく竿を立てるのがベスト。いずれの場合もそのまま腕を斜め上に伸ばして竿を高く掲げ、しっかりハリ掛かりさせると同時に魚のサイズを確認する。

ウミタナゴや小メジナ、チンチン、タカベ、アジ、メバルといった小物

微妙なアタリが多くアワセてもなかなか乗らないのがウミタナゴ。ウキに変化があったら小さく素早くアワせるのが基本。

であれば竿を掲げているだけで魚は徐々に浮いてくる。予想以上に引きが強いときも竿はつねに60度～90度の角度を保つ。45度以下まで寝かせてしまうと竿の弾力が失われてハリスに負荷が集中し、切られることもある。魚が海面に浮いてヒラを打つ（横になる）状態になったらゆっくりと竿を立てながら魚の重さを竿に乗せ、そのまま竿を左右どちらかへ持ち上げて魚を抜き上げる。これが小物の取り込み。

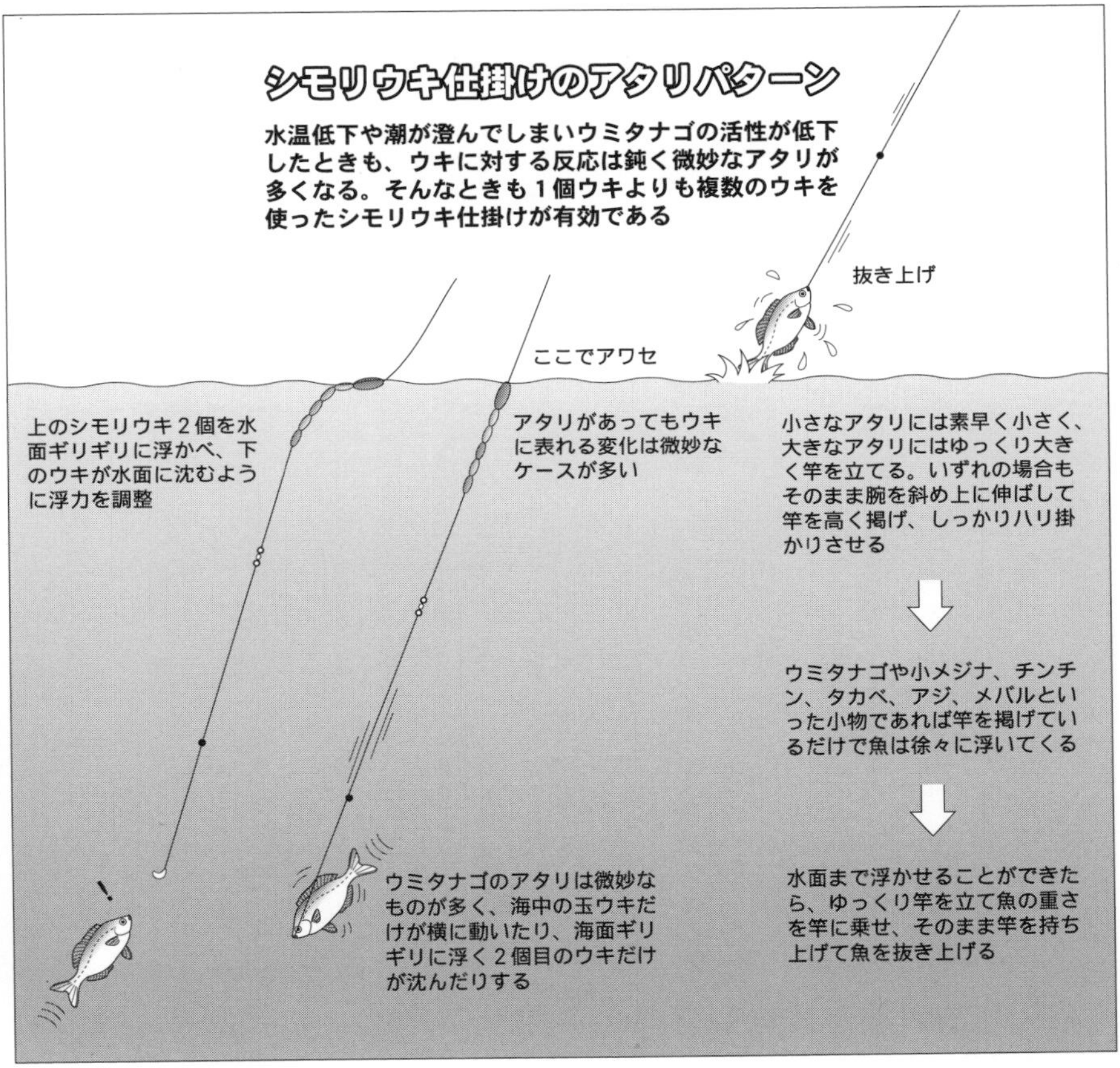
シモリウキ仕掛けのアタリパターン
水温低下や潮が澄んでしまいウミタナゴの活性が低下したときも、ウキに対する反応は鈍く微妙なアタリが多くなる。そんなときも1個ウキよりも複数のウキを使ったシモリウキ仕掛けが有効である
抜き上げ
ここでアワセ
上のシモリウキ2個を水面ギリギリに浮かべ、下のウキが水面に沈むように浮力を調整
アタリがあってもウキに表れる変化は微妙なケースが多い
小さなアタリには素早く小さく、大きなアタリにはゆっくり大きく竿を立てる。いずれの場合もそのまま腕を斜め上に伸ばして竿を高く掲げ、しっかりハリ掛かりさせる
ウミタナゴや小メジナ、チンチン、タカベ、アジ、メバルといった小物であれば竿を掲げているだけで魚は徐々に浮いてくる
!
ウミタナゴのアタリは微妙なものが多く、海中の玉ウキだけが横に動いたり、海面ギリギリに浮く2個目のウキだけが沈んだりする
水面まで浮かせることができたら、ゆっくり竿を立て魚の重さを竿に乗せ、そのまま竿を持ち上げて魚を抜き上げる

第2章

ここにも注目!

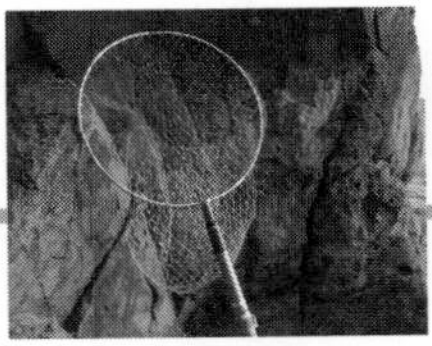

たとえ小物狙いであっても、大物が掛かったときに悔しい思いをしないためにも玉網は常時携帯しておきたい。

小物狙いでも玉網は必携品

ウミタナゴを釣るつもりでも、意外な大物がハリに掛かったりすることがある。想定以上の大物はハリスを切られることが多いが、そこそこのサイズなら上手くやり取りできれば海面まで浮かせることはできる。ただ、サイズが大きくなれば魚の重量も増すため、そのまま「抜き上げ」で取り込むことはできない。

せっかくの大物を浮かせても取り込めないのは悔しいので、たとえ小物釣りでも取り込み用の玉網を携帯することをおすすめしたい。これもステップアップへの重要な準備と言えるだろう。

玉網は柄の長さが4～5m、玉枠は直径40cmを持ち歩くとほとんどの大物は取り込めるはず。ボラ、イナダ、カイズ、メジナ、良型のカワハギやメバルなども玉網でランディングしたほうが取り込み率は高くなる。ただ、いきなり玉網を使うのは難しいので、最初のうちは相手が小物であってもできるだけ玉網を使って取り込むように「練習」することが大切である。

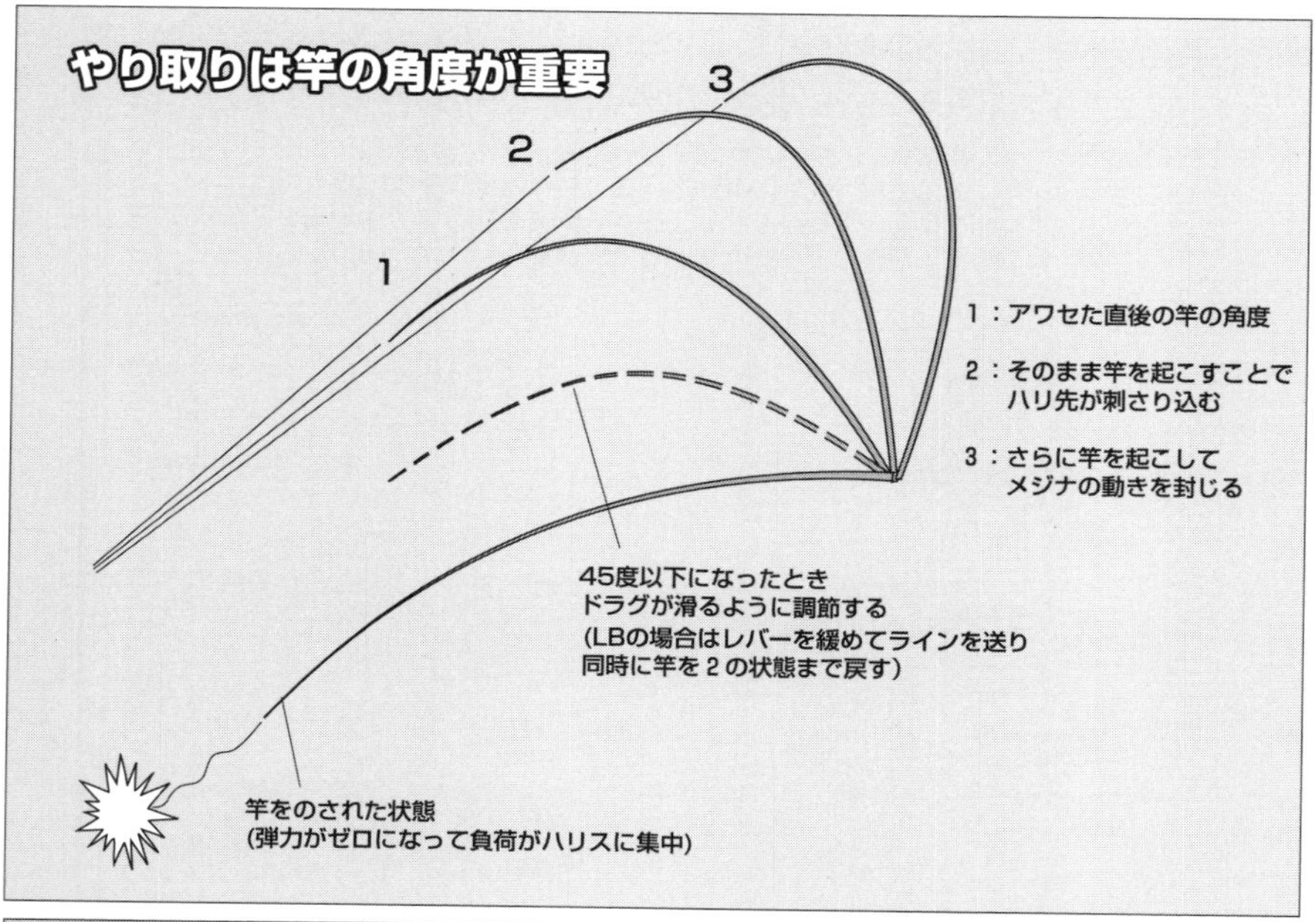
やり取りは竿の角度が重要
1
2
3
1：アワセた直後の竿の角度
2：そのまま竿を起こすことで
ハリ先が刺さり込む
3：さらに竿を起こして
メジナの動きを封じる
45度以下になったとき
ドラグが滑るように調節する
(LBの場合はレバーを緩めてラインを送り
同時に竿を２の状態まで戻す)
竿をのされた状態
(弾力がゼロになって負荷がハリスに集中)

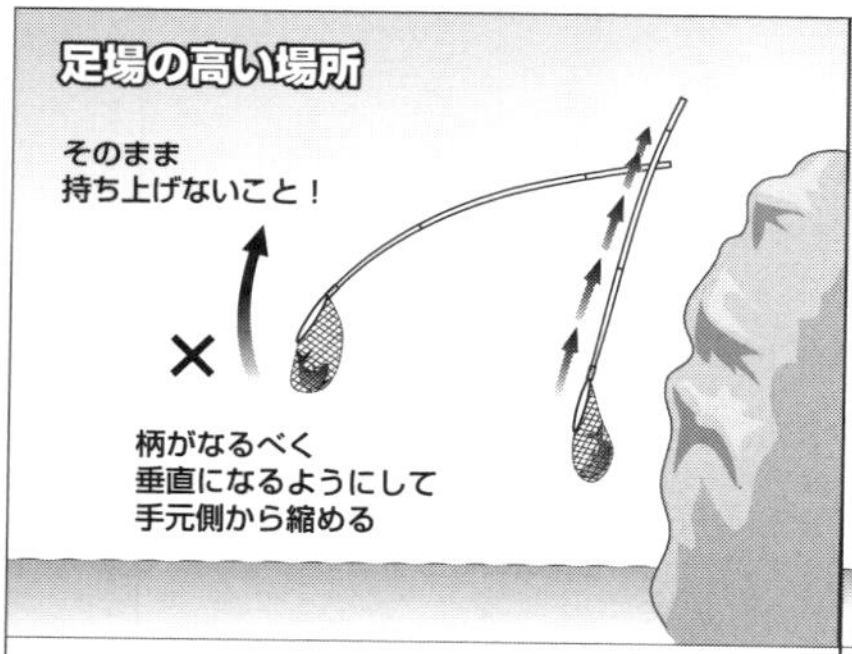
足場の高い場所
そのまま
持ち上げないこと！
×
柄がなるべく
垂直になるようにして
手元側から縮める

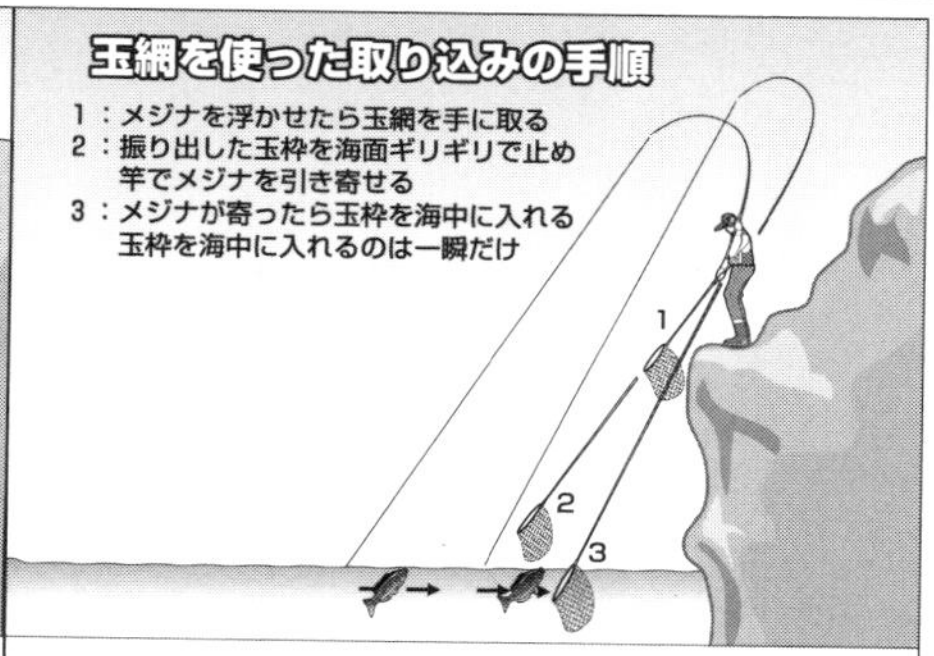
玉網を使った取り込みの手順
1：メジナを浮かせたら玉網を手に取る
2：振り出した玉枠を海面ギリギリで止め
竿でメジナを引き寄せる
3：メジナが寄ったら玉枠を海中に入れる
玉枠を海中に入れるのは一瞬だけ
1
2
3

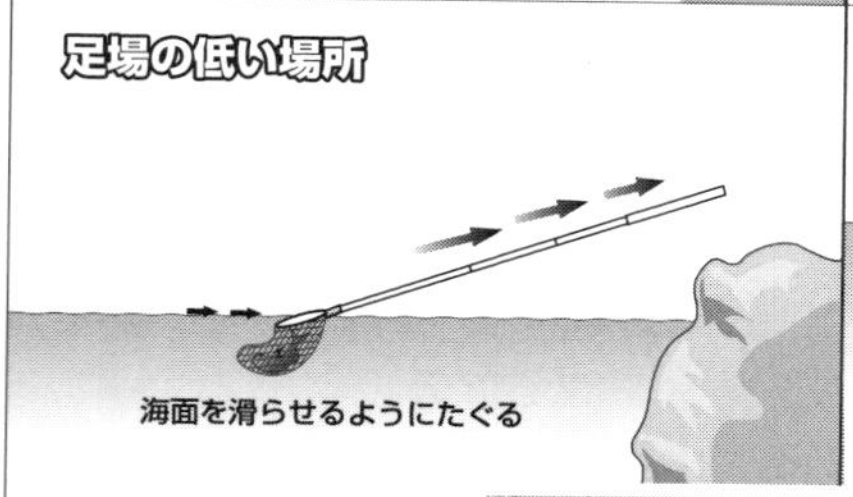
足場の低い場所
海面を滑らせるようにたぐる

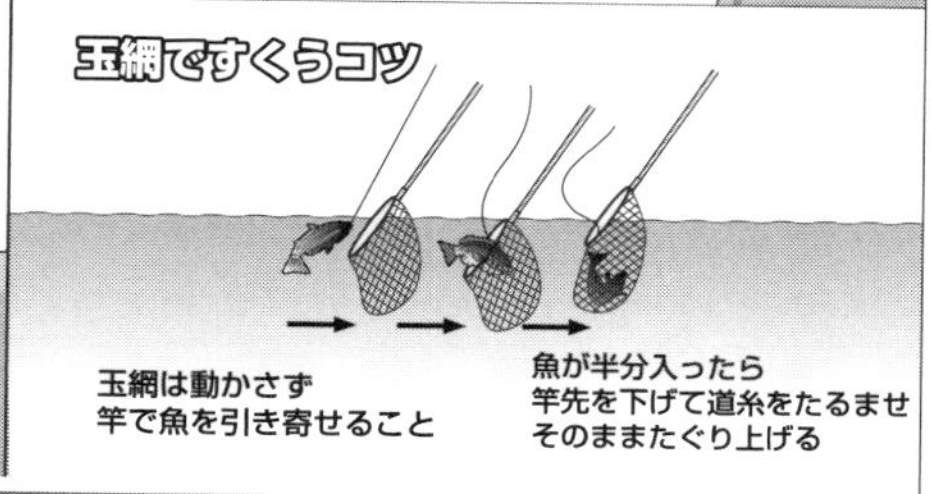
玉網ですくうコツ
玉網は動かさず
竿で魚を引き寄せること
魚が半分入ったら
竿先を下げて道糸をたるませ
そのままたぐり上げる

魚を浮かせることができたら玉網を差し出し、玉枠の中へ魚を誘導し、頭から入れる感じで取り込む。

11

ウミタナゴ、メジナを狙う

メジナは堤防や磯で狙えるウキ釣りの定番ターゲット。25㎝を超えると引きはが一段と強くなり、慣れないうちは竿をのされないよう注意が必要。

ウキ釣りでは定番のウミタナゴとメジナを釣るための必釣ノウハウをわかりやすく解説する。

決めたポイントに間断なくコマセを投入 魚が寄ってきたらウキに集中！

堤防で最も手軽に楽しめ、よく釣れるターゲットがウミタナゴとメジナである。どちらも岩礁帯や海藻帯に生息する魚なので、堤防のヘチ際や捨石帯、テトラ周り、隠れ根周りなどが主なポイントになる。ただしここで言うメジナは、15～25㎝級の小型が主体だ。

仕掛けは図に示したので参考にしてほしい。キーポイントはハリの大きさ。特にウミタナゴは、食いが渋くなると大きなハリではほとんど掛からなくなる。釣行する際には、必ず小さい予備のハリを持参することである。

釣り方は、まずポイントを決めてコマセをまくことから始める。コマセはアミエビやオキアミを潰したも

小メジナ・ウミタナゴ仕掛け

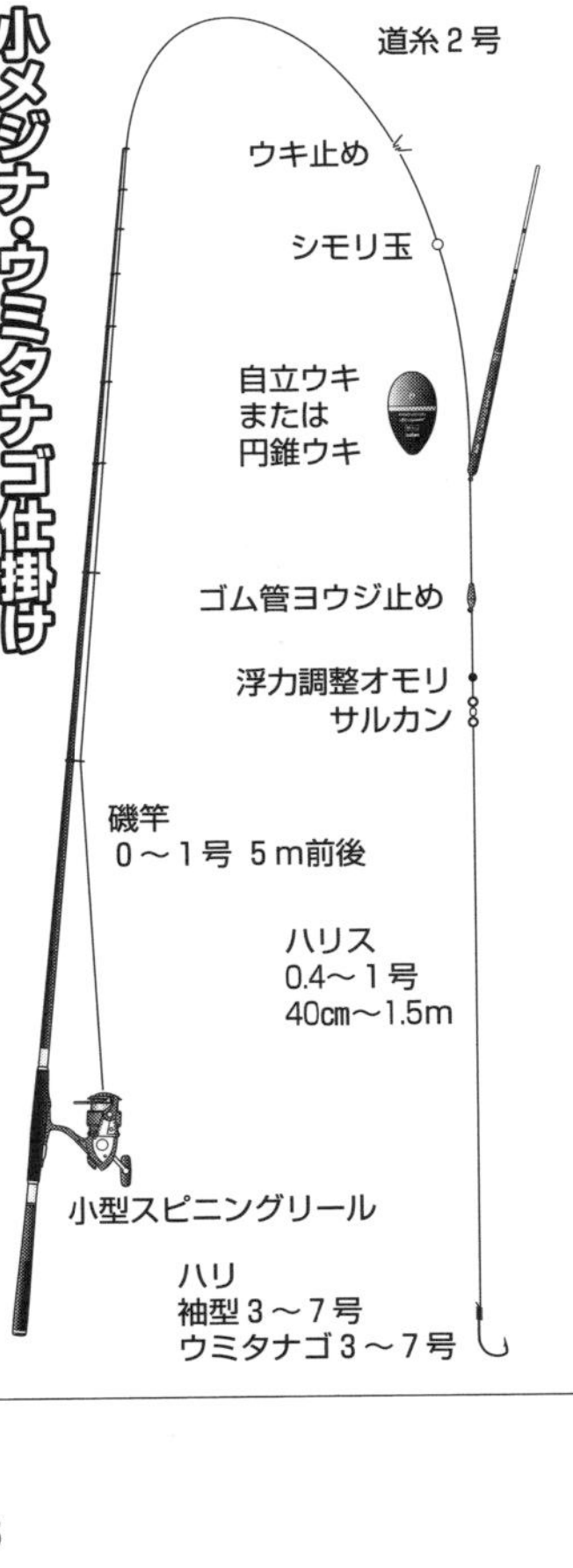

のにメジナ用の配合エサを混ぜたものがお勧めだ。潮の流れる方向を観察して、その流れの少し上流方向にコマセをまくこと。下流側にまくと、魚が集まるポイントがコマセをまいたところよりもさらに下流になってしまうからだ。もし流れがほとんどないようなら、自分の釣り座の正面にまけばよい。

まき方は、1点に集中してまき、まき散らさないこと。また一度に大

こんなときが狙い目

ウミタナゴはあまり荒れた海を好まないが、メジナは波っ気のあるときに活性が高くなるので、多少荒れていても問題はない。どちらも、潮の動いていることが最低条件だ。ただし、潮の流れが速すぎるとかえって釣れなくなる。逆に池のように静かなときは、食いが悪くなる。潮がゆっくりと流れる時間帯が狙い目で、これが朝夕に重なればベストだが、日中でも十分に楽しめる。また浅場では、満潮前後の水深が深くなったときによく釣れる。

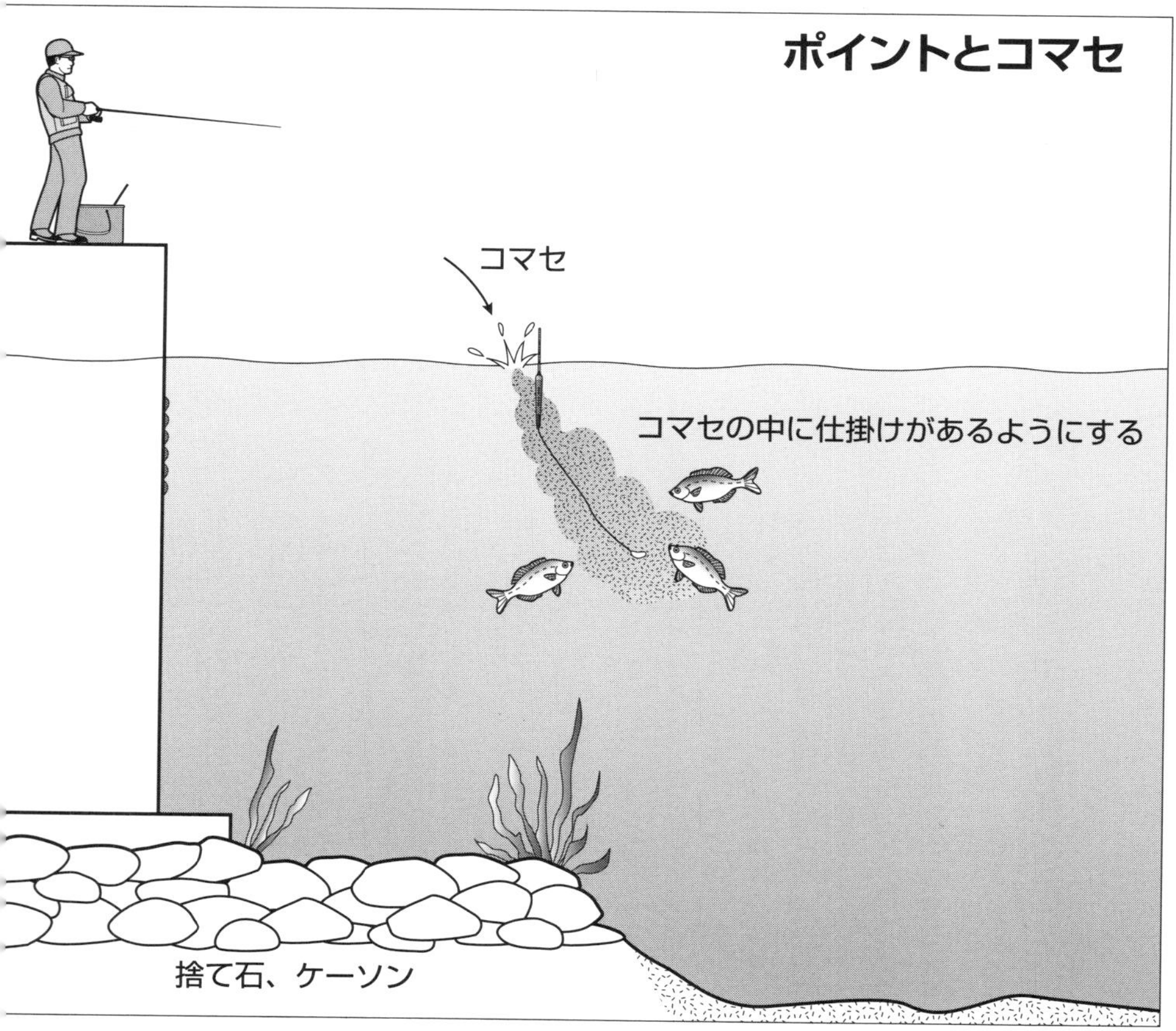

量のコマセをまくのではなく、少量ずつ間断なくまき続けるのがコツだ。こうしてコマセをまきながら、海中の様子を探る。魚が集まってくるのが見えたら、いよいよ釣り開始。魚が見えなくても30分ほどしたら、釣りを始めてよい。

ウキ下は、魚が見えるときはその深さに合わせる。見える魚は、見た目よりも浅いタナにいることが多いため、やや浅いウキ下から始めてみたい。一般的には1～2mほどだが、これでしばらく釣ってみて釣れないときは、徐々にウキ下を深くしていく。ただし深くしすぎると、ウキにアタリが出にくくなって、エサばかり失敬されることが多くなる。したがって、いつエサを取られたか分からないときは、ウキ下を浅くしてみるのが基本である。

アタリはウキが一気に消し込んだり、横走りすることがほとんどだが、シモリウキを使うときは食い上げなども出現する。食い上げはウミタナゴに多いアタリで、エサを食った魚が海面に向かって浮くときに出るアタリだ。どのアタリでも、あわてて合わせる必要はなく、ひと呼吸おいてから軽く竿を立てればオーケー。

魚が掛かると下へと突っ込むので、竿をのされないよう注意しながらヤリトリする。ウミタナゴもメジナも、大きくて25cm前後なので、道糸を出すほどのことはない。しかしメジナは、かなり強烈なパワーを発揮するため、最高の引きを味わうことができる。

取り込みは一気に抜き上げるのがベスト。そっと抜くのではなく、ウキの位置までリールを巻き込み、竿の弾力を利用して一気に抜き上げて取り込む。釣り場によっては30cm以上のメジナや、まれに30cm級のウミタナゴが釣れることがある。特に30cm以上の魚は細いハリスで無理に抜き上げると、ハリス切れの危険性があるので、大きめの魚が掛かったら玉網ですくいたい。

ウキ釣りで ウミタナゴ、メジナが釣れる時期

どちらも１年中釣れる魚ではあるが、ウミタナゴの場合は、産卵期に当たる春がベスト。特に３～５月にかけては20cmを超える大型が釣れるようになる。また他の魚が釣りにくい真冬も好シーズンだ。メジナは時期によって釣れるサイズが違ってくる。25cm以下の小型は暖かい時期に数が釣れるため、堤防では夏から秋が最高。真冬から初春は大型が狙えるが、数は少なくベテラン向きの季節である。

釣れないときの CHECK POINT

アタリがあるのにハリ掛かりしないときは、ハリの大きさを替えてみよう。ほとんどの場合、ハリが大きすぎるのが原因だ。同じ種類のハリでも、ワンランクかツーランク小さい号数のハリに替えるだけで、入れ掛かりになることもめずらしくない。またエサの種類、エサの付け方をもう一度チェックしたい。エサを大きく付けすぎると釣れないことがある。オキアミや大きいジャリメエサを使っていたら、アミエビに替えてみるのも有効な方法である。

12

クロダイを狙う

姿形はマダイに似ているクロダイ。その風貌はまるで鎧を思わせるいぶし銀。釣り人なら一度は釣ってみたい憧れのターゲットだ。

海釣りでは代表的なターゲット。堤防で意外と釣れる魚で、その基本的な釣り方をマスターしよう。

ウキ下は水深に合わせて調整 微妙なアタリを見極め、早合わせに注意

クロダイ釣りは、堤防といえども50cmを超えるような大物が掛かるので油断できない。そのため仕掛けはウミタナゴや小メジナ釣りの仕掛けを、やや太めにしたものと考えよう。

ポイントは、岩礁帯や海藻帯、テトラ周り、隠れ根周りなどウミタナゴ、メジナと同様だが、これに砂地が入り交じっているところが理想的である。堤防で岩礁と砂地が入り交じる場所は、捨石帯の先にある落ち込みなどで、ヘチ際から10m前後沖目であることが多い。このポイントにコマセをまき、クロダイを集めて釣るのが基本。

コマセはオキアミを潰したものに、クロダイ用の配合エサを混ぜるのが一般的。オキアミ6kgに配合エサ2

クロダイ仕掛け

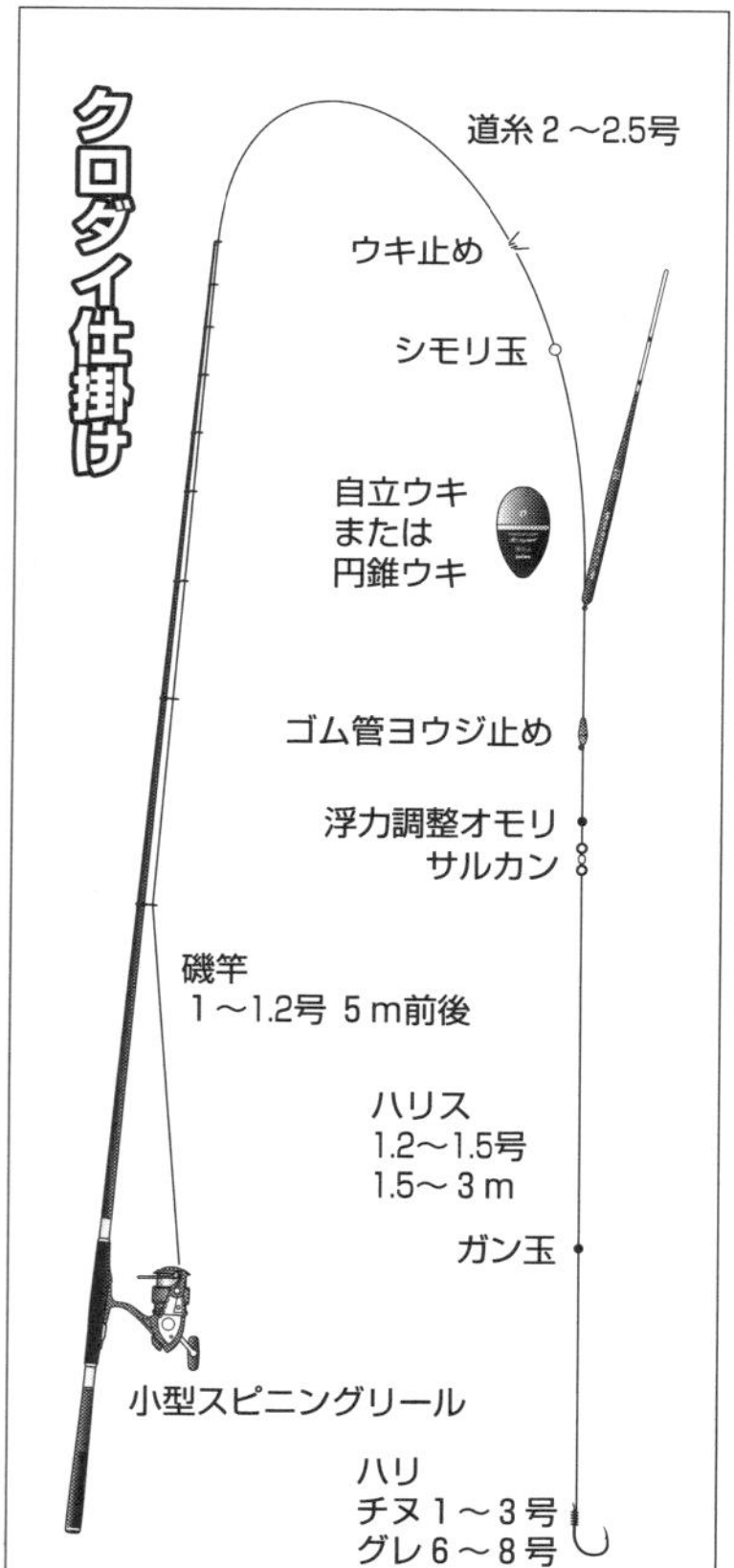

袋くらいが1日分の目安である。また付けエサに生サナギを使うことがある。その際は、コマセにサナギのミンチを加える。夏場にはスイカをエサにすることがあり、その時もコマセはスイカを使うのが原則である。つまり、付けエサとコマセを同じものにするのが基本なのだ。

付けエサはオキアミが主体だが、前記したように生サナギ、スイカなども使うし、オキアミの代わりにイワイソメ、ボケジャコ、練りエサ、スイートコーンなどもよく使われる。この中で生サナギとスイカ、練りエサ、スイートコーンはエサ取り対策に有効なエサである。

釣り方は、ポイントにコマセをまくことから始める。堤防では基本的に底を攻めるので、底にコマセが効くようコマセのまき方に工夫が必要だ。潮の流れをよく見て、自分の釣り座の正面の底にコマセが効くようにまくこと。潮が速いときは、コマセをダンゴ状にして投入すると、流されにくくなる。

ウキ下は水深と同じくらいに調整する。例えば5ｍの深さがあるポイントでは、ウキ下も5ｍ。これでだめなら、さらにウキ下を深くして底に付けエサを這わせたり、逆に浅くしてエサを潮の流れに乗せてみよう。特に重要なことは、コマセと付けエサを同調させることである。コマセが効いている場所に付けエサがあれば、クロダイがエサを食う確率が断然高くなる。

アタリは一気にウキを引き込むこともあるが、大型になるほどゆったりしたアタリが多くなる。ウキが真下に消し込んだり、ゆっくり沈んだりと様々だ。立ちウキでは2～3目盛ほど押さえ込むことがある。いずれのアタリも、早合わせするとハリ外れなどを起こしやすいので、完全にウキが沈むか、押さえ込んでから、元に戻らない状態を待って合わせるとよい。いったん沈んでもすぐに元に戻るアタリは、ほとんどが外道。クロダイであってもハリ掛かりしないアタリである。

クロダイが掛かったら、無理をせずヤリトリに時間をかけよう。ゆっくりヤリトリすれば、かなり細めのハリスでも大型を取り込むことができる。最後は必ず玉網で、魚の頭のほうからすくうようにしたい。

こんなときが狙い目

クロダイは警戒心の強い魚なので、見えている魚は釣りにくい。堤防は特にスレた魚が多いため、警戒心の薄れる時間帯を攻めるのが得策である。それは朝夕のマヅメ時、潮が濁っているとき、波っ気があるとき、浅場では満潮前後などである。ただし水深の深い堤防では、この深さが警戒心を緩めるので、こんな場所は潮が澄んでいるときのほうがよいことが多い。したがって日中は、深いポイントを攻めるのが得策である。

コマセをダンゴ状にして投入すれば、ピンポイントでクロダイを狙うことができる。

ポイントとコマセ

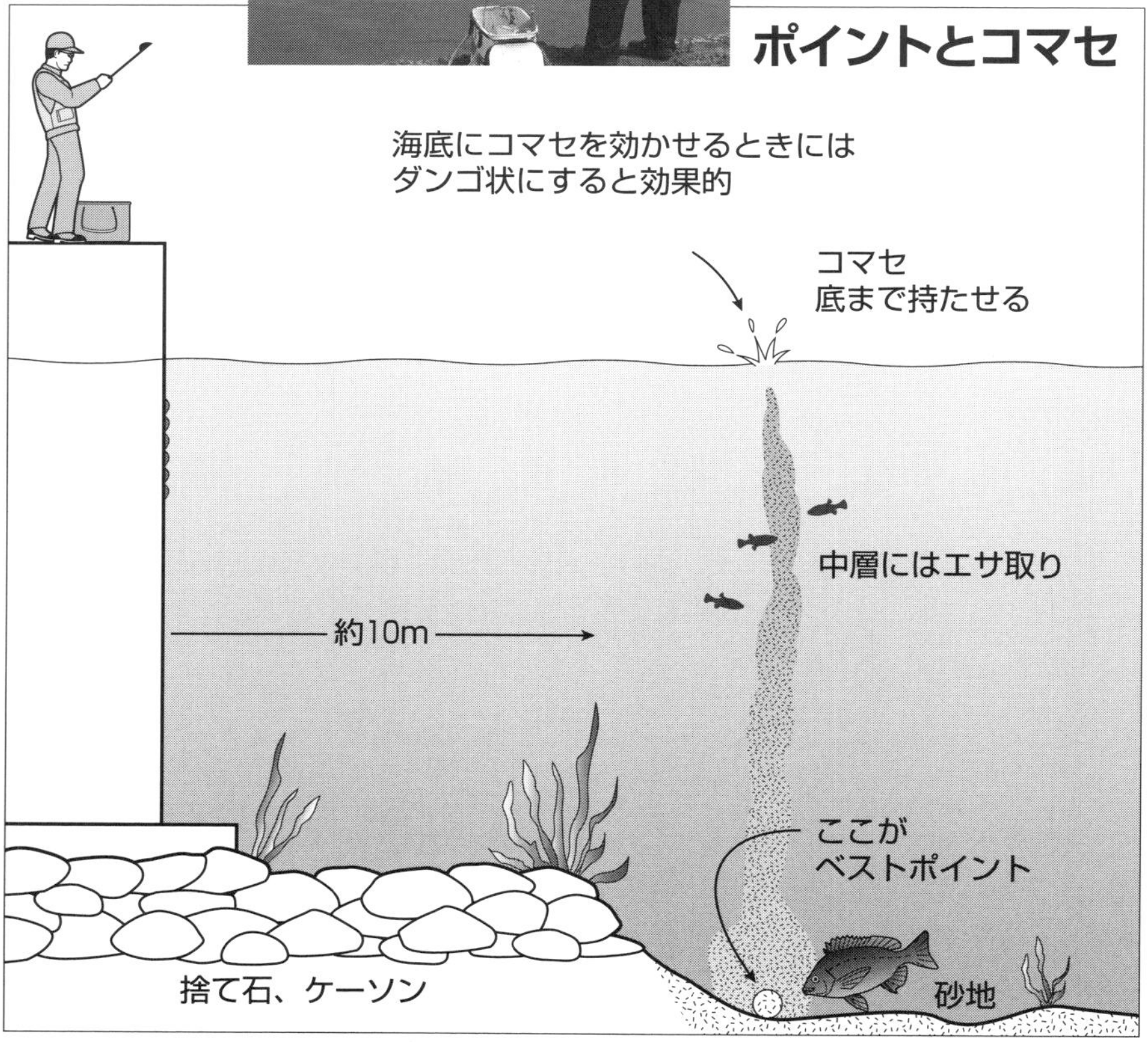

ウキ釣りでクロダイが釣れる時期

地域によって大きく違うが、全般には暖かい時期によく釣れる魚である。特に堤防周りは、春から初冬にかけてが好シーズンだ。春は産卵期で、最も大型が狙える季節。エサ取りも少なく釣りやすい時期である。夏から秋は中小型の数釣りが期待できるが、エサ取りも多いためダンゴ釣りなどが有利。晩秋から冬にかけては数が釣れなくなるが、釣れれば大型であることが多い。ボウズ覚悟のベテラン向きのシーズンといえるだろう。

釣れないときのCHECK POINT

狙ったポイントにコマセが効いているか、他の人よりもコマセをまく量が少なすぎないか、コマセと付けエサが同調しているかなどをチェックしよう。もしどこにコマセが効いているか分からないときは、コマセを打つ位置は変えずに、仕掛けをいろいろなところに入れてみること。このとき、エサ取りも含めてアタリがあれば、そこにコマセが流れているということだ。またビギナーにありがちなのは、付けエサが投入時に飛んでなくなってしまうことである。

メバルはウキ釣り、探り釣り、ルアー釣りと色々な釣り方で狙える魚。塩焼きでも唐揚げでも美味しいが、なんと言っても煮付けが一番。釣って楽しく、食べて美味しいターゲット。

ウキ釣りに挑戦！

13

メバルを狙う

ルアー釣りで注目を集めるメバル。ウキ釣りのターゲットとしても身逃がせない。そのノウハウは……。

ウキ下は水深に合わせて調整 微妙なアタリを見極め、早合わせに注意

メバルは比較的釣りやすい魚であるが、その習性を知らないと苦戦することがある。まず行動パターンをみると、朝夕のマヅメ時に動きがよくなり、夜が最も活発になる。日中はブロックのすき間や岩礁の間、海藻帯の中などに隠れるか、水深の深い（7～8m以上）海底近くにいる。そのため日中はポイントを厳選しないと釣りにくい。マヅメ時や夜間は、水深の浅いところや浅いタナまで浮いてきて、上を向きながらエサを求める。したがってウキ釣りの場合、日中はウキ下を深くし、マヅメ時や夜は浅くするのがコツとなる。堤防でのポイントは、ヘチ際、捨石帯、テトラ周り、岩礁や海藻周りなどで、沖目の砂地などにはほとんどいない。

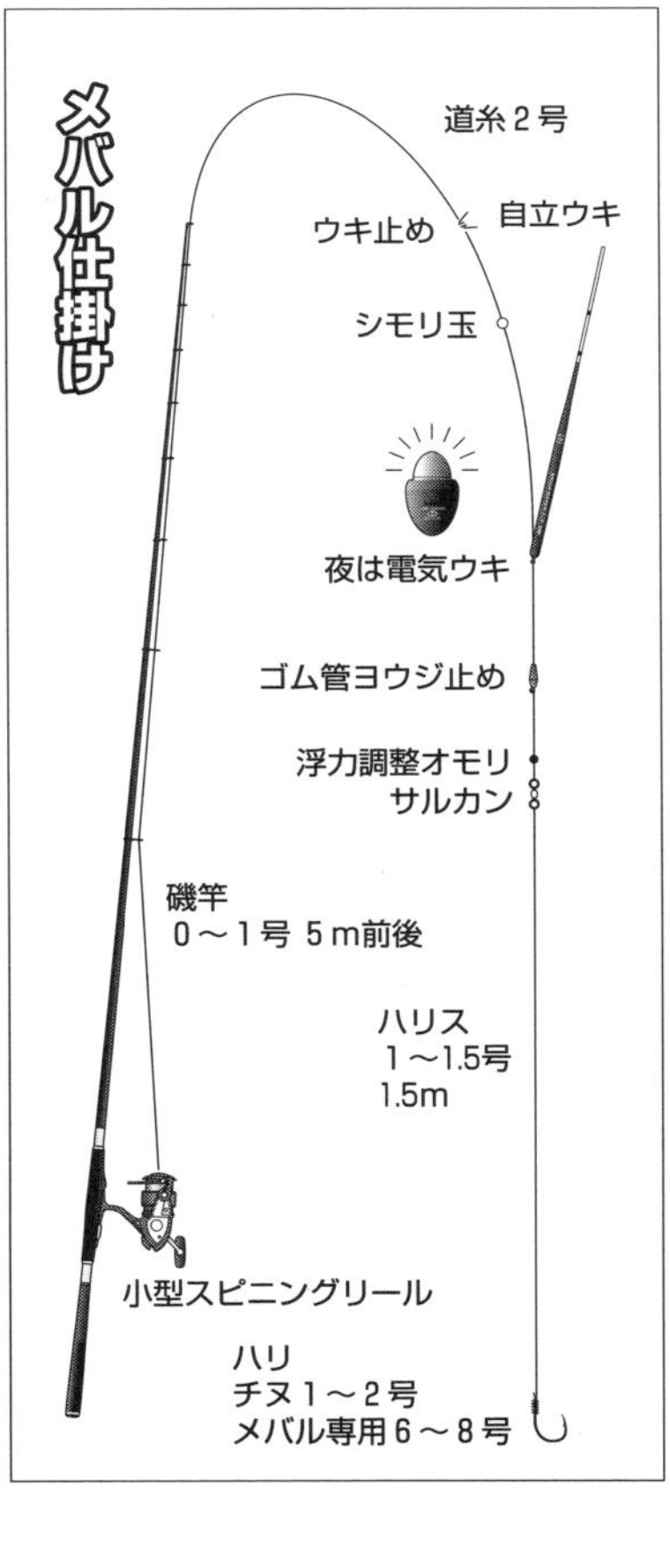

日中はコマセをまいて集めたほうが効率よく釣れるが、小型がメインになる。大型は目の前にエサを流し込まないと、なかなか釣れない。したがって専門に狙うなら、夕マヅメからの夜釣りが有利である。夜釣りの場合は、基本的にコマセは使わず、電気ウキを使って潮に乗せて流すだけでよい。その際、どのタナにメバルがいるかを把握することが肝心だ。まずは浅めのタナから攻めるのがセオリー。活性の高いときは、水面近くでヒットすることもめずらしくない。まずは1m前後のウキ下で攻めてみよう。アタリがなくエサもそのまま戻ってくるときは、徐々にウキ下を深くしてみる。最初からウキ下を深くしすぎると、メバルのタナを付けエサが通過してしまう。こうなると、メバルは上を向いてエサを待っているため、いつまで待っても釣れないという悪循環に陥ってしまう。

ときにはウキを潮に乗せて流しながら、ときどき仕掛けを引くなどして誘いをかけるのも効果的。動くものに興味を示す性質があるので、誘った直後にアタリが出るケースが多い。

日中の釣りでは、底のほうにいることが多いので、ウキ下を底近くに合わせる。この場合はメバルだけでなく、他の魚と兼用で狙うつもりで攻めたい。底を狙えばクロダイ、カサゴ、ソイ、アイナメなどもヒットしてくる。

付けエサはアオイソメ、イワイソメ、ジャリメなどのイソメ類がよく、1尾をそのまま大きめに付ける。口が大きいので、ハリ、付けエサともに大きくても問題ない。イソメ類は、頭部の脇にハリを刺してチョン掛けにする。こうするとエサが死なずに動きもよい。またオキアミやボケジャコなどでも十分に釣れるが、オキアミはエサ持ちが悪いのでやや不利といえる。

アタリは、ウキが消し込むことがほとんどだが、一気に突っ走るようなことは少なく、ゆっくりボワーッとした感じで消えていく。これを確認したら、ひと呼吸おいてから竿を立てればよい。

魚が掛かった後はゆっくりリールを巻き、抜き上げる。サイズは25㎝あれば大型で、30㎝級はまれ。外道のことも考えて玉網を持参すれば万全だが、メバルに玉網を使うことはほとんどないだろう。

こんなときが狙い目

「メバルはナギを釣れ」という言葉がある。つまりメバル釣りは、波の穏やかな日が狙い目ということである。したがって波っ気のあるときはやや不利と考えてよい。また、自らが小魚などを追うフィッシュイーターの面を持ち合わせているが、スズキなどの大物フィッシュイーターが近くにいると、姿をくらましてしまう。潮が動いていて、突然メバルのアタリがなくなったら、スズキが近くにいると考え狙いを変更するのもおもしろい。

ポイントとタナ

夜になると中上層に浮き、
上を向いてエサの落下を待つ
日中は深場や海藻、
岩礁の影にいる
捨て石、ケーソン

ウキ釣りやルアー釣りで狙えるメバル。夜になると水面近くまで浮いてくるので、狙うなら夜釣りが断然有利となる。

ウキ釣りでメバルが釣れる時期

メバルは別名春告魚（はるつげうお）と呼ばれる。これは文字通り、春になるとよく釣れるという意味である。春といってもまだ寒い早春から盛期に入り、初夏の頃までが最もよく釣れる。真夏から秋にかけては、春に比べると落ちてくるが、釣れないわけではない。そして寒くなり始める晩秋の頃から再び上昇し始め、翌年の早春へと続く。このように1年中狙えるが、大型はやはり春から初夏がよく、大型は日中よりも夜釣りが有利である。

釣れないときのCHECK POINT

メバルのウキ釣りは、テクニック的な部分においては、なんら難しいことはない。しかしウキ下の違いで、釣果が大きく異なることがある。日中は深場が有利だが、小型は浅いタナに群れていることがあるし、潮に濁りがあるときは浅場で好釣りをすることもあるのだ。また夜は、必要以上にウキ下を深くしすぎるケースが多い。時には水面直下を釣るくらいの気持ちで浅いウキ下にするのも効果的。イソメエサをルアーのように躍らせるのも手である。

14 アジを狙う

小型が中心となるサビキ釣りに対し、大型のアジが狙えるウキ釣り。群れで回遊してくるアジは、同じサイズがまとまって釣れることが多い。コマセを絶やさず、群れを足止めすることが大事。

ちょっとでも型のよいアジを釣るならウキ釣りが有利。ここではウキ釣りでアジを釣るためのノウハウを紹介。

夜釣りが断然有利
コマセをこまめにまいてアジを足止め

アジはサビキ釣りのターゲットと思われている人が多い。しかし、ウキ釣りでもかなりの確率で釣れる魚で、条件によってはサビキ釣りよりもたくさん釣れることがある。特に夜釣りでは、サビキ釣りよりも食いがよく、数、型ともに期待できる。

アジは群れを作る回遊魚で、1カ所にとどまることはない。しかし、コマセをまくことで比較的長い時間足止めさせることができる。ウキ釣りは、サビキ釣りのように1度に何尾も釣ることができないが、生のエサを使うので食いがよく、外道も含めて飽きのこない釣りが楽しめる。ポイントはサビキ釣りと同様で、潮通しのよいことが絶対条件。堤防先端部、角、大型船の着岸する岸壁、

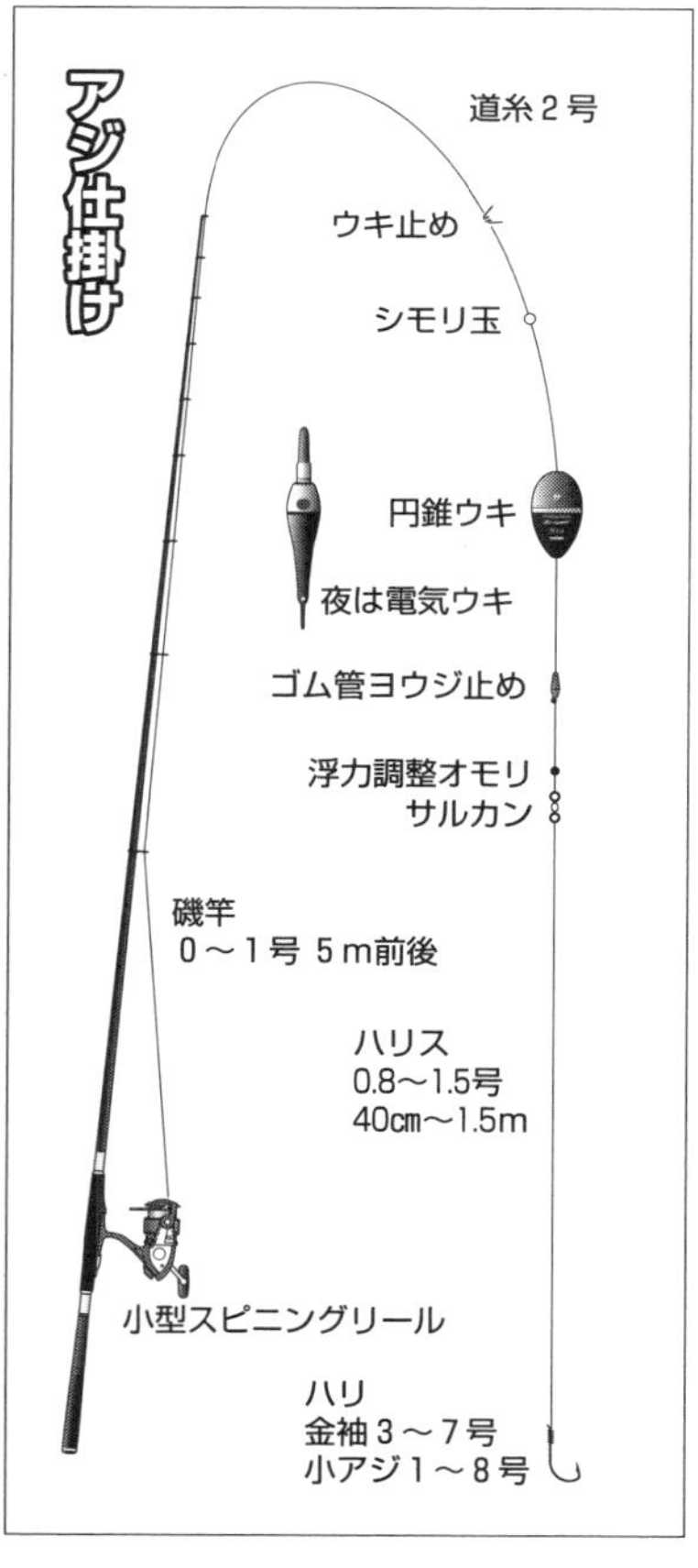

船道などを中心に、テトラの切れ目や堤防内側の魚市場前、夜は常夜灯周辺などにも回ってくる。

釣り方は、まずコマセをまいて寄せることが重要だ。回遊魚だけに、そこに居着いている魚を狙うのとは根本的に違ってくる。大量にまくのではなく、少量ずつ時間を空けずにまき続けるのがコツ。そしてアジが寄ってきたら、要領よくどんどん釣り上げるようにしたい。このとき、ただ釣るのに夢中になっていると、

こんなときが狙い目

アジは回遊魚だけに、いつ回ってくるか分からない。しかし朝夕に回遊してくる確率は高く、日中は食いが悪くなることが多い。特に型の大きなものほど、朝夕や夜に分がある。釣り場によっては毎日定期的に回遊してくる群れもあり、このような群れは夕方から夜にかけてが多い。また海が荒れているときは、港内に長時間とどまることがあるので、大きな堤防の内側が狙い目となる。どちらかといえば、海が穏やかなときによく釣れる魚である。

コマセが切れてしまう。コマセの切れ目は縁の切れ目。魚が一度散ってしまうと、よほど大きな群れでない限り、すぐには回復しないものである。したがって、1尾釣れたら必ず1回コマセをまいて、アジを足止めさせることを怠ってはならない。

ウキ下は、水面下にアジが見えるときは50㎝以下でオーケー。さらに下に見えるときはその水深に合わせる。アジが見えないときは、2〜3ｍほどのウキ下から始めて、アタリが出るまで徐々に深くしていく。

基本的には、小アジは表層から上層に多く、それよりもやや大きいサイズは上層から中層、25〜30㎝以上ある大型は深い所に回遊してくる。したがって、大型を釣りたいときはウキ下を深めにするが、小型の群れしかいないこともあるので、臨機応変に狙おう。

夜釣りでも仕掛けは日中の釣りと同じ。ウキが電気ウキに変わるだけ。電気ウキは沖目を狙うときは大きめを使用するが、竿下狙いでは軽い小型のウキが有利。仕掛けが重いほど、食い込みも悪くなるからだ。

付けエサはジャリメ、オキアミ、大粒アカアミ（アミエビ）などで、食いのよいときはジャリメがよく、食い渋りには大粒アカアミが有利となる。また30㎝を超えるような大型狙いでは、オキアミを使用する。アタリは、ウキを一気に引き込むハデなものがほとんど。アジは泳ぐスピードが速いため、アタリも大きく出る。アタリが出たら軽く合わせる。大きく鋭く合わせると、アジの口は柔らかいので口切れによるバラシが多くなる。取り込みは、そのまま抜き上げるのが一番だが、30㎝を超える大型は、その重さで抜き上げるときに、口が裂けることがある。そこで一応、玉網は用意しておきたい。

ポイントとタナ

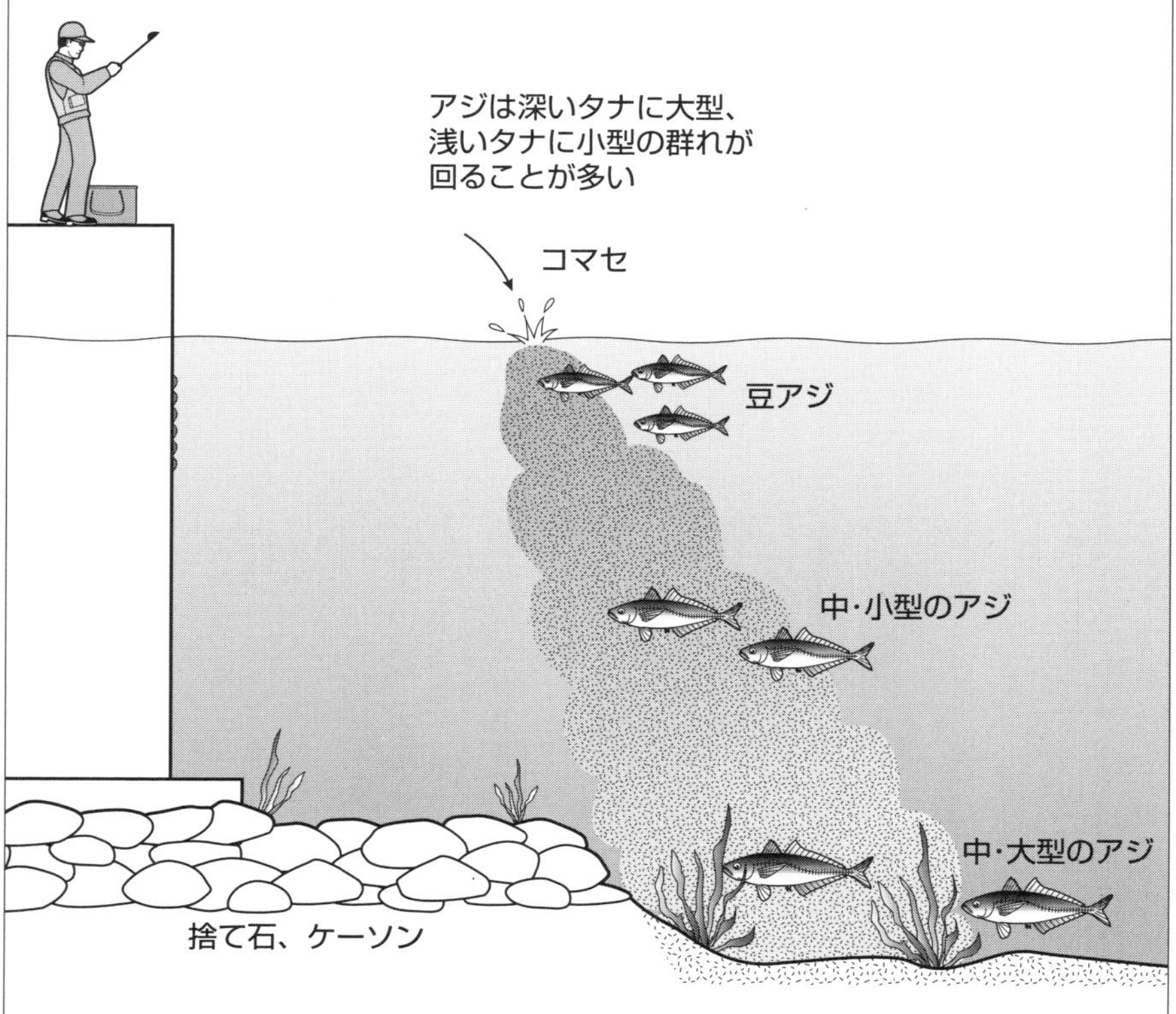

ウキ釣りで アジが釣れる時期

アジは暖海性の魚なので、基本的には暖かい季節が釣期である。しかし関東以西の太平洋側では、1年中狙えるポイントもある。最盛期は初夏から秋にかけてで、夏場は小型から大型までいろいろな群れが堤防周りに接岸してくる。また中大型の群れが、毎日決まって回遊するような場所もあり、このようなポイントは、真冬の一時期をのぞいてよく釣れる。回遊魚なので、その年によって回遊ルートにムラもあるので、新しい情報に気を配ることも大切である。

釣れないときの CHECK POINT

ウキ釣りとサビキ釣りでは、明らかにウキ釣りのほうがよいときと、サビキ釣りのほうがよいときに分かれる傾向がある。こんなときは釣れているほうの釣り方にチェンジするのが賢明。また同じウキ釣りで釣果に差がつくときは、ハリの大きさ、ウキ下、コマセのまき方、付けエサの種類と付け方をもう一度チェックしよう。アミエビなどはエサ持ちが悪いので、エサの付け方をいい加減にすると、海中ですぐに落ちてしまうことがある。

サヨリは秋からがシーズン。その頃は鉛筆サイズといわれる小さなものが主体だが、冬になるとサンマ級が釣れるようになる。

15

サヨリを狙う

ちょっと意外なウキ釣りのターゲットだが、堤防周りでは結構釣れる魚だ。その釣り方をわかりやすく紹介する。

大型と小型で狙い方が異なる 小型は足下、大型はコマセが勝負どころ

サヨリは真夏になるとその年に生まれた小型が姿を現し、秋にかけて成長する。表層を泳ぎ回る魚で、アジやイワシとは異なるが回遊魚といえなくもない。大型は沖合にいることが多いが、時期によっては堤防や磯周りに接岸し、陸っぱりで釣れ盛ることがある。しかし1ヵ所に居着く魚ではないため、大釣りの翌日はまったく姿を見せないこともある。この傾向は大型ほど顕著に表れる。

ポイントは、潮通しがよく適度な水深がある場所。表層を泳ぐ魚とはいえ、浅い場所では釣れない。そのため堤防の先端や外海面、船道、大型船の着岸岸壁などがポイントとなる。小型は港内の奥にも入ってくる。

コマセは、小型を狙うならアミエビを海水で薄めたものかイワシのミンチを海水で薄めたものがよい。イワシのミンチは、脂が水面に浮いて漂うので、サヨリ釣りには非常に効果的である。大型になると足下にはなかなか寄ってこない。それだけ神経質で警戒心が強い。この場合は、イワシのミンチがコマセの主力になる。できるだけ風を背に受けるか、潮が沖へ流れるポイントを選んでコマセを

こんなときが 狙い目

一般的に小型のサヨリは、シーズンになるとコマセの周りに黒くなるほど集まってくる。これはあまり海が荒れていない日に多く、波の高いときはやや低調。さらに潮は澄んでいるときほどよく、濁っているときは期待薄。大型はナギの日が釣りやすいが、警戒心が強いだけに海が静かなときほど、ポイントが遠くなる傾向がある。そういった意味では、多少波があり、釣り人が少ないときが有利だ。小型は、朝夕に関係なく日中でも簡単に釣れる。

まくと、その脂分が水面を沖に向かって漂い、大型サヨリを陸近くまで寄せることができる。

釣り方は、大型狙いと小型狙いで違うことが多い。大型は近くに寄ってこないので、飛ばしウキなどを使って沖に仕掛けを投げて釣る。小型は足下まで寄ってくるので、リール竿だけでなく、渓流竿などのノベ竿でも楽しめる。

沖目狙いでは、ある程度遠投できるウキが必要。飛ばしウキとアタリウキの2段ウキ仕掛けや、コマセカゴ付き転倒ウキなどがよく使われる。コマセカゴを使うときは、この中にもコマセを入れる。これはオキアミを細かく潰したものに、比重の軽いメジナ用配合エサか、ヘラブナ用の練りエサを混ぜる。これはオキアミがアミエビよりも比重が軽いため沈みにくいからである。

付けエサは大粒アカアミやオキアミのSサイズ、ハンペン、魚の身エサなどが使われるが、中小型はアカアミやハンペン、大型にはオキアミがお勧め。大型サヨリは非常に賢いので、エサを食っても違和感があるとすぐに吐き出してしまう。そのためアタリがあったら即合わせが鉄則。アタリはウキが沈むよりも横走りしたり、沖目でサヨリがジャンプするのが見えたりする。サヨリのジャンプはハリ掛かりして驚いたときの行動である。

ヒットしたら、リールを強引に巻かずに寄せてそっと抜き上げる。45cm級の超大物の場合は、玉網を使ったほうが無難である。

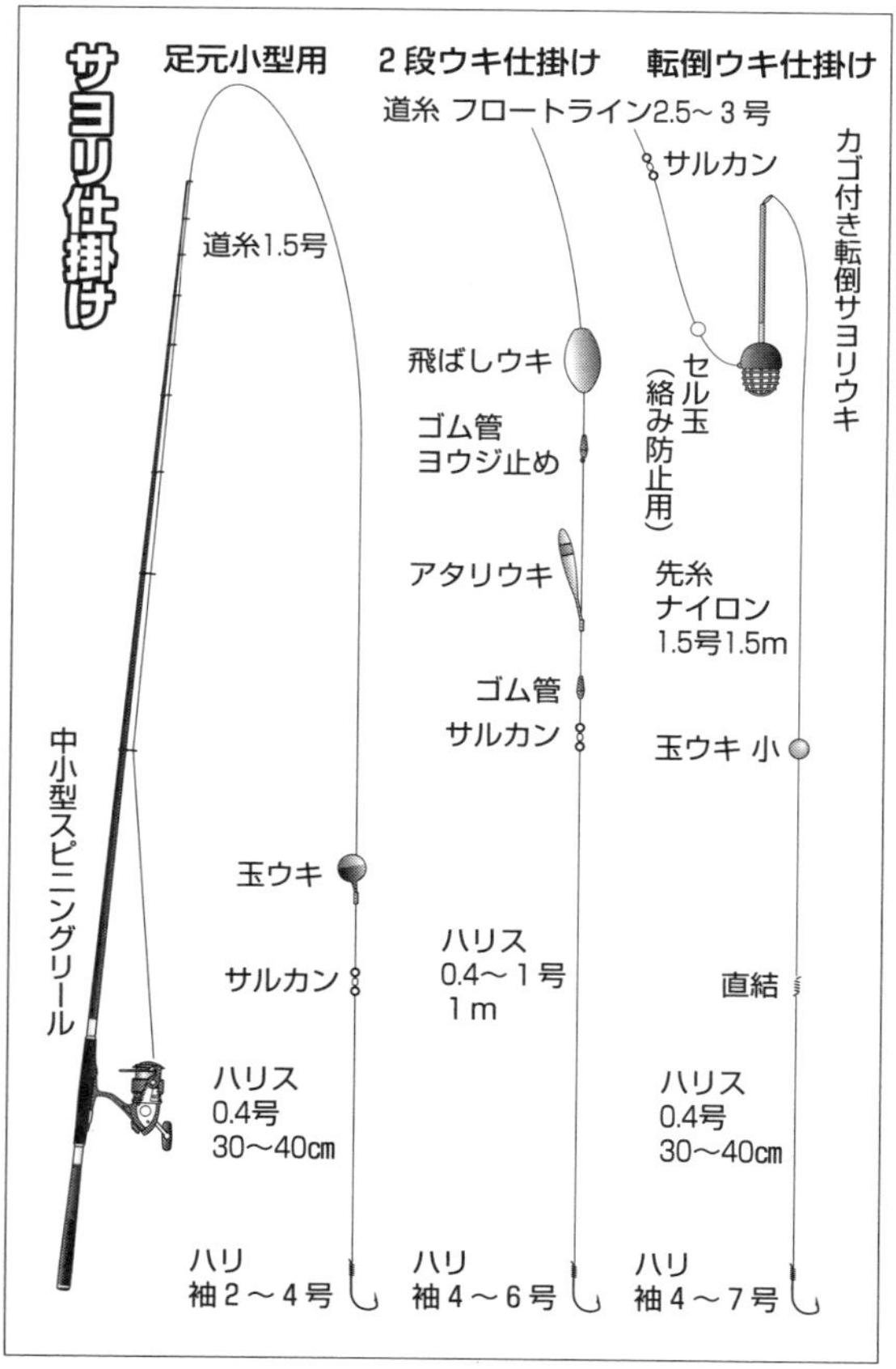

ポイントとタナ

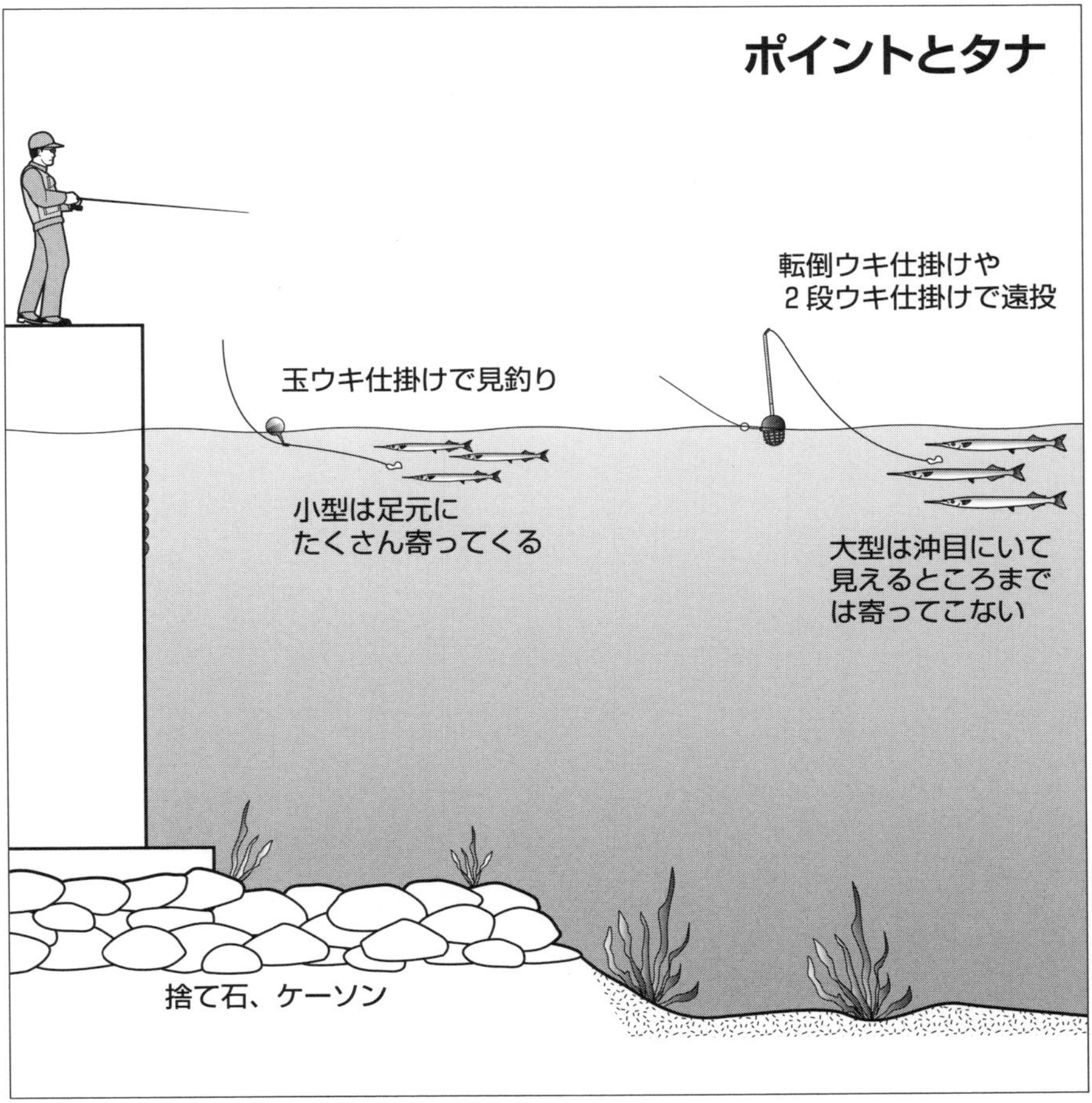
転倒ウキ仕掛けや
2段ウキ仕掛けで遠投
玉ウキ仕掛けで見釣り
小型は足元に
たくさん寄ってくる
大型は沖目にいて
見えるところまで
は寄ってこない
捨て石、ケーソン

ウキ釣りで メバルが釣れる時期

サヨリは小型と大型では釣れる時期がまるで違う。25㎝以下の小型は、真夏頃から釣れ出すが、夏の間は15㎝前後とかなり小さい。これが秋にかけてひと潮ごとに大きくなり、10～11月にかけて20～25㎝ほどまで成長する。この時期が最も数が釣れるシーズンだ。30～40cm級の大型は、地域によっても違うが、一般的には冬から春にかけて接岸する。特に房総では冬場の風物詩といってよく、サヨリが回ってくる釣り場は多くのファンで賑わう。

釣れないときの CHECK POINT

サヨリは非常に目がよい上に、警戒心が強い。こちらが思っている以上に、仕掛けやエサに対して警戒していることを忘れてはならない。釣れない原因としては、ハリのチモトのハリスの傷が挙げられる。何度もサヨリを釣り上げると、ハリス部分が白くなるケースだ。これだけですぐアタリはなくなる。糸がよれて曲がったときもダメだ。付けエサもできるだけハリを隠すように付けること。また見えるのに食い渋るときは、少しだけ仕掛けを引くなどして誘いをかけるのも効果的である。

ウキ釣り 釣果を左右する仕掛け小物

　これまでターゲット別にウキ釣りのノウハウを紹介してきたが、ここでは仕掛け作りに欠かせない小物にスポットを当ててみよう。ウキやハリス、ハリのほかにも仕掛け作りに欠かせない小物がある。ウキの浮力を調整するガン玉や、ハリスと道糸を接続するヨリモドシやサルカンはその代表。さらに用途が分かりにくいのがウキ止め糸やシモリ玉である。呼んで字のごとくウキを止める糸のことだが、付けエサが一定のタナまで沈んだらそこで仕掛けの沈みを止めるために道糸に結ぶもの。ウキ止め糸とウキの間にはシモリ玉を通すのが一般的だ。道糸に結ばれたウキ止め糸でシモリ玉が固定されウキの誘導を止めることができる。シモリ玉がないと、円錐ウキやスイベルをウキ止め糸が通り抜けてしまいアタリを見逃す原因になる。

　釣りをしていると根掛かりして仕掛けをロストしてしまうことが何度かある。ウキやハリス、ハリ、ヨリモドシ・サルカンなどは入門書でも紹介され、消耗品として予備の用意はかなり認知されてきた。しかし、ウキ止め糸やシモリ玉は用途がわかにくいアイテムだ。初心者であればなおさらである。さらにもう一つ、ウキの下にはゴム管を通してヨウジで固定する。これはウキがガン玉やヨリモドシに当たって破損するのを防ぐためである。替わりにクッションゴムを使うこともあるが、ゴム管をヨウジで固定すればウキの遊動範囲を調整することができる。

クッションゴム

クッションゴムはウキとヨリモドシの間に入れる緩衝材。ヨリモドシとウキがぶつかって発生するウキの破損を防ぐためのアイテム。ゴム管を使っても問題なく、これをヨウジなどで固定すればウキの遊動範囲を調整することができる。

高級Ｖウキゴム

サイズは様々なものが用意されているが、ウキ釣りで使う場合はサイズが大きいと水中での抵抗が大きくなり、ウキの浮力や潮の影響を受けやすくなるので小さいモノがおすすめ。

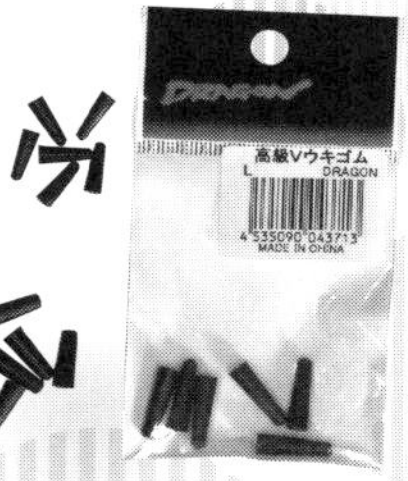

カラーウキゴム

カラフルな蛍光カラーのウキゴムもある。ウキゴムの形状も様々である。

ニューガン玉セット

ウキ釣りにガン玉は欠かせないアイテムの一つ。ウキの浮力に合わせたガン玉をセットするのが基本で、ウキの浮力は状況によって様々。そのためガン玉はG5～3Bまで揃えておくのが基本。それぞれサイズ毎に市販されているが、すべてのサイズが揃っているガン玉セットがお得。

ウキ止め

ウキ止めとはその名の通りウキを止めるためのストッパーのこと。とくに遊動ウキを使うウキ釣りは、ウキ止めがないと道糸がスルーの状態でアタリが出にくくなり根掛かりなどのトラブルの原因にもなる。基本はウキ止め糸を道糸に結ぶが、装着が簡単なウキ止めゴムも市販されている。ただし、ウキ止め糸よりもガイドに引っかかりやすい。

道糸にウキ止め糸を結んでウキ止めのセット完了。

ニューワンタッチウキ止め糸

ガイドへの引っかかりを考えると、ウキ止めゴムよりもウキ止め糸を使ってウキ止めを装着するのがおすすめ。ただし結び方が弱いと仕掛け投入や回収のときにガイドに触れて位置がずれてしまうので注意が必要。

カーボン ウキ止めストッパー

ウキ止め糸をラインに結ぶのが面倒な人はウキ止めゴムがおすすめ。道糸に通しやすいように細い針金に通してあるので装着が簡単。ただし、ガイドに引っかかるので場合によっては穂先を破損するリスクがある。仕掛けを巻き上げるときは注意しよう。

シモリ玉

シモリ玉はシモリウキとも呼ばれ、ウキ釣り仕掛けで用いられるアイテム。丸型や楕円型、半円型があり、ウキ止めとウキの間にセットする。仕掛けがゆっくり沈み、シモリ玉と円錐ウキは遊動状態なのでウキ止めに差し掛かると仕掛けの沈下が止まり、ウキに負荷が掛かってアタリがウキに現れる。ウキ釣りには欠かせないアイテムである。

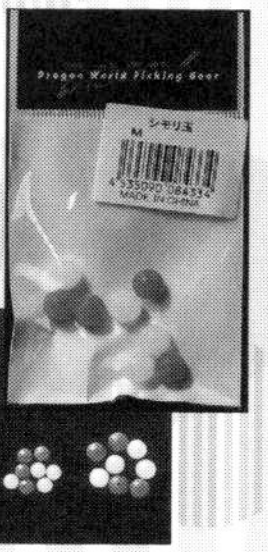

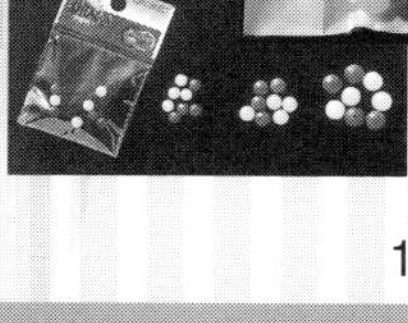

第3章

サビキ釣りに挑戦！

基礎知識と釣り方の基本を解説

堤防でおなじみのサビキ釣りとは、疑似エサ付きの多点バリ仕掛けを用い、コマセをまいて寄ってきた魚に疑似バリを食わせるスタイル。コマセに寄ってきた魚はほぼハリ掛かりに持ち込むことができるので海釣りデビューには最適の釣り方といえる。アジやイワシなどの青魚が回遊してくると次々にハリに掛かり、バケツはあっという間に満タン、手軽に数釣りを楽しめるのだ。

CONTENTS

アジやイワシ小サバを効率よく釣れるサビキ釣り。手堅い釣果と数を望めることからファミリーフィッシングの定番釣法となった。

01 サビキ釣りはこんな釣り

市販仕掛けが充実し、竿とリールがあれば面倒な仕掛け作りの手間いらず。手堅い釣果も魅力の一つ。

同じサビキ釣りでも多種多様 海釣りデビューには竿下狙いがお勧め

釣りの世界には「サビく」という言葉が存在する。その意味は動かすということで、投げ釣りでよく使われる。投げ釣りでは、投入した仕掛けを手前にサビく（動かす）という表現をする。サビキ釣りでは、仕掛けを上下に動かして魚の食い気を誘うので、この呼び名が付けられた。

サビキ釣りの大きな特徴は、何本ものハリが付いた多点バリ仕掛けを用いること。そのため、サビキ釣りは「一度にたくさんの魚を釣り上げる釣り」というイメージが定着している。しかし、すべてのサビキ釣りが、多点バリとは限らない。2〜3本バリで狙うサビキ釣りもある。

主なターゲットは、アジ、サバ、イワシ、コノシロ、サッパなどがメインで、これらの魚のほとんどは大きな群れを作って行動する。そのため群れが回ってくると、いきなり入れ食いになったりする。しかし、終日コンスタントに食い続けるわけではなく、釣れ始めると一気に食いが立ち、群れが去ってしまうとまったく釣れなくなってしまう。サビキ釣りは群れがいる間にいかに効率良く釣るかが、釣果を伸ばすコツとなる。こうした理由から群れが来たら一気に釣ってしまうという発想が生まれ、多点バリ仕掛けが主流になったのである。

また、サビキ釣りには竿下を狙う釣り方と、ウキを付けて沖目に仕掛けを投げて狙う2つの方法がある。どちらがよいかは、その釣り場、その時の条件などによるため一概に断定することはできない。

竿下狙いはコマセが1カ所にたまりやすく、魚の群れを長時間足止めさせることができる。打ち返しがスムーズにできるので仕掛けが絡むなどのトラブルも少なく、短時間勝負の釣りでは効率良く魚を釣り上げることができる。しかし、大型の回遊魚などは竿下まで寄ってくることはまれで、大物は期待できない。そんなときに有効なのが沖目狙い。仕掛けを遠投して沖目の回遊コースを直接攻められるので、魚がヒットする確率が高くなる。しかし、遠投が必要なので多点バリを用いると仕掛け絡みのトラブルが多くなる。そのため3点バリ以下にするので、一度にたくさん魚を釣り上げることはできない。さらに打ち返しが遅くなり、効率良く魚を釣り上げることができない。

それぞれ一長一短があるので、ビギナーはまず竿下狙いから始め、慣れてきたら投げサビキにチャレンジすることをお勧めしたい。

さて、サビキ仕掛けには様々なものがあり、大きく分けるとハリにスキンや魚皮などの疑似エサが付いたものと、トリック仕掛けと呼ばれる空バリ仕掛けの2つに分けられる。スキンや魚皮などが付いたものは、エサを付けずにそのまま投入するが、トリック仕掛けには、アミエビをハリ付けして攻める。どちらがよいかは条件次第だが、アミエビをハリに付けるトリック仕掛けのほうが、より確実に魚を掛けることができる。

ワンポイントアドバイス

朝夕はゴールデンタイム

サビキ釣りはファミリーでもビギナーでも、すぐに楽しめる手軽な釣り方である。しかし早起きは三文の徳というように、早朝は特に魚の食いがよい。のんびり出かけるようでは、大釣りは望めないのだ。でも朝は苦手という人はとても多い。そんな人たちは、中途半端な日中の釣りを避けて、夕方に的を絞るのも手である。

サビキ釣りのターゲットは回遊魚がメインになるので、いつ回ってくるか分からない部分もあるが、やはり朝夕はゴールデンタイムなのである。

ここにも注目!

コマセがキーポイント

サビキ釣りの仕掛けにはコマセ袋をセットするのが一般的。このコマセ袋にアミエビなどを詰め込んで仕掛けを投入し、仕掛けを上下に動かしてコマセ袋に入ったアミエビを振り出して魚を寄せる。寄ってきた魚が疑似エサの付いたハリに食いついてハリに掛かる。最初は魚を寄せるために、コマセ袋のアミエビがなくなったらすぐに詰め替えて、再び仕掛けを上下に動かしてアミエビを振り出すことを繰り返す。あまり詰めすぎるとアミエビがうまく出ていかないので注意しよう。

朝夕のゴールデンタイムなら、短時間でお土産を確保できる。

夜のサビキ釣りはアジ狙いに最適。警戒心が薄れ、ほとんどのハリに掛かる。

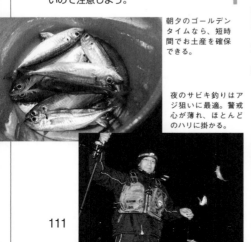

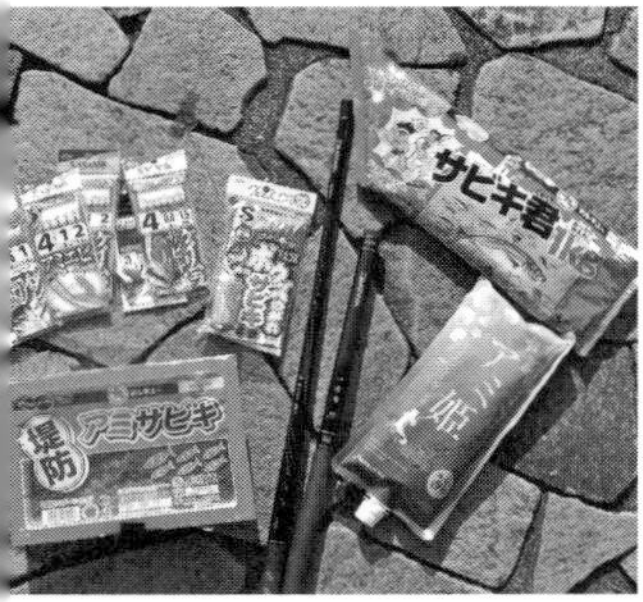

竿とリールは釣り具の量販店で購入するといい。リールと竿は様々なタイプが店頭に並び、どれを購入したらいいのか迷ってしまう。お店のスタッフに相談するのが一番だが、予備知識はあっても損はない。

02 タックル購入の目安とアドバイス

竿は1万円から3万円、リールはしっかりしたメーカー品なら高価なモノでなくても問題ない。

タックルの価格と釣果は無関係 素材やガイドの性能で価格が異なる

竿下狙いのサビキ釣りに最適な竿は、磯竿の1〜2号で、長さは4〜5・3m。5m前後のものが使いやすい。4m以下の竿でもサビキ釣りはできるが、仕掛けが長いので短い竿だと扱いにくく、竿下から水深の深い釣り場以外では不利になる。竿にはアウトガイドとインターライン（インナーガイド）があり、好みで選べばよいが、アタリを竿先で見るサビキ釣りではアウトガイドのほうが釣味を楽しめる。ただし、ガイドに道糸が絡みやすいのを嫌う人は、そういったトラブルの少ないインターラインがお勧めだ。

どちらのタイプでも、価格の目安は1万円台から3万円台。価格は竿の素材やガイドの性能で変わってくる。高価な素材を使っている竿は自重が軽く長時間持っていても身体への負担が少ないが、釣果に影響はない。また、10万円前後の高級磯竿もあるが、サビキ釣りは比較的仕掛けが重く、微妙な調子を求める釣りではないので、高価な竿は必要ないと考えている。最初に1本揃えるなら応用範囲の広いアウトガイドで1・5号5〜5・3mの磯竿がお勧めだ。

リールはドラグタイプの小型スピニングリールが主体で、3号の道糸が100〜150mほど巻けるサイズがよい。価格は1万円以下から5万円以上の高級タイプまでいろいろあるが、安価なものでも十分楽しめる。ただし、メーカーのよく分からない外国製など、安いものには要注意。こういったリールは、すぐに

DAIWA　インターライン リーガル

道糸を通す竿の内側には高耐久の撥水加工を施し、エントランスガイドも抵抗の小さい大口径の足高タイプを採用。道糸のベタつきを抑えてストレスなく扱える。

DAIWA　小継せとうち・E

仕舞寸法 84cm 以下で、コンパクトに収納できる小継竿。しなやかに曲がる穂先は、仕掛けの巻き込みなどでも折れにくい。

シマノ　ADVANCE SHORT

仕舞寸法 85cm 以下の小継竿なので持ち運びに便利。穂先には丈夫で高感度のタフテック穂先を採用。サビキ釣り以外にも活躍してくれる。

シマノ　HOLIDAY ISO

サビキ釣りだけでなく、本格的な磯釣りにも対応できるベストセラーロッド。外観はカーボン柄を活かしたブラック基調で高級感があり、永く使える１本だ。

ワンポイントアドバイス

朝夕はゴールデンタイム

　サビキ釣りは、基本的に小型回遊魚狙いが中心である。しかし、サビキ仕掛けに掛かった小魚に、ヒラメやイナダ、カンパチ、時にはクロダイやマダイ、スズキなどの大物が食いつくこともめずらしくない。そんなときのために、やや太目のタックルで臨むベテランもいる。そういった大物を取り込むためには、竿よりもリールの性能のほうが重要で、ドラグ性能を特に重視したい。また、サビキ釣りでは携帯しないが、まさかの大物がヒットすることも考えて玉網を持参することをお勧めする。

故障して使えなくなる危険性が高いからだ。

　沖目狙いのサビキ釣りでは、磯竿の3～4号がほしい。大きなウキにコマセカゴ、オモリ、サビキ仕掛けを沖へ投げるには、強い竿が必要だ。長さは5ｍ以上あるほうが遠投しやすい。この竿にもアウトガイドとインターラインがあるが、やはり好みで選べばよい。夜釣りにも使いたいなら、投入するときにトラブ

サビキ釣りにはコマセバケツや水汲みバケツは必需品。エサ付け器もあると便利だ。クーラーボックスには、冷気の流出を最小限に抑えるため魚の投入口を設けたタイプ、堤防釣りに特化して竿掛けが付いたタイプなどがある。

ルの少ないインターラインがよいだろう。投げ竿でも代用でき、この場合は４ｍ以上の竿がよい。あまり硬いタイプだと仕掛けを投げづらいので、やや軟調タイプの投げ竿がお勧めだ。価格は、やはり1万円台から3万円台。リールは、道糸など仕掛けが太くなるので竿下狙いのものよりも大きめが基本で、４号を１５０ｍほど巻ける中型スピニングリールがお手頃。また投げ専用リールでも代用できるが、あまりお勧めしない。価格は安価なものでも十分だが、しっかりしたメーカーのものを選びたい。

　道具類ではクーラーボックスが必需品。最近は保冷効果の高い氷が解けにくいものも市販されている。価格は1万円以下から5万円以上までいろいろあり、高いものはそれだけ氷の持ちもよい。このほか、コマセ用のバッカンや水汲みバケツもほしいが、アミエビのブロックを乗せることができるエサ付け器があると非常に便利。これはプラスチック製で価格も安い。また水汲みバケツは7～８ｍのロープ付きが必要である。

DAIWA
レブロス 2500

堤防からの釣りなら、ほとんどの釣りに対応できる入門モデル。軽量なローターや高精度加工されたギヤのおかげで軽い巻き心地を実現。糸ヨレやバックラッシュを防ぐ構造を備え、初心者でもトラブルなく扱える。

DAIWA
リバティクラブ 2500

ダイワのリバティクラブシリーズにマッチするスピニングリール。赤と黒のスタイリッシュなボディが特徴。もちろん初心者にも扱いやすいよう、アンチバックラッシュシステムや糸ヨレ防止の機能を備えている。

シマノ ナスキ 2500

最初の一台にぴったりな、確かな基本性能を備えた汎用スピニングリール。海で使ってもサビにくいベアリングや、ボディ内に海水を侵入させない撥水加工などで、ストレスなく使い続けられる機能がしっかり搭載されている。く扱える。

シマノ
サハラ C3000HG

ボディ内の重量物の配置を最適化し、リール全体の重心を手元に近づけることで操作性がアップ。低価格の入門モデルとは思えないしっかりとしたつくりで、長期間安心して使える汎用スピニングリールだ。

03 ターゲットとポイント

規模の小さな漁港は堤防の先端がベストポイント。大きな群が港内に入っていれば、港奥の岸壁でも釣れる。ある程度の水深がポイントの条件。

サビキ釣りはどんな場所がポイントになるのか。そのポイントでどんな魚を釣ることができるのか。

サビキ釣りのターゲットは小型回遊魚 条件は潮通しと5m以上の水深

　サビキ釣りで釣れる魚は多種にわたるが、一般的には小型回遊魚が中心となる。アジ、イワシ、サバなどがメインターゲットで、アジにはマアジ、ムロアジ、シマアジ（小型中心）、イワシにはマイワシ、カタクチイワシ、ウルメイワシ、サバにはマサバ、ゴマサバなどが含まれる。これらはいずれも群れを作って泳ぎ回る魚で、1ヵ所に居着く魚ではない。したがって、潮がよく通すポイントで狙うのがセオリーだ。

　堤防周りでは、規模の大きな港では港内の奥深くまで回遊してくるが、小さい漁港周りなどでは、堤防先端部や外海側、船道周りなどがポイントになる。浅いところは例え回遊してきたとしても長い時間はとどまらないので、ある程度の水深がある場所が有利である。5m以上あるポイントなら問題はないが、3m以下のポイントは満潮前後が狙い時となる。

　大きな船が着岸するような岸壁は、足下から水深があり、サビキ釣りのポイントとしては最高である。深さが7～10mもあれば、満潮、干潮に関係なく釣れるし、コマセで足止めできる時間も長くなる。このような場所は潮通しもよく、回遊魚が回ってくる確率は非常に高い。また夜釣りでは、常夜灯の近くが有利だ。アジやサバなどは光に集まる習性があり、常夜灯はコマセの役割を果たしてくれる。狙う層はアジ類は表層から底までといろいろだ。豆アジ級の小型は表層近く、30㎝級の大型は底近くを回遊することが多い。これはサバも同じである。イワシ類は表層近くを回遊し、特にカタクチイワシは浅いタナで釣れる。

　アジ、サバ、イワシ以外では、サッパ、コノシロ、ソウダガツオ、ワカシ、イナダ、カンパチ、カマスなどがよく釣れる。サッパやコノシロは湾内に多く、中層に群れを作って回遊する。

　ソウダガツオは、一般的にアジやイワシに比べると大型で、ファイトもすごいため人気が高い。ヒラソウダとマルソウダに分けられ、ヒラソウダのほうは高級魚。どちらが釣れるかは群れによって違うため、実際に釣ってみるまで分からない。堤防周りで釣れるサイズは30～45㎝で、シーズンは夏から秋にかけてだ。もともと外洋性の魚なので、湾奥の堤防よりは、外海側の堤防に多い。表層を回遊してくるが、水深の浅い場所には姿を見せず、深くて潮がよく通す堤防の先端や外側がポイントになる。ワカシやイナダは、イワシやアジを狙って回ってくることが多く、これらのエサになる小魚のタナに合わせて狙えばよい。カンパチも同様だが、表層から底近くまで、どのタナでもヒットする可能性がある。

　このほか、サビキ釣りでは外道といえるが、回遊魚が少ない日などにけっこう楽しませてくれるのが、メバル、小メジナ、ウミタナゴ、シマダイ、チンチン（クロダイの幼魚）、ボラなど。これらは岩礁や海藻帯に多い魚なので、堤防のヘチや捨石帯、テトラ周りなどでよくヒットする。

海釣り施設は潮通しの良い場所に造られており、安定した釣果が見込める。常にコマセが撒かれ、魚が居着いていることも多い。

浚渫してある船道は水深があるので冬場も狙える絶好のポイント。小規模漁港の堤防先端は船道をダイレクトに狙うことができる。

規模の大きな漁港はサビキ釣りに最適。ほとんどどこでも狙えるが、地元釣具店でエサを購入したときに聞くのが一番いい。

堤防の角は潮の動きに変化ができ、サビキ釣りに限らず大半の釣りで人気のポイントとなる。空いていたら狙ってみたい場所。

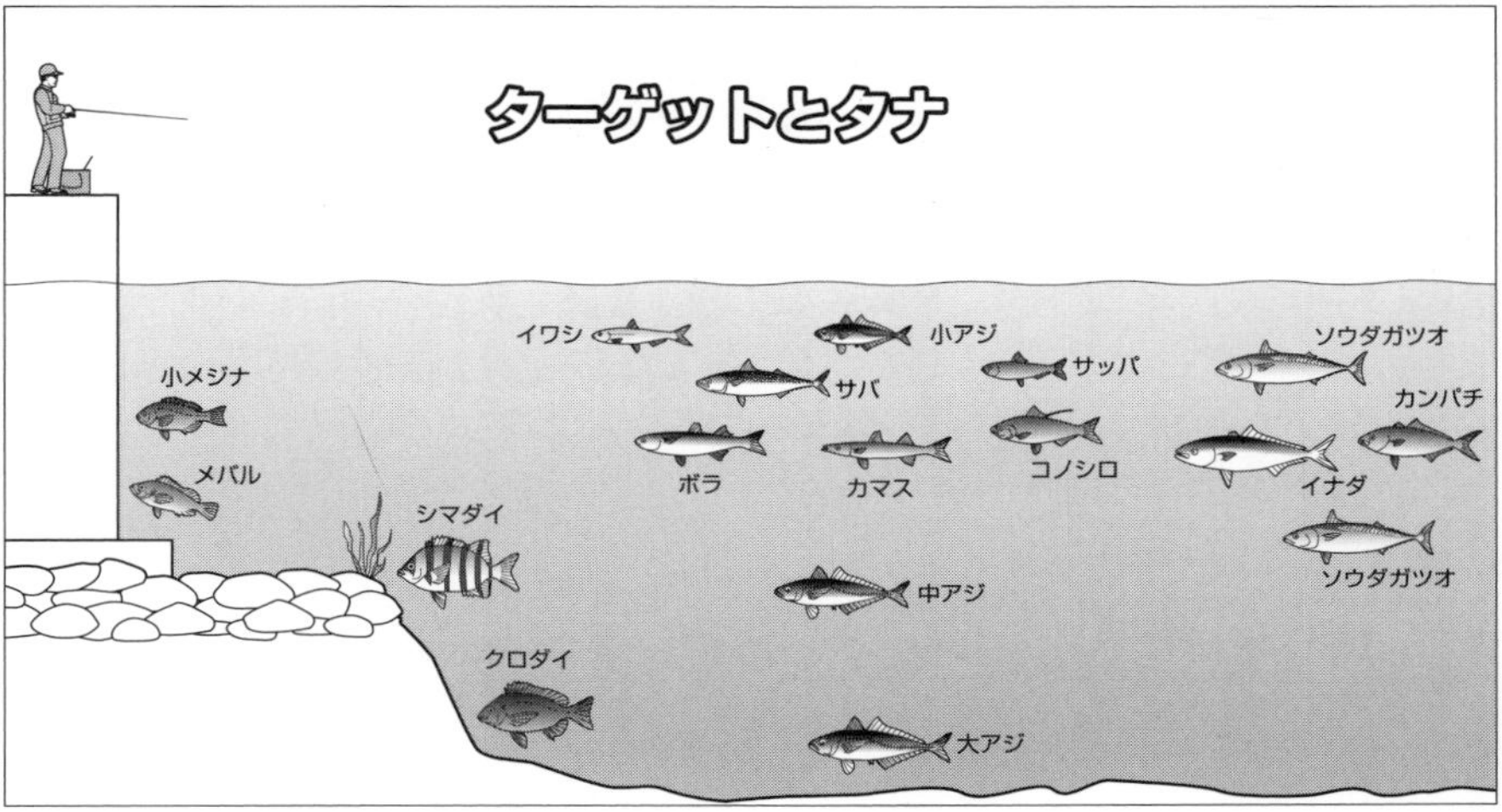

ワンポイントアドバイス

大型回遊魚が回ってきたら竿下狙いがお勧め？

ソウダガツオなどの回遊魚が回ってくるポイントでは、サビキを遠投して攻める人が多くなる。こんな場所では遠投合戦が繰り広げられ、ビギナーはしり込みしてしまうケースも多い。しかし竿下から水深の深い堤防なら、遠投合戦を尻目に、アジやサバ、イワシなどの小型回遊魚が竿下に集まるので、焦ることはない。じっくり足下にコマセを効かせれば、アジやイワシばかりでなく、ソウダガツオやカンパチなども竿下でヒットしてくるのだ。

ソウダガツオやイナダなどの青物が回っているときは堤防際でアジやイワシが釣れることも……。

ここにも注目！

狙うなら潮通し抜群の堤防先端

サビキ釣りは磯やサーフでやることは稀で、堤防がメインのフィールドとなる。漁港など比較的規模の小さな港では潮通しのよい堤防の先端がベストポイントとなる。朝夕のマヅメ時は浅いタナでヒットすることが多いが、日中は底付近にいる。時間帯によって狙うタナを変えことも釣果を得る秘訣である。

コマセを撒いて底にいる魚を浮かせることも可能だが、サビキ釣りの場合は浮かせるよりも寄せることに重点が置かれる。日の高い時間帯はコマセを撒いても浮いてこないことが多い。大規模な港では群が居着くことがあるので、港奥の岸壁でも釣れる場所がある。

堤防先端の角は最適なポイント。競争率も高いので早めの入釣がお勧め。

釣り場に着いたら釣り座を決め、コマセを用意して竿に市販仕掛けを結べば準備完了。

04 仕掛けのセットとコマセの準備

仕掛けはどのようにセットし、コマセ作りに必要なものは何か。仕掛けのセットとコマセの準備を解説。

竿を伸ばす前に道糸に仕掛けをセット　コマセはアミエビの冷凍ブロック

仕掛けを用意する前に、まず竿にリールをセットする。リールをセットしたら道糸を竿のガイドに通し、竿を伸ばす前に仕掛けもセットしておく。インターライン竿の場合は、専用のワイヤーを使って道糸を通す。

竿下狙いでは、コマセカゴ（袋）を上部に付ける仕掛けと、最下部に付ける仕掛けがある。一般的には上部に付けることが多いが、潮が速いポイントでは下部のほうがやや有利だ。道糸とサビキ仕掛けはサルカンを介して結ぶ。このサルカンにコマセカゴをセットして、サビキ仕掛けの最下部にカン付きオモリの3～5号を付けて出来上がり。下部にコマセカゴをセットするときは、オモリ付きのコマセカゴを用意したい。スナップ付きのコマセカゴもあるので、これを使うと便利。

沖目狙いの仕掛けは、道糸にウキ止めをセットしシモリ玉を入れてからウキを通す。ウキは中通しタイプや羽根ウキ、棒ウキ、玉ウキなどいろいろあるが、オモリ負荷は6～10号が最適。あまり軽いものだと遠投できない。オモリはウキの下にセットする場合と、仕掛けの最下部にセットする場合がある。ウキのすぐ下にセットするものを吹き流し仕掛け、最下部にセットするものを胴突き仕掛けと呼んでいる。

吹き流し仕掛けは、ウキの下にオモリをセットしたら、次にスナップ付きサルカンを結び、その下にコマセカゴを付ける。さらにスナップ付きサルカンを介してサビキ仕掛けを

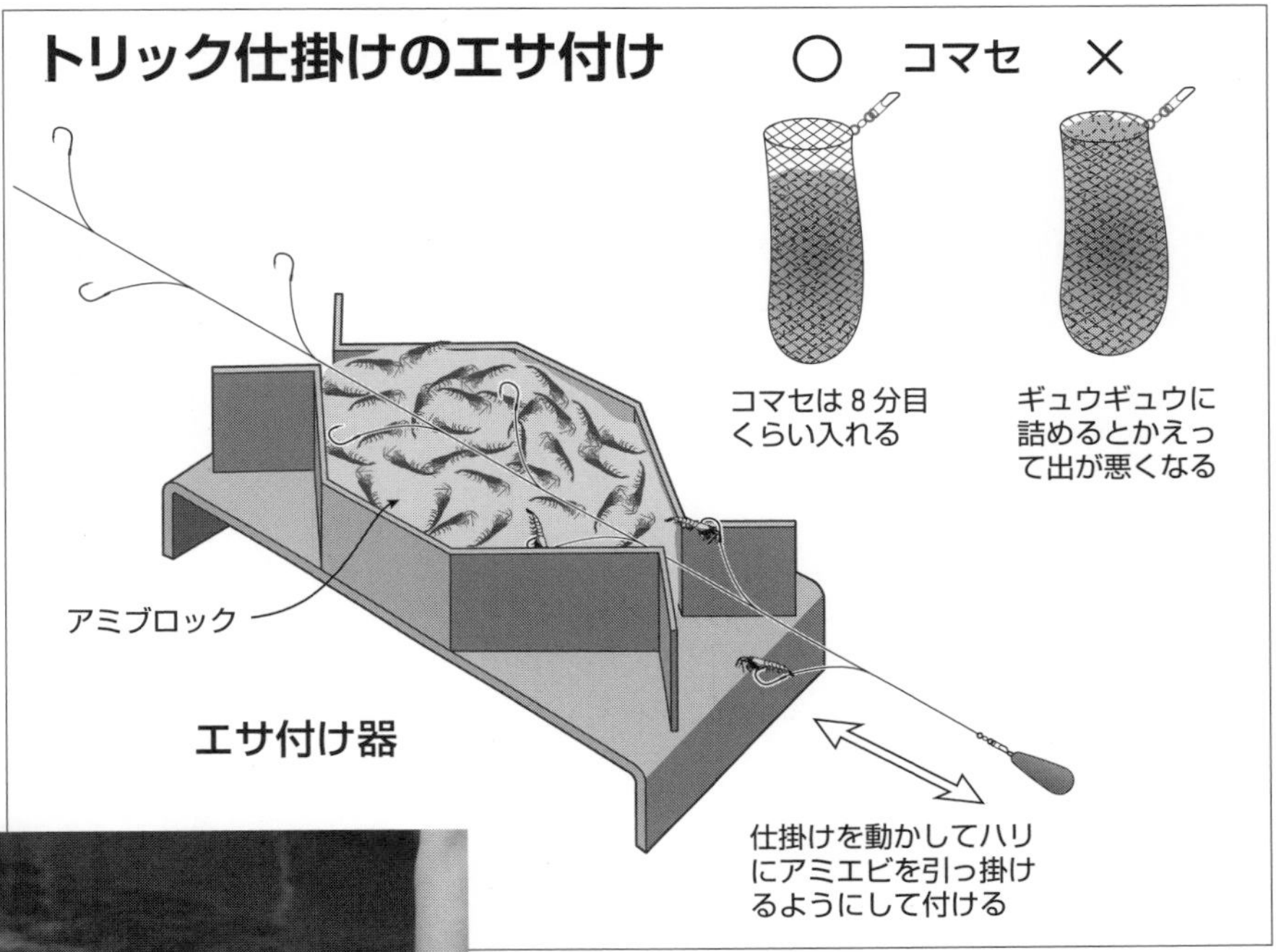
トリック仕掛けのエサ付け
○　コマセ　×
コマセは8分目くらい入れる
ギュウギュウに詰めるとかえって出が悪くなる
アミブロック
エサ付け器
仕掛けを動かしてハリにアミエビを引っ掛けるようにして付ける

オモリをつまんで写真のように仕掛けをこすり付けると、ハリにアミエビが刺さる。

エサ付け器とバケツがセットになったサビキ釣りの便利グッズ。その名はスピードバケツ。

セットする。この場合、サビキ仕掛けのハリは、2〜3本にする。多点バリだと糸絡みなどのトラブルが多くなるからだ。

胴突き仕掛けは、ウキの下にコマセカゴを付け、その下にサビキ仕掛け、サビキ仕掛けの一番下にオモリを付ける。このほかにブリッジ仕掛けといって、水面近くを攻める仕掛けもある。仕掛けのセットが完了したら竿を伸ばす。ただし投げ竿など、並継ぎ竿は最初に竿をつないでから仕掛けを作ったほうがよい。

コマセは、基本的にアミエビを使用する。アミエビには冷凍のブロック、常温保存ができるパック詰めのもの、塩漬けされた水分の多いシオアミなど数種類がある。この中でサビキ釣りに適したものは冷凍ブロックとパック詰めである。冷凍ブロックは解凍しないと使えないが、パック詰めはいつでも使えるメリットがある。これをスプーンや割り箸などを使ってコマセカゴに詰める。このとき、コマセを詰めすぎるとアミエビの出が悪くなるので、8分目ほどにするのがコツだ。

またトリック仕掛けには疑似エサが付いていないので、ハリにエサを付けなければならない。これをいちいち手でやっていくのは大変。そのためトリック仕掛け用のエサ付け器が市販されている。このエサ付け器にアミエビのブロックを乗せ、これにトリック仕掛けをこすり付けることで簡単にエサが付けられる。このとき、アミエビのブロックが半解凍している状態が最も付けやすい。パック詰めのものは、柔らかすぎて付けエサには向かない。

仕掛けのセット

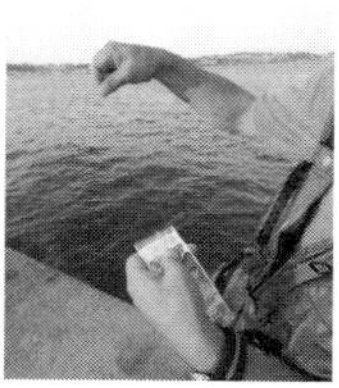
竿を延ばす前に道糸の先を市販仕掛けのサルカンに結び、仕掛けを引き出す。

仕掛けを全部引き出したら、仕掛けの下にオモリをセット。

道糸を結んだサルカンにコマセ袋をセットする。

コマセ袋にコマセを入れて準備完了。コマセは詰め込むと出にくくなるのでほどほどに。

タックルのセット

リールシートの固定金具のストッパーを開き後方へスライド。リールフットの前方をリールシートの前の部分に差し込む。

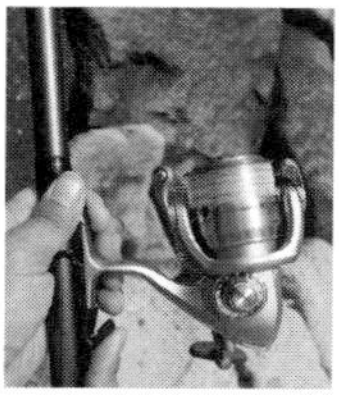
リールフットの下をリールシートにピッタリ密着させ、固定金具をスライドさせて固定する。

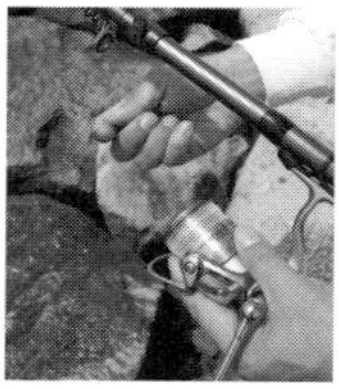
リールを固定したらタックルのセットは完了。リールのベイルを開け道糸を少し引き出す。

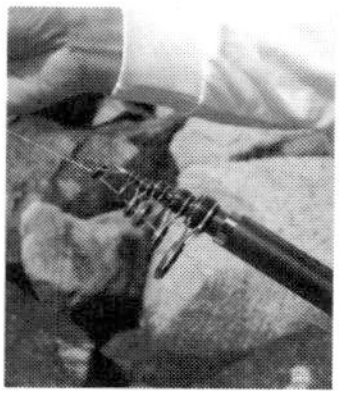
道糸の先をトップカバーの糸通しバーに通し、トップカバーを引き抜くと全部のガイドに道糸が通る。

多彩な市販仕掛け 手堅いのはトリック仕掛け

仕掛けは自作よりも市販品を使うのが一般的だが、その種類は実に多く選ぶのに困ってしまう。最も無難なのはトリック仕掛けである。これ

ここにも注目!

トリック仕掛けはソフトな投入を心がけよう

トリック仕掛けはエサを付けて釣る釣り方なので効果は抜群。しかし、アミエビはとても柔らかいエサでエサ持ちが悪く、乱暴に仕掛けを投入するとハリに付いているエサが着水の瞬間に落ちてしまう。これではいくら魚の群れが回っていても、自分だけが釣れない結果になってしまう。仕掛けの投入の際には、それなりに神経を遣わなければならない。

多彩な市販仕掛けからどれを選ぶか迷うところだが、仕掛け選びで釣果に差が出ることもある。

は空バリが多数付いた仕掛けで、ハリには疑似エサがついていない。そのため、ハリに直接アミエビを付けて狙う。疑似エサの付いたサビキ仕掛けよりも魚の食いは抜群だ。

トリック仕掛けのも種類が多数あるが、重要なのはハリの大きさ。小型のアジやイワシなら2～3号、やや大きめのアジが釣れるときは4～6号、それ以上の大型やカマスなどを狙うときは7号以上がお勧めだ。

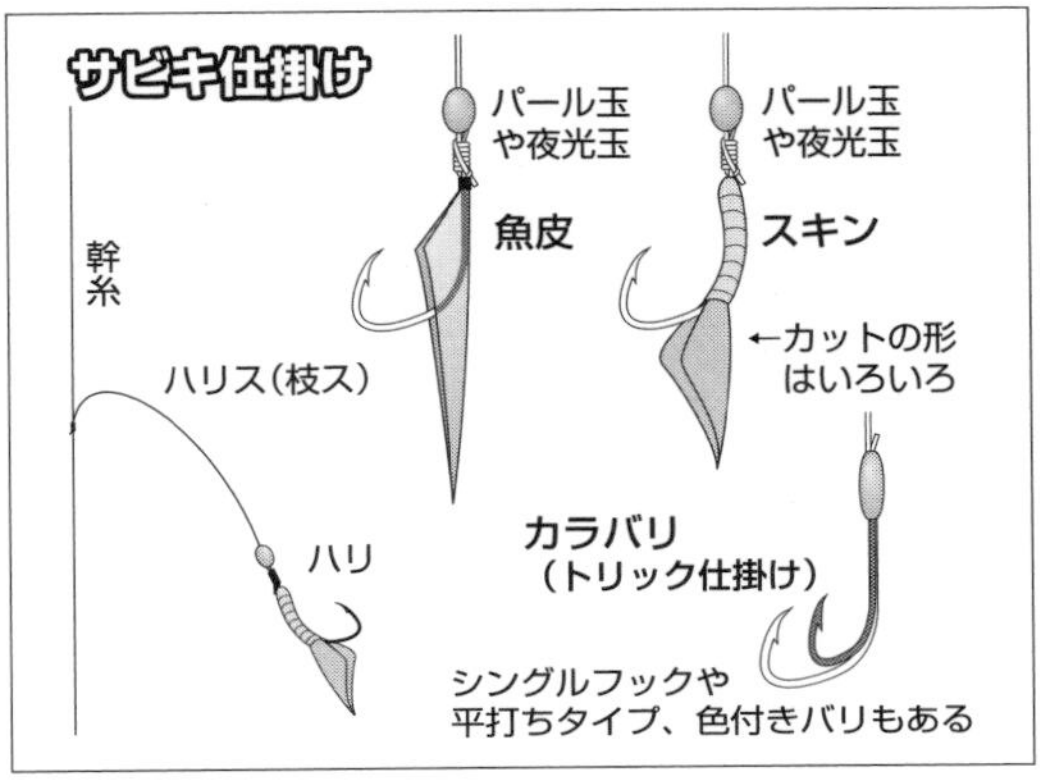

トリック仕掛け以外には、魚の皮が付いた魚皮サビキ、スキンを巻きつけたスキンサビキ、化繊の糸を巻きつけたウィリーサビキ、小魚に似せたフラッシャーサビキなどがあり、またいろいろなサビキをひとつの仕掛けに収めたタイプ（すべてのハリに違うものが付いている）もある。

この中でポピュラーなのは魚皮サビキとスキンサビキで、魚皮はカワハギなどの皮を使ったものが一般的。スキンサビキは、様々な色の仕掛けがあるが、アミエビと同じピンク色が人気で食いもよい。どのサビキ仕掛けも、300～400円くらいで購入できる。魚皮サビキやスキンサビキ、ウィリーサビキを使っていて食いが悪いと感じたら、アミエビをハリに付けるとよい。こうすればトリックサビキと同じ効果があり、食い渋りの魚もヒットしやすくなる。

いろいろな種類がある市販サビキ仕掛け。トリック、ハゲ皮付き、サバ皮付き、スキン、フラッシャーなど様々だ。ハリの大きさや種類もバリエーションが多い。

ワンポイントアドバイス

仕掛けは種類よりもハリの大きさ

魚皮がいいかスキンがいいか、はたまたウィリーかと悩まされるサビキ仕掛けだが、サビキの種類よりもハリの大きさで釣果を逃している人が多い。特にビギナーは、アタリがあってもハリ掛かりしないとき、それがハリの大きさに原因があると気づかないようだ。小さい魚には小さなハリが鉄則。ハリが大きすぎると、いくら食ってもハリ掛かりが悪くなる。逆にサイズの大きな魚が食うときに、小さすぎるハリもバラシの一因。魚のサイズに合わせてハリの大きさを変える必要があり、これが釣果に大きく影響する。

05 アジ、イワシを狙う

専用エサ付け器で簡単にエサが付けられるトリックサビキ。しかもよく釣れる！ 型の良いアジはタマヅメからの夜釣りが断然有利。

サビキ釣りのメインターゲットであるアジ、イワシを釣るための必釣ノウハウを詳しく紹介する。

最初はコマセで魚を寄せる 幅広く探って釣れたタナを集中攻撃

竿下狙いのサビキ釣りは、まず魚を寄せることが肝心だ。そこで釣り初めは、仕掛けのコマセ袋だけでなく、ヒシャクで少しずつコマセをまくと効果的。魚が寄ってくるまでは竿を振ってコマセ袋からコマセが出やすくすることも大切だ。サビキ釣りは、じっと竿を動かさずに待つほうがよいときと、竿を上下に動かして誘うほうがよいときがある。どちらがよいかはその場になってみなければ分からない。

コマセに寄ってきた魚が、水面近くに群れているときは浅いタナを攻めるが、これで食わないときは中層から底近くまで幅広く探ってみるとよい。アタリがあったら、その層を中心に狙うようにする。一般的には、カタクチイワシなどは表層に多く、豆アジや小サバも浅いタナがメインになるが、良型のアジや大型のサバはやや深いタナで釣れることが多い。

アタリは、竿先からブルブルッというアタリが伝わる。すぐに竿を上げると効率が悪いので、追い食いを待って数尾ハリ掛かりしてから竿を上げると効率よく釣れる。高活性のときはすべてのハリに掛かっていることもある。ただし、食いの渋いときや群れが小さいときは、ポツポツとしか釣れないこともある。こんなときはアタリがあったらすぐに上げて、1尾ずつ確実に取り込んだほうがよい。そのままにして追い食いを待つと、最初にハリ掛かりした魚が、バレてしまうことがある。

数を釣るコツは、群れが回っている間に、いかにたくさん釣り上げるかである。そのためにはコマセ袋にコマセを詰め、すぐに仕掛けを投入する。そして追い食いを待ち、一気に魚を釣り上げる。釣り上げた魚をすぐに外してコマセを詰め替え、また竿を下ろす。これを繰り返すことが大切である。

沖目狙いでは、1投ごとに同じポイントに仕掛けを投入することが重要だ。これでコマセ効果が早く出る。また1回の投入に時間をかけすぎないこと。アタリがないからといって長く待てば、それだけコマセの効きも悪くなり悪循環にはまることがある。

投入したらまず竿を大きく振って、コマセ袋からコマセを出す。そして潮の流れにウキを乗せ、ときどき仕掛けを引いて誘いをかける。少し流してアタリがなければ、さっさと仕掛けを回収して投げ直す。一定のリズムで攻めると、魚が寄ってきたときに効率良く釣ることができる。

魚が釣れるまではいろいろなタナを探るが、1尾釣れたらそのタナを集中して狙う。最初は浅いタナから攻め、アタリがなければ徐々に深くしていく。アタリはウキが消し込んだり、横走りしたり、モゾモゾすることもある。これを確認したら、あわてずにゆっくり合わせればよい。

こんなときが 狙い目

アジもイワシも、群れが大きく条件がよいときは終日数釣りが楽しめるが、シーズン中でも必ず釣れるわけではない。やはり早朝や夕方が有利となる。ただしイナダやソウダガツオ、カンパチなど大型の魚が回っているときは、これらの魚が活発な早朝は逃げるのに忙しく、日中になってからのほうがよいこともある。またアジは、夕方から夜にかけて活性が高くなるケースもあるから、早起きしなくても十分に狙うことができる。

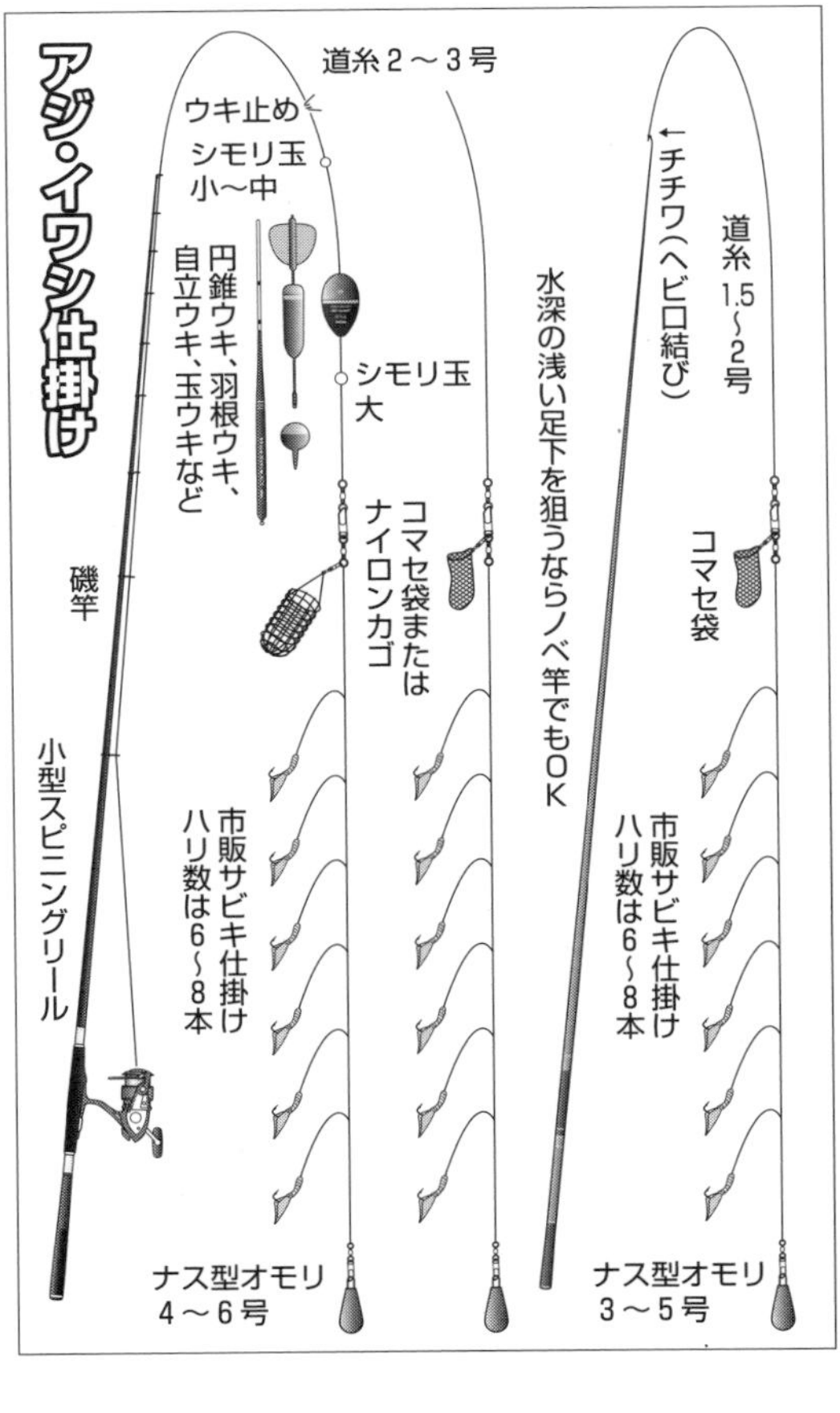

沖目を狙う時はカゴウキ仕掛け。

竿下狙いと沖目狙い

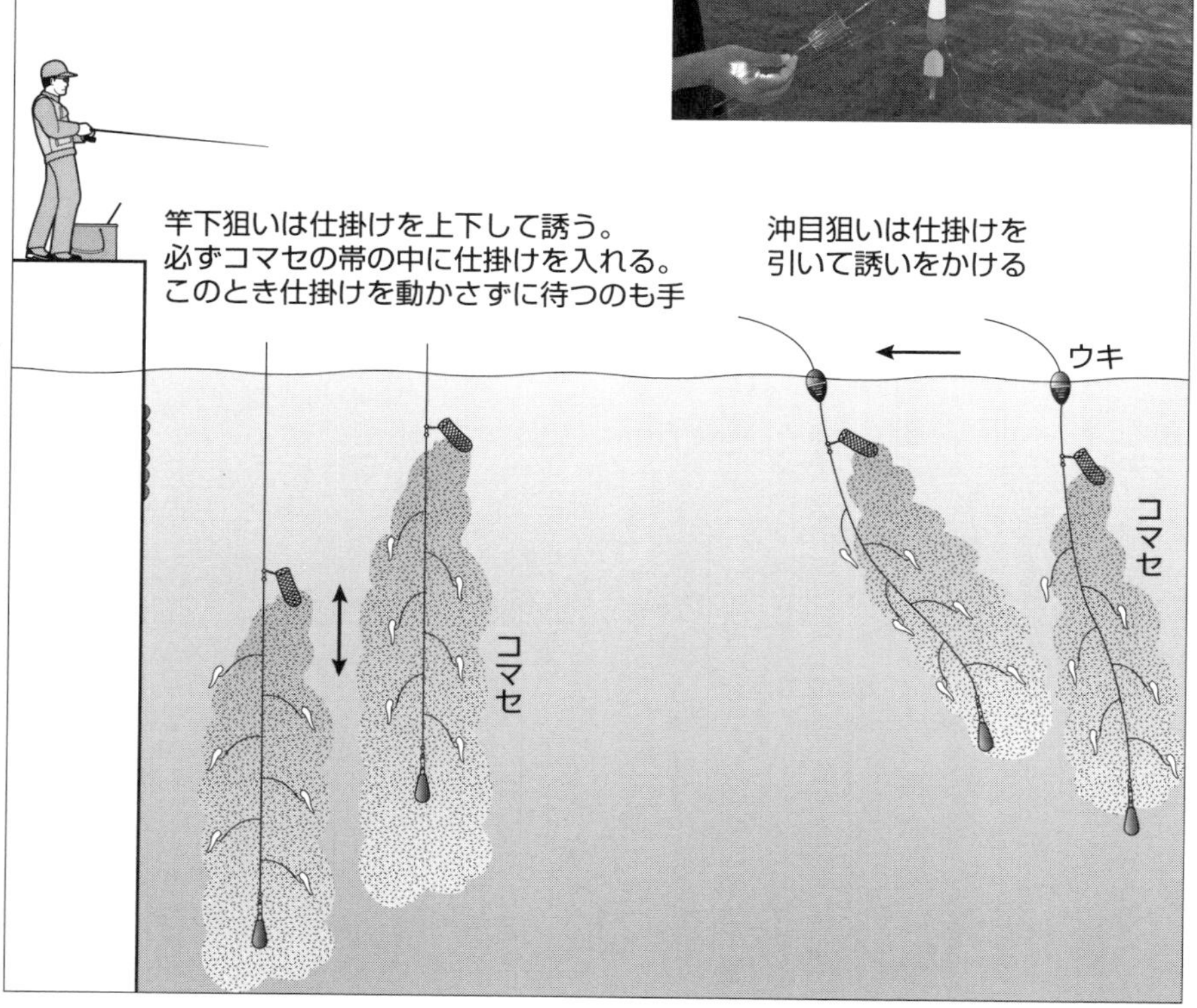
竿下狙いは仕掛けを上下して誘う。
必ずコマセの帯の中に仕掛けを入れる。
このとき仕掛けを動かさずに待つのも手
沖目狙いは仕掛けを
引いて誘いをかける
ウキ
コマセ
コマセ

サビキ釣りで アジ、イワシが釣れる時期

アジもイワシも基本的には暖かい時期に釣れる魚である。したがって、初夏から秋にかけてがベストシーズン。特に夏は小型がたくさん釣れる時期である。しかし、どちらも回遊魚であり、その年によって当たり外れもある。また海水温が低い冬から春にかけて釣れることもあるが、それは関東以西の海域に多い。他にサバやソウダガツオなどは夏から秋、ワカシも夏から秋だが、コノシロは秋から初冬にかけてよく釣れるターゲットだ。

釣れないときの CHECK POINT

魚がいるのに釣れないことは、ままあるものの、周囲の人は釣れているのに自分だけ釣れないとなると問題である。そんなときは、次のことをチェックしてみよう。まず釣れている人の仕掛けと自分の仕掛けを比べてみること。ハリにアミエビを付けているかいないか、攻めるタナ（深さ）はどうか、コマセをちゃんとまいているか（コマセカゴを使用しているか）、ポイントに仕掛けが入っているかなどを調べ、釣れている人に合わせてみよう。

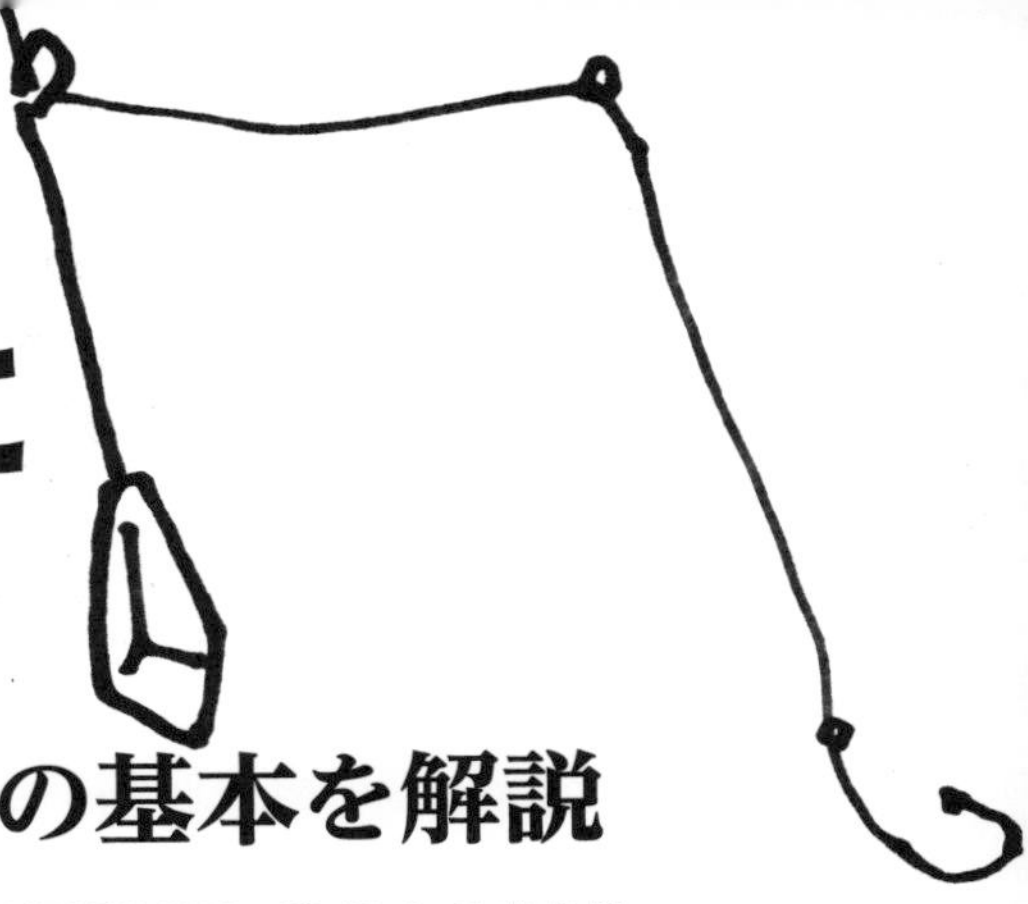

第4章

投げ釣りに挑戦！

基礎知識と釣り方の基本を解説

オモリの付いた仕掛けを沖へキャストする投げ釣りは、遠くにいる魚を効率よく狙える釣り方といえる。シロギスとカレイが投げ釣りの代表的なターゲットとして知られているが、このほかにもウミタナゴやカワハギ、メゴチ、ハゼ、ヒイラギなどなど、多彩な魚が狙えるのが魅力。ときにはクロダイやマダイがヒットすることもあるのだ。狙った魚を仕留める満足感と、なにが釣れるかわからないドキドキ感、この両方を味わえるのが投げ釣りの醍醐味である。

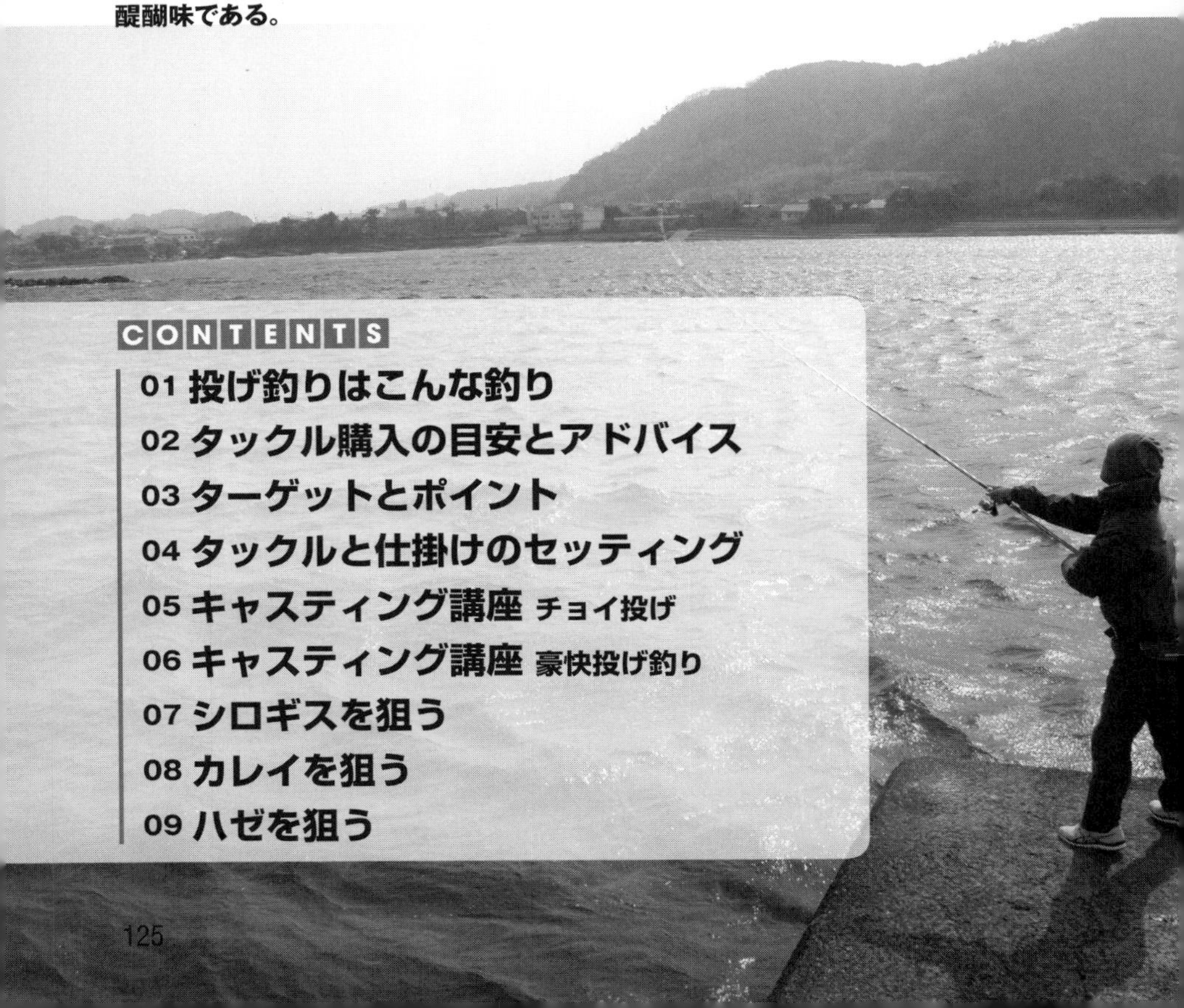

CONTENTS

投げ釣りは砂浜の海岸で遠投し、沖目のシロギスを狙う釣り方。釣り人で賑わう堤防では不向きだが、堤防をメインフィールドとして進化したのがチョイ投げ釣り。

01 投げ釣りはこんな釣り

砂浜をフィールドとする釣りのイメージが強いが、堤防ではチョイ投げというスタイルで発展した。

ブルブルッっと伝わる明確な魚信 ビギナーのために進化したチョイ投げ

投げ釣りは重いオモリを使って仕掛けを遠くへ飛ばすことができるため、魚を釣るという目的だけでなく、思い切り身体を使うというスポーツ的な爽快感を得られる釣り方である。仕掛けに使うオモリはウキ釣りなどに比べるとはるかに重く、それだけ遠くに仕掛けを投げることが可能となる。そのためタックルは、ウキ釣り用のものでは不可。投げ釣り専用の竿か、硬めのシーバスロッドなどが必要である。

この投げ釣りには、遠投を第1に考える方法と、軽く近場に投げる手軽なチョイ投げの2つがある。最初は誰でも遠投したがるものだが、遠投するにはそれなりのタックルと体力が必要で、かなり硬い投げ釣り専用竿と専用リールが必要になる。この遠投タックルは、体力や力のない人にはとても振り切れない。非力な人が使うと、逆に遠投できなくなる。遠投用とは言っても誰にでも簡単に遠くへ投げられるわけではない。

遠投に必要な体力を備え、正確に狙ったポイントに投げることができる人だけに許されるもの。つまり、仕掛けに重いオモリを使う投げ釣りは、常に危険と隣り合わせであるということを忘れてはならない。これに対してチョイ投げは、ライトタックルが使用でき、パワーもほとんど必要ないのでビギナーには最適だ。特に堤防では、砂浜などに比べてポイントも近いので、チョイ投げ釣りがお勧めである。それでもベテランのチョイ投げ釣り師の中には、80m近く投げる人がいる。

チョイ投げ用のライトタックルは、シーバスロッドなどがよく、女性や子どもでも安心して投げられ、慣れてくれば50mはわけなく投げられる。またチョイ投げは、魚のアタリも明確にとらえることができるのでビギナーにはもってこいの釣り方。竿先にブルブルッとくる感触を一度覚えたら、病み付きになること間違いなしである。

また、ウキ釣りと違ってコマセをまく必要がなく、その分道具立ても少なくて済む。仕掛けを投げたらのんびりアタリを待つのもよいし、せっせと探り歩いていろいろなポイントに投げたりと、自分の好きなスタイルで釣りを楽しめる。

一般的にはオモリと一体になったテンビンを道糸に結び、そのテンビンに仕掛けを結ぶ。テンビンには様々なものがあるが、海草テンビンやジェットテンビンなどが代表的である。オモリには軽いものから重いものまで様々な種類があるが、チョイ投げで使うのは8～15号くらい。重くても20号までで、それ以上のオモリは遠投用だと考えてよい。テンビンの下に結ぶ仕掛けは、市販の完成されたもので十分。慣れてきたら、自作に挑戦してみよう。一般的には2～3本バリが多く、狙う魚種によってハリの大きさやハリスの太さなどが違っている。仕掛けに魚名がついたものもあるが、その魚名の魚向きの仕掛けということで、それしか釣れないわけではない。

ウキ釣りやサビキ釣りのようにコマセを必要としないため、必要なアイテムも少なく移動も楽にできる。

チョイ投げ釣りでも、砂浜からの本格的な投げ釣りに劣らない釣果が得られることもある。狙える魚種も豊富だ。

ここにも注目！

安全面を考慮して堤防ではチョイ投げがお勧め

投げ釣りと言えば広い砂浜で思いっきり仕掛けを投入するのが基本スタイル。しかし、堤防では限られたスペースの中でキャストすることになるので砂浜のようにはいかない。特に週末はウキ釣りやサビキ釣りを楽しむ人で賑わうため、仕掛けの投入の際に危険が伴う。広い堤防や空いている堤防では本格的な投げ釣りも可能だが、やはり堤防では安全面を考えるとチョイ投げ釣りをお勧めしたい。

投げ釣りタックルを購入する場合、本格的な投げ釣り用タックルか、手軽なチョイ投げ釣り用タックルかで選ぶものが違う。ビギナーにお勧めなのはチョイ投げ釣りである。

02 タックル購入の目安とアドバイス

投げ釣り用のタックルとチョイ投げ用のタックルはまったくの別物。堤防ではチョイ投げ釣りがお勧め。

予算は3万円前後 まずはシーバスロッドに小型スピニングリール

投げ釣りで遠投するためには、専用の投げ竿と専用のスピニングリールが最適だが、チョイ投げ釣りは本格的な専用タックルがなくても問題ない。竿は軟らかめの投げ竿やシーバスロッドなどが使いやすい。投げ竿なら長さ3m前後で、オモリ負荷20号以下。シーバスロッドは、9フィート前後の長さがよい。この竿は投げ竿に比べるとオモリ負荷が軽くなっているが、15号程度のオモリなら十分投げられる。

チョイ投げで楽しいのは、シロギスやメゴチなどの小型でも、アタリが明確に分かることだ。遠投用の投げ竿では、小型の魚はアタリが分かりづらい。アタリは軟らかい竿ほどよく分かるので、チョイ投げでは硬すぎる竿は避けたほうがよい。

価格は投げ専用竿では高価なものもあるが、1万円前後のもので十分である。最近はほとんどがアウトガイド竿で、インターラインの投げ竿は少なくなってきた。シーバスロッドは、1～2万円で購入できる。

リールは、チョイ投げの場合、中小型スピニングリールが主体となる。3号の道糸が150mか4号の道糸が100mを巻けるサイズから選びたい。投げ釣り専用リールは、チョイ投げ竿とのバランスが悪く使いにくい。価格は1万円前後から5万円くらいまでと様々だが、安価なものでも十分だ。

サーフからの本格的な投げ釣りをやる場合は、投げ釣り専用竿と専用リールが必要である。竿は超遠投を目指すなら、オモリ負荷35号クラス

チョイ投げ釣り用ロッド

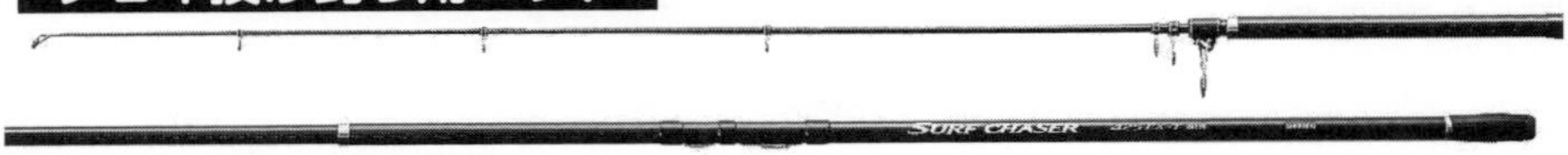

シマノ　サーフチェイサー〈振出〉

チョイ投げだけではなく本格的な投げ釣りにも挑戦したい人向けの、オールラウンドに使える投げ竿。

DAIWA　リバティクラブ ショートスイング

初心者なら、堤防での釣りのほとんどがこの１本で対応できる。仕舞寸法は78cｍ以下とコンパクトなので、釣り場の移動も楽だ。

シマノ　ソルティーアドバンス

ルアーロッドの入門モデル。タチウオ、アオリイカ、シーバス、ロックフィッシュ、アジ、メバルなどの対象魚別モデルがラインナップ。

DAIWA　ラテオ

細身で軽量なシーバスロッド。ルアー用の上級モデルに匹敵する機能を持っているので、チョイ投げ以外にも活躍しそう。

投げ釣り用ロッド

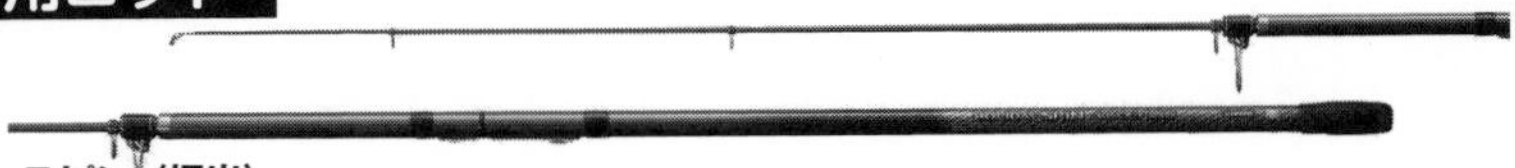

シマノ　ホリデースピン〈振出〉

竿尻のグリップは正確なキャスティングを助けてくれる握りやすい形状。初心者でも投げやすいようカーボンの反発力を活かした設計がなされている。

DAIWA　リバティクラブ サーフＴ

リバティクラブシリーズの中で、投げ釣りに最適化したロッド。大型の投げ釣り用リールもしっかり固定できるステンレスリールシートを備える。

で長さ4ｍ前後の竿が適している。ただしこの竿は、パワーのない人には振り切れないと思われるので、自信のある人以外にはお勧めできない。これより軟らかい25～30号クラスの投げ竿なら、自分の体力に合った竿が選べるだろう。長さは4ｍ前後がよい。価格は1万円台から10万円と高価なものもあるが、最初は2～3万円台がお勧めだ。

リールは、投げ釣り専用リールで溝の浅いタイプが一般的だ。このリールも、最近は多様化されていろいろなものが出回っているが、まずは安価なものから入門するとよい。価格は1万円台から6、7万円台までである。

道糸はナイロンとPEがあり、ベテランはPEを使う人が多いが、ビギナーにはナイロンをお勧めする。PEは細くて敏感な糸だが、トラブルも多いからだ。ナイロンの場合、チョイ投げ釣りでは2～3号の道糸に力糸を結ぶだけでよい。また4号の道糸を使えば、力糸を使わなくても大丈夫だ。

遠投では、投げ釣り専用ラインがよく使われる。これは25ｍずつ色分けされたラインで、これを見て自分が何メートル投げたかが分かる。太さは1・5～2号で、これに力糸をセットする。ベテランの投げ釣り師は仕掛けを自作する人が多いが、市販仕掛けでも十分釣れる。とくにチョイ投げ釣りの場合は、仕掛けへのこだわりよりも手軽さが大切なので市販仕掛けがお勧め。手間を考えれば安いものである。

チョイ投げ釣り用スピニングリール

サビキ釣りでも紹介したスピニングリール4機種。チョイ投げ釣りにも最適なリールである。

シマノ サハラ C3000HG

シマノ ナスキ 2500

DAIWA
レブロス 2500

DAIWA
リバティクラブ 2500

投げ釣り用スピニングリール

DAIWA
ファインサーフ 35

ングや、ボディ内に海水を侵入させ投げ釣り用スピニングリールのエントリーモデル。軽量なローターは巻き始めが軽く、リールの心臓部であるギア部も高強度で精密なものが使われている。

シマノ
アクティブキャスト

ボールベアリングを4つ備え、軽量なアルミスプールを採用しているため上級機種に迫る巻き心地。投げ釣り用リールのエントリーモデルだがドラグもついている。

ワンポイントアドバイス

応用範囲が広いチョイ投げタックル

投げ竿は、硬い竿ほど応用範囲が狭くなる。つまり遠投用の硬い投げ竿は、投げ釣り以外の使い道がほとんどないということ。磯竿などはいろいろな釣り方に応用できるのに比べて、投げ釣りオンリーという本当の専用竿ともいえる。リールもまたしかりで、投げ釣り専用リールは、他の釣りには使いにくい。その点でチョイ投げタックルは、サビキ釣りなどにも対応できるし、ルアー釣りも楽しめるのである。リールだけを見ればウキ釣りにも応用可能である。

03

ターゲットとポイント

チョイ投げ釣りに最適な漁港。小さな港でも堤防周辺にはチョイ投げ釣りに適したポイントがたくさんある。堤防先端は船道を狙える最適な場所である。

堤防で投げ釣りやチョイ投げ釣りを楽しむには、どんな場所がいいのか。また、どんな魚が釣れるのか。

堤防でイチオシのポイントは船道　シロギスやカレイなどターゲットは多彩

投げ釣りは、仕掛けを遠くへ投げて底にいる魚を狙う釣り方である。そのため、一見しただけではどこがポイントか分かりづらい。つまり海底がどうなっているかまではわからない。しかし堤防周りはある程度の知識があれば、大雑把なポイントは把握できるのだ。

例えば、大型船が入港するような港の堤防は、船道がかなり深くなっている。そこに仕掛けを投げれば周囲よりも水深が深いので、いろいろな魚が集まっている。また堤防の外海側では、部分的にそこだけ波が高くなるような場所がある。そこには隠れ根などがあり水深が浅くなっている証しなので、その周辺は根掛りが多くなる。こうした知識を織りまぜながら、投げるポイントを絞っていくとよい。

また海底の状態からポイントを決めることもできる。投げ釣りのポイントは砂地がメインになるが、ターゲットによっては岩礁や、その近くの砂地などを狙うケースもある。砂地を狙う場合は、仕掛けを投入してリールを巻いたときに、重く感じるようなところを重点的に攻めるのが基本だ。そこは潮の影響で海底に起伏が生じ、底が凹凸状になっている。魚の通り道であることが多いのだ。

潮が澄んでいるときに黒っぽく見えるところや、他の場所とは明らかに違う色に見えるところは岩礁帯や海藻帯である。これらの海底は根掛かりが多くなるため、一度仕掛けを投入したら、あまり動かさずにアタリを待つのがセオリー。また黒い岩礁の中央部などに仕掛けを投入するよりも、その切れ目付近に投げたほうがよい。これらは、遠投、チョイ投げに関係なく言えることである。

砂地や砂泥地の海底ではシロギス、カレイ、イシモチ、ハゼ、ヒラメ、メゴチなど。外道にはマゴチ、ホウボウ、シタビラメなども掛かるし、フグやベラなど嬉しくない外道がうるさいこともある。岩礁帯や海藻帯、またそれらの際の砂地などではアイナメ、カサゴ、ソイなどの根魚が多くなり、外道にスズキ、ウミタナゴ、時にはクロダイ、マダイなどの大物がヒットすることもある。

一般的には、砂地や砂泥地を攻めるときは、船道狙いが基本である。ただし船の往来が激しいところでは、置き竿にしておくと仕掛けを船に取られ、竿ごと持っていかれるケースが多いので注意したい。これは船が悪いのではなく、船の航路に仕掛けを投げておく釣り人に責任があるということを忘れてはならない。岩礁帯を攻める場合は、どこに岩礁（隠れ根）があるのか把握しておく必要がある。それを知っていれば、釣れる確率は飛躍的に上昇するはずだ。

ただしこのようなポイントは、仕掛けが岩礁の根の真上や、生い茂る海藻の真ん中に入ってしまうと、魚の回遊コースから外れ、まったくアタリが出ないこともあるので、長時間待たないこと。アタリが少ないようなら、少し投入ポイントをずらしてみたい。

海釣り施設は魚礁などが入れられていることが多い。しかもほとんどが砂に埋もれキレイな起伏を作ってくれる。ぜひとも狙ってみたいポイントだ。

砂浜に点在する海藻帯や隠れ根。それらの周辺は絶好のポイントとなる。砂浜に突き出た堤防があれば最適だ。海岸線から届かないポイントも、ちょっと投げただけで狙うことができる。

ワンポイントアドバイス

竿下で大型カレイ

遠投とチョイ投げでは、どうしても遠投有利と思われがちだが、そうとは限らない。確かに場荒れしていない遠くのポイントのほうがよく釣れるケースもあるが、それは他の人が投げられないほど超遠投であることがほとんど。一般のベテランキャスターがよく投げる80～120ｍ付近は、かえって場荒れして釣れないことが多いのだ。それに対して50ｍ以下の近場は意外な穴場で、投げ釣り師が狙わない竿下で超大型カレイが食ったりするのである。

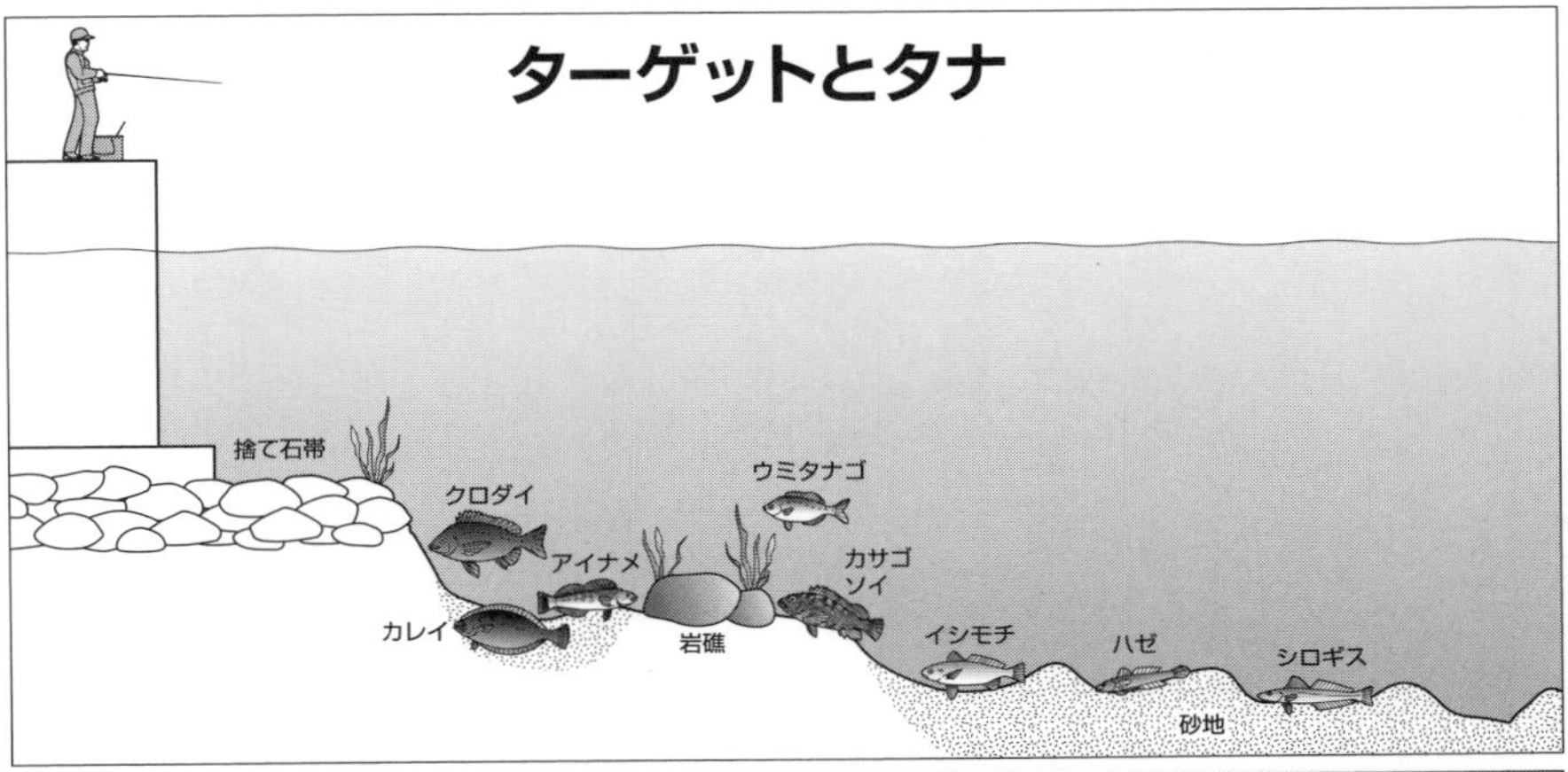

ターゲットとタナ
捨て石帯
クロダイ
ウミタナゴ
アイナメ
カサゴ
ソイ
カレイ
岩礁
イシモチ
ハゼ
シロギス
砂地

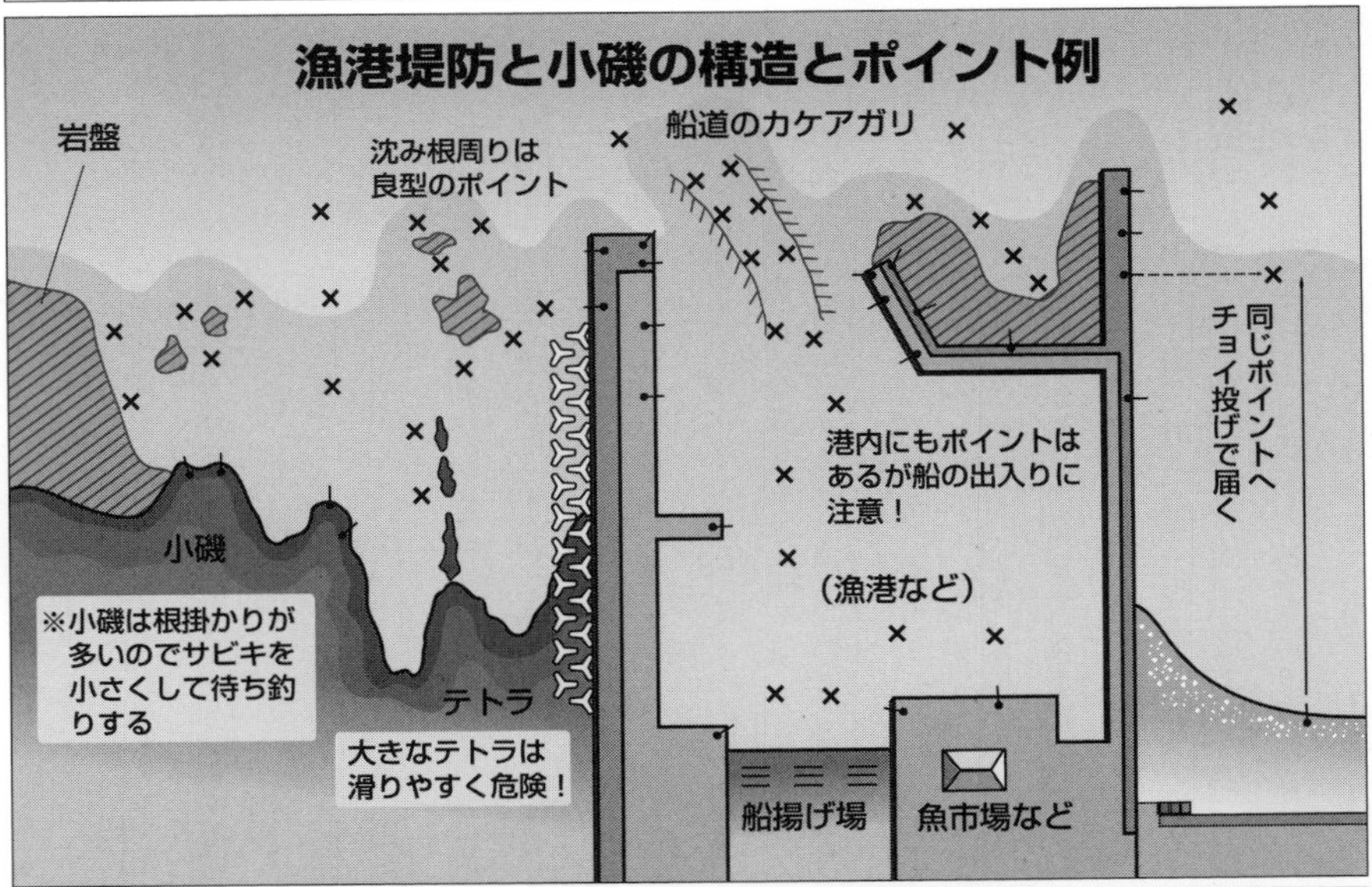

漁港堤防と小磯の構造とポイント例
岩盤
沈み根周りは
良型のポイント
船道のカケアガリ
港内にもポイントは
あるが船の出入りに
注意！
（漁港など）
同じポイントへ
チョイ投げで届く
小磯
※小磯は根掛かりが
多いのでサビキを
小さくして待ち釣
りする
テトラ
大きなテトラは
滑りやすく危険！
船揚げ場
魚市場など

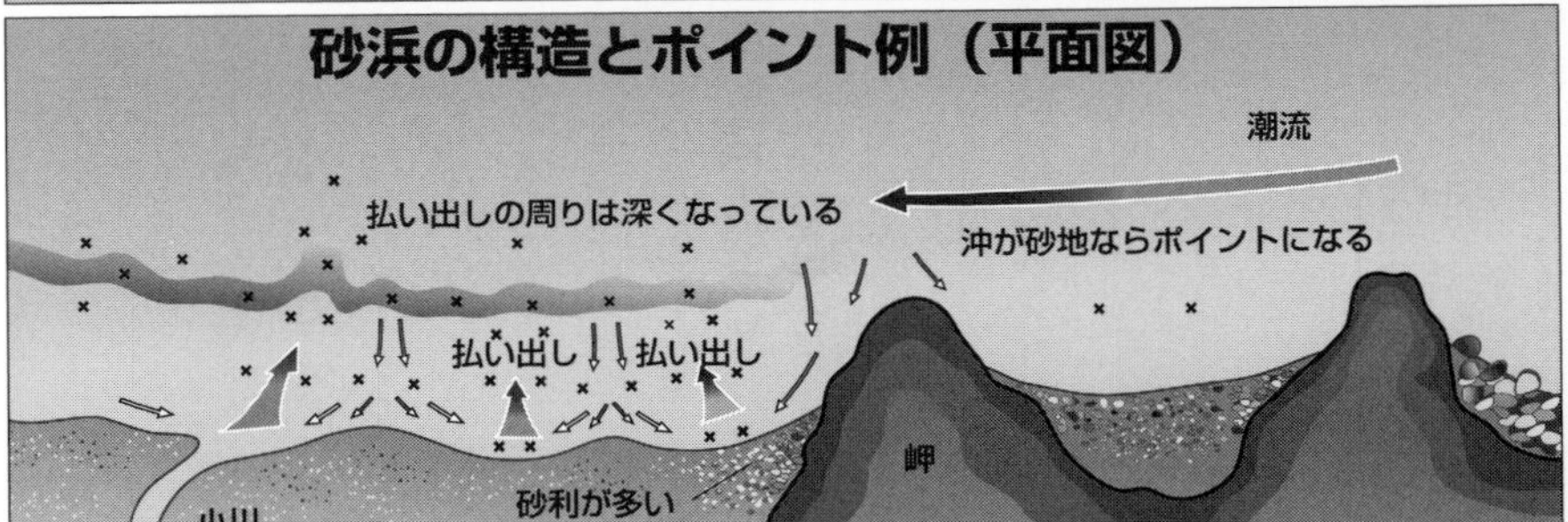

砂浜の構造とポイント例（平面図）
潮流
払い出しの周りは深くなっている
沖が砂地ならポイントになる
払い出し
払い出し
岬
砂利が多い
小川

04

タックルと仕掛けのセッティング

タックルの準備、オモリの付け方、結び方など投げ釣りの仕掛けのセッティングを解説。

投げ釣りは竿にリールをセットして道糸にテンビンを結ぶ。仕掛けは、自作もいいが市販仕掛けを使うのが便利だ。

仕掛けはまずテンビンから オモリを決めて市販仕掛けをセット

現在、投げ竿の主流はアウトガイドであるが、インターライン竿を使う人もいる。インターラインの場合は、釣り場でいちいち道糸を通すのは面倒なので、あらかじめガイドに糸を通してから出かける人もいる。このとき、通した糸の先にオモリをセットして、せっかく通した道糸が戻らないようにしておくとよい。アウトガイド竿は、並継ぎ竿と振り出し竿があり、振り出し竿は竿を伸ばさずに簡単に道糸を通すことができるが、並継ぎ竿は伸ばしてから道糸を通し、仕掛けをセットするのが一般的である。

リールの糸は、基本的に下巻きなどはせず、目いっぱい巻くことが多い。特に遠投するときは、下巻きは不要。投げ釣り専用リールは下巻きすると、投げ専用の道糸が少ししか巻けなくなってしまうからだ。チョイ投げで投げ釣り専用リールを使わないときは、下巻きがあってもよいが、50m前後は投げるため、あまり下巻きを多く巻きすぎないようにしたい。下巻き糸と道糸の接続点は、投入の際に障害物になる。ここまで投げると、この接続点がガイドなどに引っ掛かり、その抵抗で道糸の出が悪くなる。飛距離が影響する投げ釣りでは致命的だ。

仕掛けはテンビンオモリからセットする。海底に根掛かりが多いポイントではジェットテンビンなど、浮き上がりが早いタイプのものがよい。チョイ投げの場合は、片テンビンに8～15号のオモリを使う。遠投では23～30号までがよく使われる。

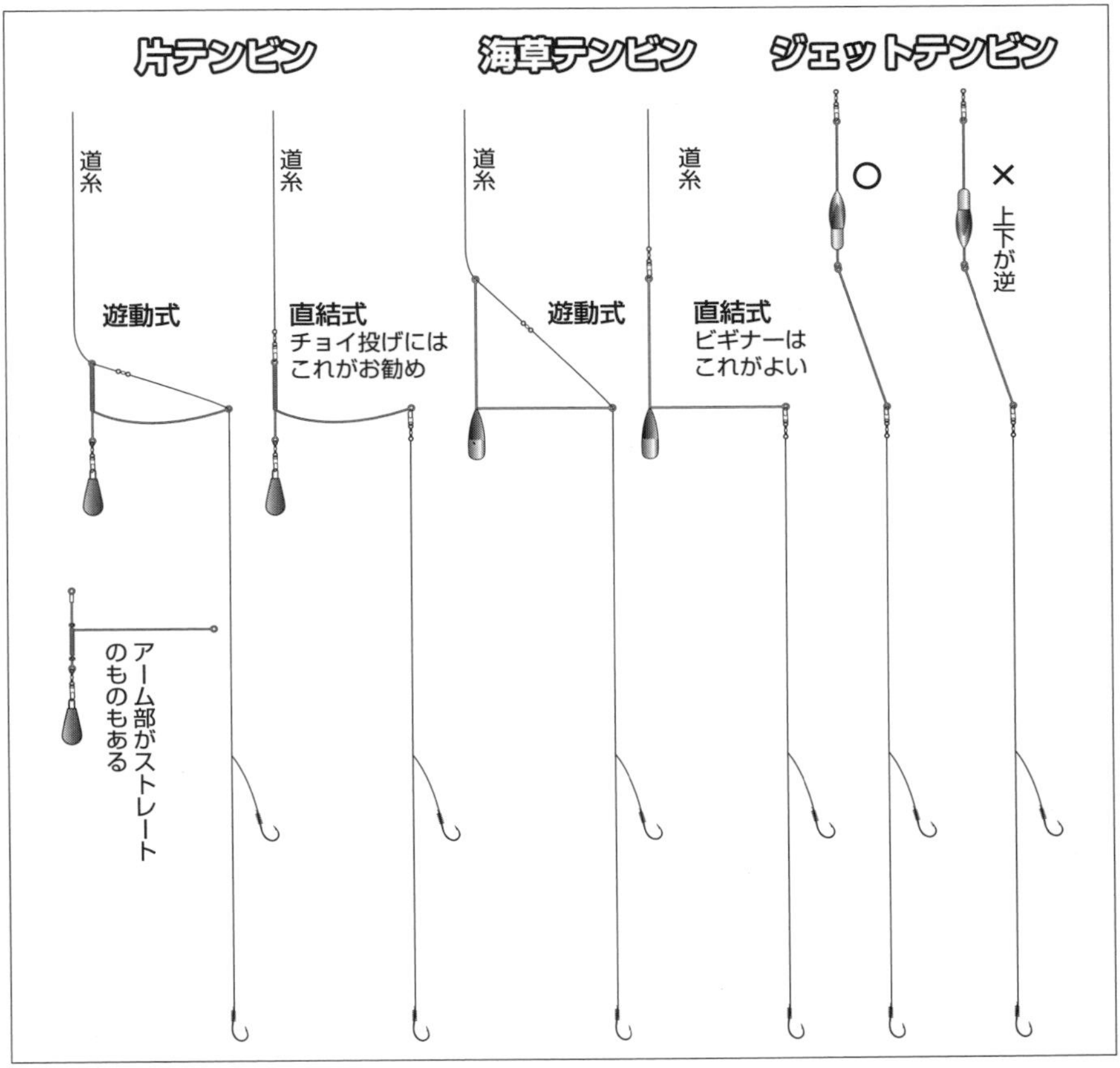

ただし、潮が速いポイントでは、10号前後の軽いものは流されて使えないケースもあるから注意しよう。特に隠れ根などがあるところは、オモリが流されて根掛かってしまうことが多くなる。

テンビンの下には、市販の仕掛けや自作の仕掛けをセットする。市販品は、テンビンにスナップで接続するだけなので簡単だ。またテンビンの上部の穴に仕掛けをセットすれば、遊動仕掛けにもなる。遊動仕掛けはアタリが明確に伝わるが、仕掛けに遊びが発生するため向こう合わせにはなりにくい。初心者には向こうアワセでハリ掛かりしやすい直結式の仕掛けがお勧めである。

市販仕掛けは、様々なタイプがあるが、初心者はついつい大きめのものを購入する傾向がある。しかしターゲットがシロギスなどのときは、小さいハリで細めのハリスを選

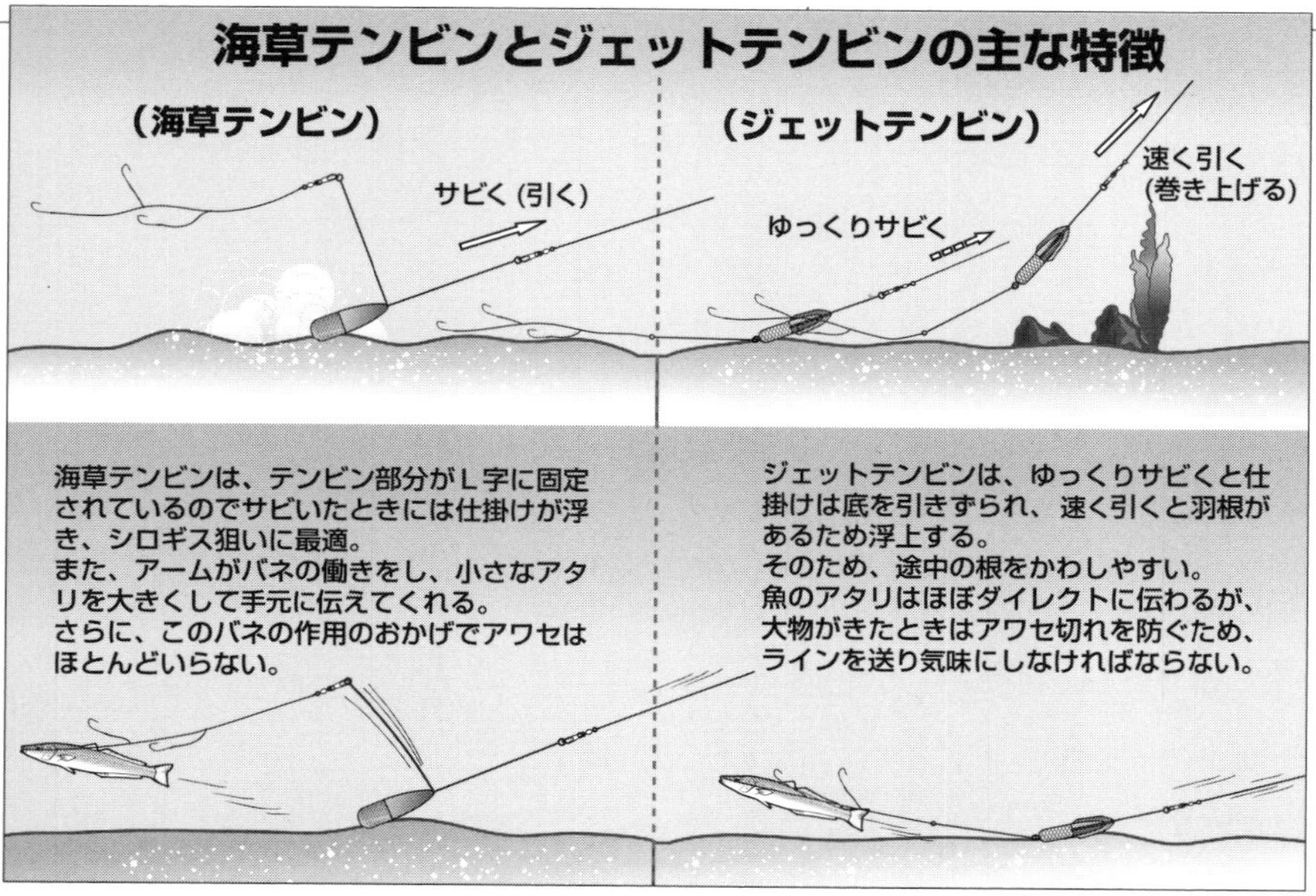

海草テンビンとジェットテンビンの主な特徴
（海草テンビン）
サビく（引く）
（ジェットテンビン）
ゆっくりサビく
速く引く
（巻き上げる）
海草テンビンは、テンビン部分がＬ字に固定されているのでサビいたときには仕掛けが浮き、シロギス狙いに最適。
また、アームがバネの働きをし、小さなアタリを大きくして手元に伝えてくれる。
さらに、このバネの作用のおかげでアワセはほとんどいらない。
ジェットテンビンは、ゆっくりサビくと仕掛けは底を引きずられ、速く引くと羽根があるため浮上する。
そのため、途中の根をかわしやすい。
魚のアタリはほぼダイレクトに伝わるが、大物がきたときはアワセ切れを防ぐため、ラインを送り気味にしなければならない。

左が海草テンビン、右がジェットテンビン。

市販仕掛けは袋から取り出さなくても、先に付いているスナップサルカンを引っ張ればズルズルと引き出される仕組みになっている。

ぶようにする。特にハリの大きさは重要で、ハリが大きすぎると、アタリばかりでハリ掛かりが悪くなる。

仕掛けを自作する場合は、あらかじめ自宅などで作っておく。釣り場で作るのも悪くはないが、ウキ釣りなどに比べると複雑で時間のロスになり、風などが強いときは非常に作りにくい。特にビギナーは、多点バリを使って一度にたくさん釣り上げようと考える人が多いが、これはベテラン向き。慣れないと仕掛け絡みも多発するし、抵抗が大きくなって遠くへ飛ばすことができなくなる。

ワンポイントアドバイス

テンビンの向きは正しく

投げ釣りでよく見られる光景に、ジェットテンビンを逆さまに付けているケースがある。確かに初めてのときは、どちらが頭か分からないのも無理はない。でも間違っている人の仕掛けのセッティングを観察していると、そんなことはまるで考えていないようだ。ただ機械的にセットしているだけ。まずテンビンをセットするときに、オモリが下になるようにするのが正解。逆だとバランスが悪くなり、飛距離も落ちるから注意したい。

投げ釣りに挑戦！

「遠くへ」よりも「正確に」が求められるチョイ投げ釣りのキャスティング。周囲の状況を確認してから投入するのは基本中の基本。

05 キャスティング講座 チョイ投げ

投げ釣りとチョイ投げ釣りでは使うタックルが違うため、仕掛けの投入法も異なる。まずはチョイ投げから……。

チョイ投げのキャストは「もっと遠くへ」ではなく、「より正確に」

チョイ投げ釣りで使う竿は、大半が専用ロッドではなく代用ロッド。そのため仕様がキャストを想定していないため、投げ釣りで使う重いオモリを付けてキャストすると竿が折れるリスクが高くなる。チョイ投げ釣りは遠投の必要がないので8～15号のオモリで十分。この中から代用ロッドの調子に適したものを使う。

チョイ投げ釣りでは遠投をしないため、「より遠くへ」ではなく「攻めたいポイントへ正確に投げ入れる」が基本。これに最も適した投げ方がオーバーヘッドキャストである。リアグリップが短い竿を代用する際は片手で投げるワンハンドキャストが投げやすい。

オーバーヘッドキャストの基本は、脇を閉めて、目標に向かってまっすぐに竿を振ること。つまり腕全体で投げるのではなく、腕を使って竿の自然な曲がりで投げるのだ。そしてオモリは、斜め上45度に向かって投げるようにする。このタイミングは繰り返して覚えるしかないが、上へ飛びすぎてしまうときにはラインを放すタイミングを遅めに、足下に突き刺さってしまう場合は早めにするとよいだろう。

もちろん、リアグリップが短いからといって片手で投げなければならないわけではない。短くてもグリップエンドをもう片方の手で支えてやれば、より力強く竿を振ることができる。

堤防や海釣り施設は、砂浜に比べて釣りをする人の密度が高く、投げるためのスペースが取りづらい。こ

●チョイ投げでの基本的なキャスティング方法

遠くに投げるより、真っすぐ投げることが重要だ！

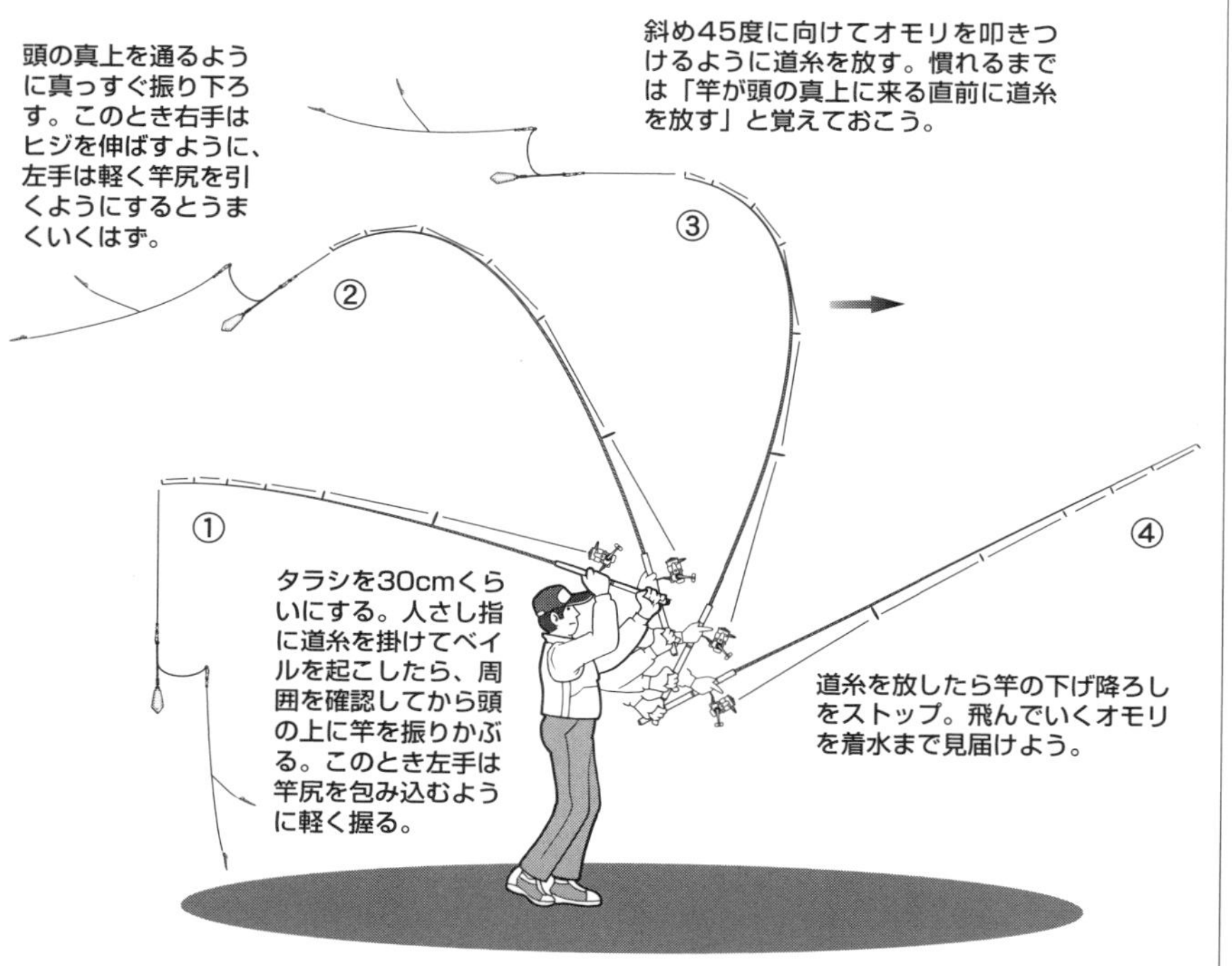
頭の真上を通るように真っすぐ振り下ろす。このとき右手はヒジを伸ばすように、左手は軽く竿尻を引くようにするとうまくいくはず。
斜め45度に向けてオモリを叩きつけるように道糸を放す。慣れるまでは「竿が頭の真上に来る直前に道糸を放す」と覚えておこう。
①
②
③
④
タラシを30cmくらいにする。人さし指に道糸を掛けてベイルを起こしたら、周囲を確認してから頭の上に竿を振りかぶる。このとき左手は竿尻を包み込むように軽く握る。
道糸を放したら竿の下げ降ろしをストップ。飛んでいくオモリを着水まで見届けよう。

基本通りに投げれば、狙ったところへ真っすぐに投げられる。最初はうまくいかないかも知れないが、慣れてくればコントロールも付けられる。

のように限られたスペースで便利なのがアンダーキャストである。

　アンダーキャストとは、その名のとおり下手投げ。正面下方に構えた竿を、バックスイングせずに真下で円を描くように回すことで竿先をうまく曲げ、それを前方へ押し出すようにして開放してやる投げ方だ。

　これには竿先が右下をトレースするように振る方法と、左下を通るように投げる方法とがある。この場合、右利きの人なら前者が順手での投げ、後者が逆手での投げになる。この投げ方で気をつけたいのはラインを放

人混みで竿を振りかざすのは大変危険なため、混雑している釣り場ではフリップキャストがお勧めだ。

すタイミング。早すぎると横方向へ、遅すぎると真上に上がってしまう。

後ろだけじゃなく、左右にもスペースがないときに有効な投げ方がフリップキャスト。これは、タラシをやや短めにして、穂先をうまく操ってキャストする方法だ。

まず正面下方に竿を構え、手首のスナップを使ってオモリを斜め前方に跳ね上げる。そのオモリの重みが竿に十分伝わったところで竿先を下げると、オモリが斜め手前側に引っ張られる。このとき手前に曲がった竿先は、再び前方へ向かおうとする。この力を利用して仕掛けを前方に開放するのだ。実際のキャストは、これらのことを一瞬で行う。そのうえ手首をほとんど動かさないから、かなりの慣れが必要だ。この方法だと竿の左右のスペースはまったく必要なく、上下に30㎝ほどのスペースがあれば十分に仕掛けを投げられる。

狭いスペースでのフリップキャスト

左は空いているけど右側が詰まっているという場合は、道糸を人指し指に掛けてベイルを開いたら、竿を身体の左側に構える。

投入したい方向に視線を向け、ヒジを支点に弧を描くようにして竿を振り出す。

オモリの重みが竿にしっかりと乗ったら道糸を放す。その角度はオーバースローとほぼ同じだ。

竿を水平近くまで下げていったらいったん振りを止め、オモリの描く軌跡を確かめる。

オモリが着水する直前にサミング。道糸の出を止め、着水したら再び道糸を送り込む。

ワンポイントアドバイス

投入の際は後方確認

投げ釣りの場合、大きなオモリを使うので投入の際は必ず後方の確認をしてからキャストすること。週末など混雑している堤防ではいつ人が往来するのか分からない。人にオモリがぶつかると大けがの原因になる。投げ釣りで事故が多いのは仕掛けの投入時である。ハリも凶器になるので、仕掛けの投入には最大限の注意が必要である。

仕掛けを投入したら道糸の出ていく方向に竿先を向ける。風の強い日はスプールから出ていく道糸を右手で若干抑えると飛距離は落ちるが、道糸の膨らみを抑えることができる。

豪快なキャストで沖合のシロギスを狙う本格投げ釣り。チョイ投げ釣りとは異なり専用タックルが必要だ。

06 キャスティング講座 豪快投げ釣り

投げ釣りの醍醐味は遠投して沖目のポイントを探ること。遠投にまず必要なのは基本を身につけること。

飛距離を左右する竿の持ち方とリールの握り方

　野球のバットやテニスのラケットは、握り方や振り方がきちんとしていないと飛距離が伸びず、コントロールも定まらない。投げ釣りの竿とリールにも同じことが言える。基本をおろそかにすると上達は望めない。まず、リールをセットして竿を持ってみよう。右利きなら右手、左利きなら左手に竿を持つ。竿を右手に持ったらリールのハンドルは左側が基本である。

　リールフットは中指と薬指、もしくは薬指と小指にはさんで固定する。投入時はスプールがもっとも前に迫り出した位置でベイルを開いて、ラインを指先に引っ掛けるとラインが抵抗なく放出される。指先に引っ掛けたラインが鋭角になっていると、リリースの瞬間に余計なショックが生じて竿がブレ、飛距離が出せないため、必ず鈍角になる位置でラインを引っ掛けることが大切だ。

　そのため、薬指と小指でリールフットを挟むと人差し指の位置がやや前になり、ラインの角度は自然に鈍角になる。これも飛距離をのばすコツ。ラインは第一関節に引っ掛けるのではなく、指先の中間あたりへ軽く引っ掛けるのが基本である。PEラインの場合は指先に食い込む危険性があるため、フィンガープロテクターを使用することをお勧めする。

リールの脚部を小指と薬指にはさむとリール操作がしやすく、ラインも鈍角になる。

指に道糸を引っ掛けたときのライン角度が鈍角になっていれば理想的。

投入の基本オーバースロー
竿尻の引きつけが反発力を生み出す

キャスティングフォームは竿を振る角度によって、オーバースロー、スリークォータースロー、サイドスロー、アンダースローに分けられる。オーバースローはオーバーヘッドキャストとも呼ばれ、仕掛けを投げる釣りではベーシックな投入スタイル。竿を真後ろへ水平にかまえたときにテンビンが地面に軽く触れる程度にタラシを作り、リールが上向きになるように竿を構える。

竿尻を持った側の足を正面へ向けてもう一方の軸足は60度くらいに開いておく。軸足に体重を乗せ、片方の足をゆっくり半歩踏み出しながら体重を移動させると同時に、リールを握った側の腕を前方へまっすぐ押し出す。竿尻を手前に引きつけると竿に負荷が加わり、タメができて弾力が反発力へと変わっていく。

力糸を指先から離すリリースポイントは60～70度だが、実際には竿の反発力に耐えきれなくなった時点で勝手に離れる。リリースポイントが早いとフライ気味になる。これは指の引っ掛け方が浅すぎるのが主な原因である。逆に遅いとライナー気味になる。この場合は引っ掛けが深すぎるか竿を振る速度が遅く、反発力が十分ではないためである。

オーバースローでキャスティングの基本をマスターしたら、もう少し遠くまで飛ばすフォームにチャレンジしよう。それには、竿の振り幅を長くすればいい。そこでテンビンを地面に置き、竿先が地面にこすれるくらいまで後方へ寝かせてキャストする。テンビンを竿先よりも後ろへ這わせると思ったほど飛距離は出ない。テンビンは竿先の内側へ這わせるように置くのがコツだ。竿の操作自体は同じだが、竿尻は高く掲げられ、竿を水平にかまえたときに比べて竿先の動く距離（振り幅）は長くなる。前方45度の空へオモリをたたきつけるようなイメージで竿を振るのがコツ。

投入後は竿を45度の位置でしっかり止め、ラインがまっすぐに放出される角度を保つ。オモリが飛び出す方向と竿の角度がズレると、ガイド抵抗が大きくなって飛距離は抑えられる。

オモリが放物線を描いて下降しはじめたら、竿の角度は変えずにヒジを戻して後ろへ下がり、着水を確認したらラインの出が止まるのを待ってベイルを戻す。投入するときは波打ち際まで出て行ない、投入後は後方へ退くのがサーフキャスティング

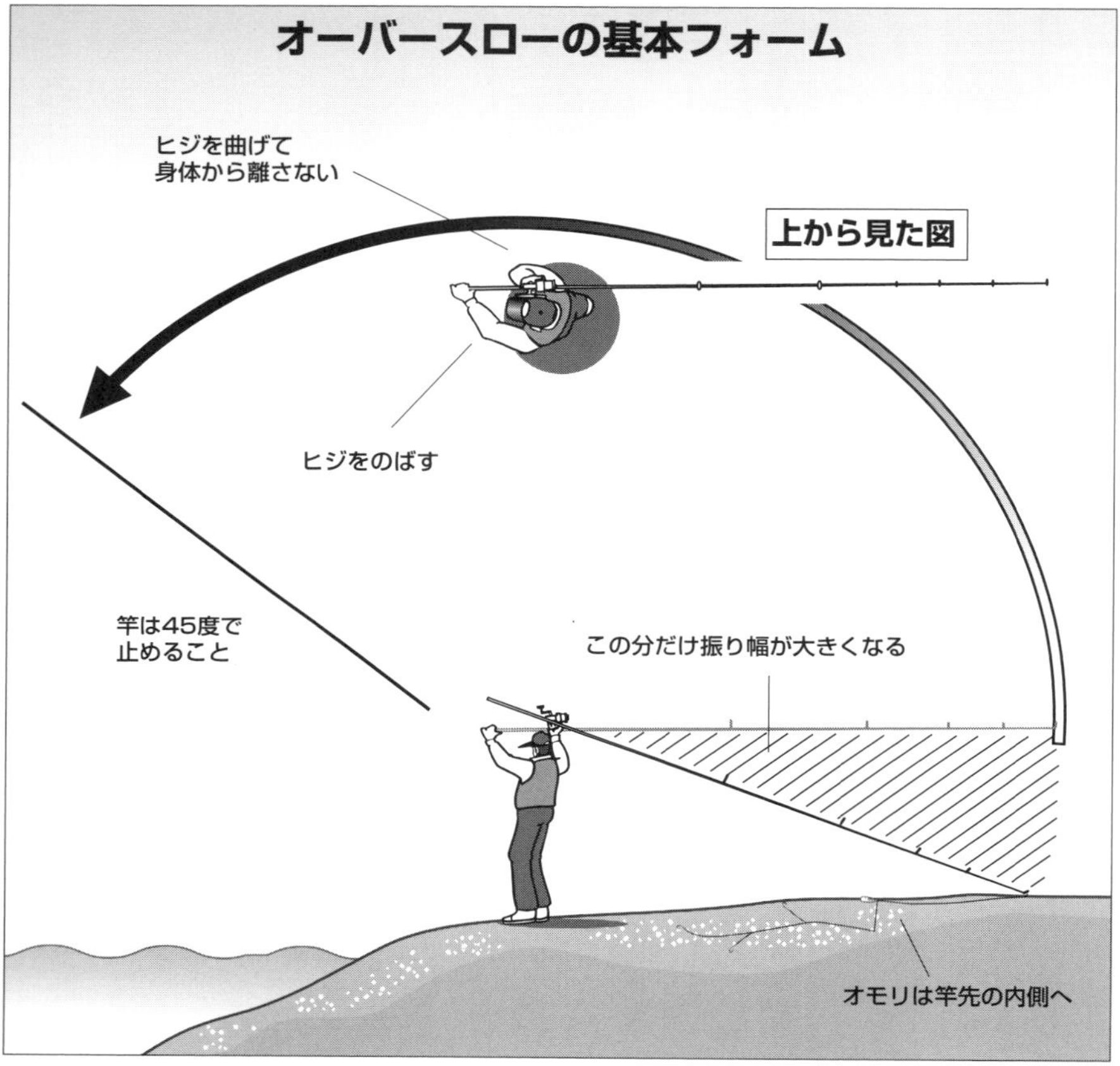
オーバースローの基本フォーム
ヒジを曲げて
身体から離さない
上から見た図
ヒジをのばす
竿は45度で
止めること
この分だけ振り幅が大きくなる
オモリは竿先の内側へ

のマナー。人の後ろから投げるのは危険なので慎もう。

スリークォータースローは斜めに竿を振り下ろす投入フォームだ。オーバースローに比べて竿の振り幅

ここにも注目！

セーフティ投法

純粋にオモリの飛距離を競うスポーツ・キャスティングは、三方にテープが張られたセーフティ・ゾーンから投入することが決められている。テープを切ると失格になるため、オモリを竿先の手前に置いてキャストする方法が生まれた。これがセーフティ投法と呼ばれる投げ方で、竿先の後方へオモリを置いたときよりもはるかに飛距離が出る。これはオモリの遠心力を生かせるためで実際の釣りにも応用されている。

セーフティスタイルのオーバースローの構え。ヒジをのばして竿尻を高く、竿先は地面を擦るくらいまで下げる。

は大きく、仕掛けはより遠くへ飛ぶ。オーバースローより動きは自然で、投入時にムリな力を必要としないのもメリットだ。ただ、真上から振り下ろすオーバースローでは左右へ仕掛けが飛ぶ心配はないが、スリークォータースローはリリースポイントがちょっとズレるとコントロールにばらつきが生じてしまう。

セーフティスタイルのオーバースロー

左足を心持ち高めに上げて上体を大きくそらせてタメを作る。

持ち上げた左足を水平に踏み出しながら両腕を前方へスライドさせる。

上体のひねりを正面へ戻しながら竿を押し上げていく。

水平に踏み出した左足をつま先から下ろして重心を移動させる。

軸足で地面を蹴る力を利用しながら、さらに竿を押し上げる。

重心を左足へ移すと同時に左手を手前へ引きつける。

前方に移動した重心を後ろへ移し、右手の押し出しと左手の引きつけでタメを作る。

ヒジを伸ばして竿を押し出しながら限界に達した反発力を手元から竿先へ抜いていく。

前方45度の空へ向けてオモリを叩きつけるようにパワーを一気に放出する。

竿の角度を保ち飛距離を伸ばす。

よく飛ばす人は仕掛けを投入したあとのフォームが美しい。

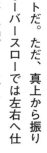

07 シロギスを狙う

堤防のチョイ投げ釣りは海釣りデビューに最適。手軽にできるシロギス釣りのノウハウを紹介する。

小さな魚体からは想像できない力強いアタリと、美しい魚体が魅力のシロギス。天ぷらにして食べると美味しい。

堤防から10ｍ先はすべてポイント リールを巻いたり止めたりして誘いをかける

シロギスは砂地や砂泥地に生息する魚で、海底近くを泳ぎ回っている。そのためシロギス狙いではテトラ周りや捨石周り、岩礁地などは避けたほうがいい。ただし大型は、根の近くの砂地に回ることが多いので、隠れ根際を攻めることもある。こんなポイントは、大きいサイズが釣れるが根掛かりのリスクも大きい。

　堤防から50ｍ以内のポイントでシロギスが釣れるので、チョイ投げ釣りが有効だ。足下から10ｍほど沖までは捨石やケーソンなど堤防の基礎が沈んでいるが、その先は砂地になっているところが多い。この砂地が沖目まで広がっていれば、10ｍ先はすべてシロギスのポイントとなる。

　ここに仕掛けを投入してアタリを待つが、置き竿にして待つだけでは釣果は伸びない。まず仕掛けを投入したら、ゆっくり仕掛けを手前に引いて広範囲を探るのが基本である。このとき仕掛けを引くスピードは、カタツムリが歩くくらいとか、もっと速くとかいろいろ言われる。どのスピードがよいかはそのときの条件によって違うので、一概には言い切れない。速くしたりゆっくりしたり、時には止めて待つなどの工夫も必要。置き竿釣法でもシロギスは釣れるが、仕掛けを引いてくる攻め方に比べると釣果は落ちるのが普通。置きっぱなしにすると、シロギスよりもメゴチやフグが多くなる。

　また仕掛けを引いてくると、オモリが何かに引っ掛かったように重く感じるところがある。これはヨブといって、海底にできた段差であるこ

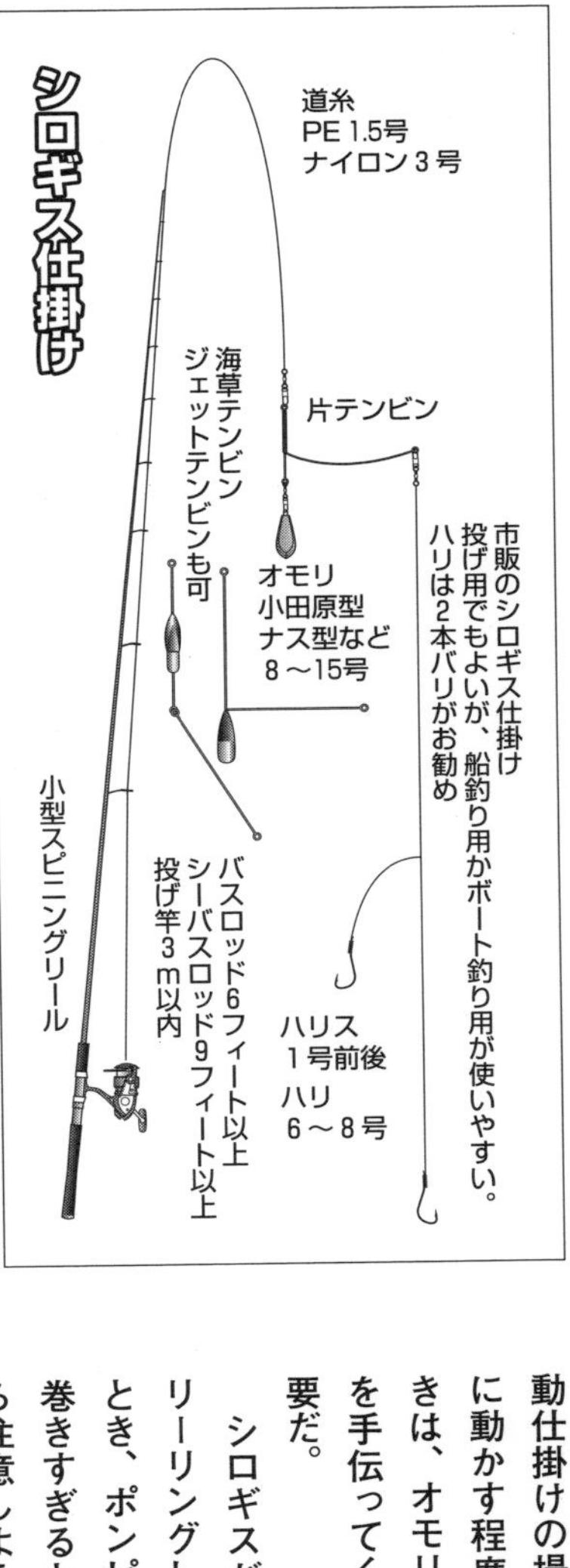

とが多い。シロギスは、このようなアクセントのある場所に沿って回遊してくるので、ここに仕掛けを止めて待つのも有効な方法だ。また、シロギスは小さな群れを作って回遊してくることが多いため、一度釣れたらその位置をよく覚えて、再度同じポイントに投入するとよい。ただし、1ヵ所に何度も投げると場荒れするので、少しずつ移動しながら投げるとより効果的である。

エサはジャリメ、アオイソメ、イワイソメ、スナメなどのイソメ類が使われる。大きいサイズを狙うならアオイソメの1尾付けなど大きめにハリ付けする。しかしシロギスが小型のときは、エサも小さく付けたほうがよく釣れる。アタリはブルッと伝わったり、グーッと竿先を持っていくこともある。魚体の割には大きく鋭いアタリを味わえる。特に20cmを超えるサイズが掛かると、明確にわかるはずである。アタリがあっても、慌てて合わせる必要はない。遊動仕掛けの場合は、軽く竿先を手前に動かす程度で十分。遊動でないときは、オモリの重さが向こう合わせを手伝ってくれるので、合わせは不要だ。

シロギスが掛かったら、ゆっくりリーリングして手前に寄せる。このとき、ポンピングは必要ない。速く巻きすぎるとバラしの原因になるから注意しよう。足下まで寄せたら抜き上げる。玉網は大物の外道でも掛からない限り必要ないだろう。

こんなときが 狙い目

シロギスは高い波や濁り潮、低水温などを嫌う魚である。したがって、海は静かなナギがよく、潮もきれいに澄んでいるときが好条件だ。ただし、終日好条件が続くような日は少ない。1日のうちでも条件のよい時間帯と悪い時間帯がある。そのよい時間帯に集中して攻めれば、おのずと釣果はついてくる。例えば夏場は、早朝が風も弱く潮も澄んでいる。昼頃からは南風が強くなって波立ってくるので潮が濁り、シロギスの食いが悪くなることが多いのだ。

竿先にテンションを感じながら仕掛けをサビいてくる。海底の状態が手元に伝わり、これがシロギスへの誘いになる。

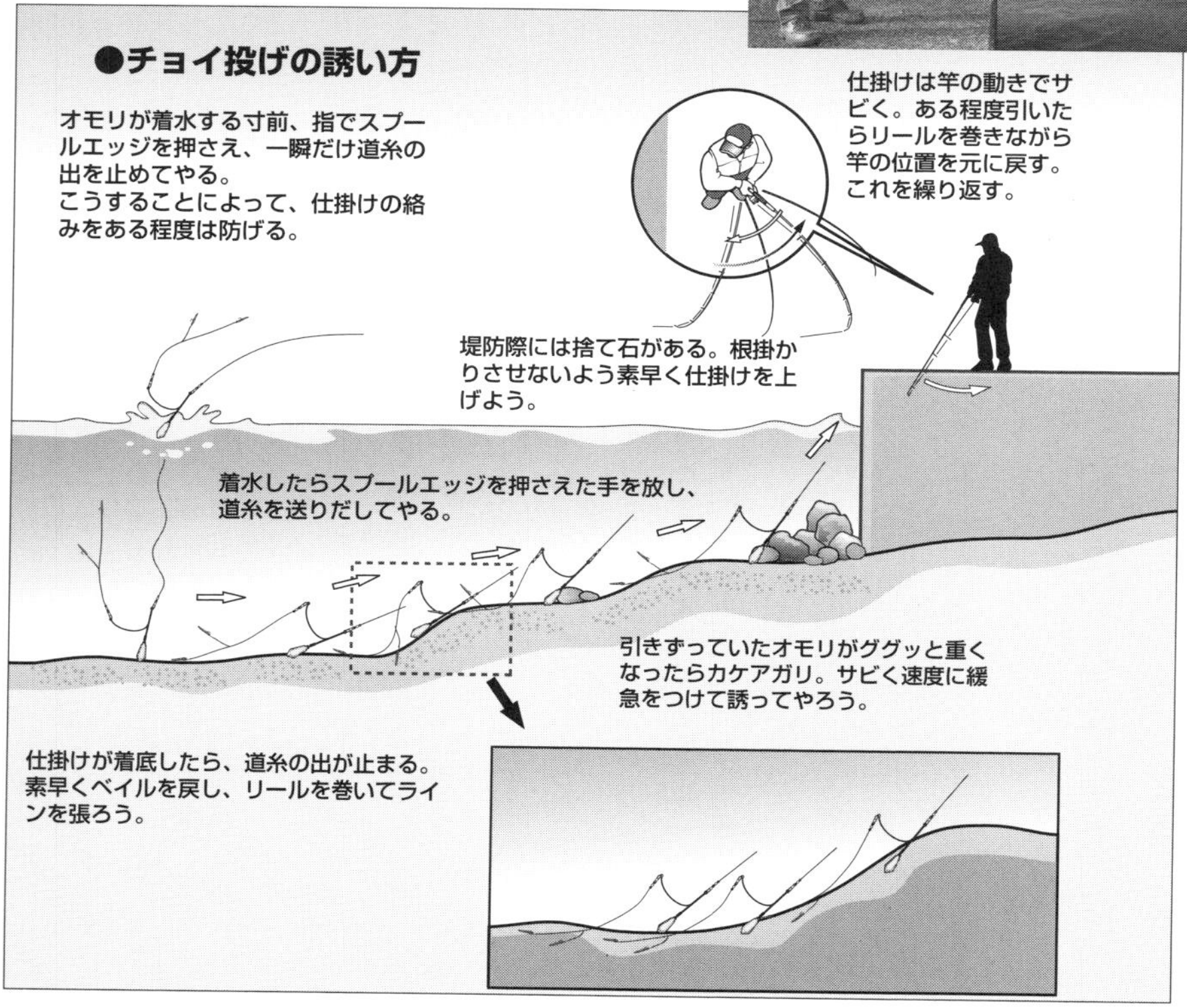

●チョイ投げの誘い方
オモリが着水する寸前、指でスプールエッジを押さえ、一瞬だけ道糸の出を止めてやる。

こうすることによって、仕掛けの絡みをある程度は防げる。

仕掛けは竿の動きでサビく。ある程度引いたらリールを巻きながら竿の位置を元に戻す。これを繰り返す。

堤防際には捨て石がある。根掛かりさせないよう素早く仕掛けを上げよう。

着水したらスプールエッジを押さえた手を放し、道糸を送りだしてやる。

引きずっていたオモリがググッと重くなったらカケアガリ。サビく速度に緩急をつけて誘ってやろう。

仕掛けが着底したら、道糸の出が止まる。素早くベイルを戻し、リールを巻いてラインを張ろう。

チョイ投げ釣りで シロギスが釣れる時期

基本的にシロギスの投げ釣りは、真冬は特定のポイントでしか釣れないものだが、春から秋にかけては広範囲でよく釣れる。チョイ投げ釣りは、海水温が上昇してくる初夏から秋にかけてが盛期で、梅雨期と初秋は最盛期。特に初夏にサイズの大きなものが目立つようになる。秋口は小型が多いが数が釣れ、秋が深まるとともに良型が多くなり、数も少なくなってくる。ただし堤防でも水深の深いポイントは、冬のチョイ投げ釣りを楽しめる場所がある。

釣れないときの CHECK POINT

周りでは釣れているのに自分だけ釣れない。そんな時は、釣れている人のエサの種類、投入距離をチェックしてみよう。悪条件時は、エサによって食いにムラが出ることが多い。また決まった距離付近でしか食わないこともあるので、釣れている人の投入ポイントに合わせてみるのも手だ。このほか、エサが小さすぎると食わないこともあるし、仕掛けを動かさないとダメなとき、逆に動かさずに止めて待つほうがよく食うこともあるので、いろいろな手段を試してみよう。

08 カレイを狙う

カレイは砂浜からではなく堤防からの方が狙いやすい。しかもチョイ投げでも釣れる。

カレイといえば投げ釣りのターゲットだが、砂浜よりも堤防でよく釣れる魚。しかも、チョイ投げで大型が狙える。

様々なポイントに仕掛けを投入 1尾釣れたらそのラインを集中攻撃

カレイは砂地や砂泥地の海底に生息し、シロギスに比べるとあまり泳ぎ回る魚ではない。したがって回遊するというよりも、潮がよくなるとエサを求めて狭い範囲を動き回るという表現が合っている。また、同じ種類のカレイが1ヵ所に集まっていることが多いので、この場所をいかに見つけるかがキーポイントになる。

さらに、カレイは種類が多く、地域や場所によって数種類釣れることがある。東京湾などではマコガレイを主体にイシガレイなどが釣れるが、日本海方面ではムシガレイ（キクガレイ）、マガレイ、ヌマガレイなどもよくヒットする。ほかにも多くの種類があり、今は少なくなったホシガレイなどもターゲットのひとつ。北

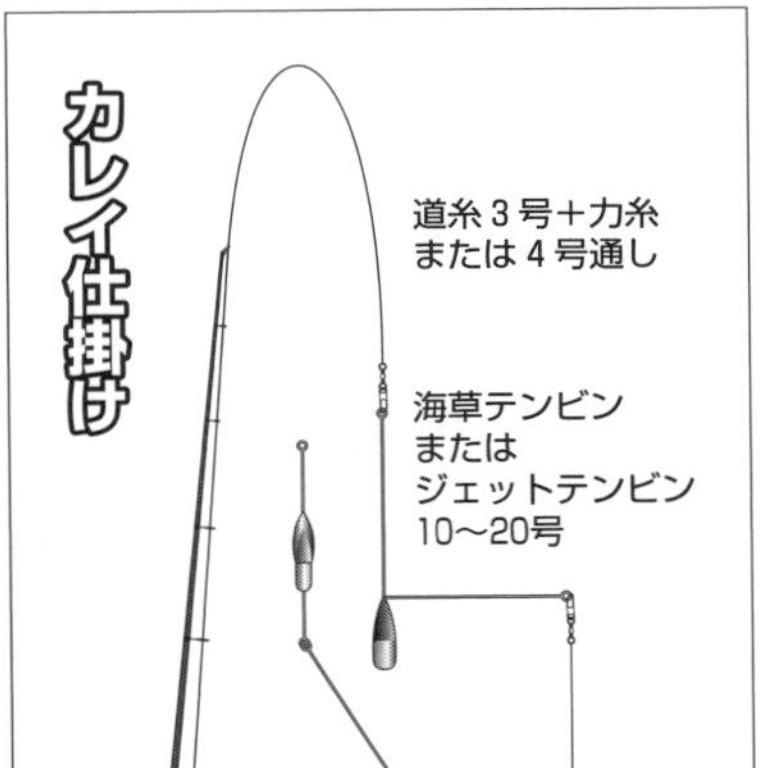

方系の魚なので、北へいくほどよく釣れる傾向がある。

何より砂浜からの投げ釣りよりも堤防からの投げ釣りでよく釣れる魚で、よほど場荒れしていない限り比較的近いポイントで食ってくる。時には捨石帯の先のカケアガリ付近（10〜15m沖）で大型が食ってくるので、チョイ投げ釣りでも十分に狙えるわけである。

カレイは前述したように、1ヵ所に何尾もかたまっていることが多いため、この位置を探り出して重点的に攻めるのがコツ。1尾釣れたら釣れたポイントと同じ距離を中心に攻めると効果的だ。

釣り場が空いているようなら、1人で2〜3本竿を出し、それぞれ違う距離に投入する。1尾釣れたら、他の竿もカレイが釣れた辺りに投入してアタリを待つ。ただし釣り人が多い週末などは、1人1本の竿で攻めるのがマナーである。またポイントが見つかったときは、釣れた距離と同じ場所に仕掛けを投げ込むと、場荒れが早くなり食い渋ってしまう危険性があるため、カレイがいると思われる距離よりも遠くへ投げ、ポイントまで静かに仕掛けを引き寄せるといいだろう。とはいえ、カレイは終日食い続けるタイプの魚ではない。特に潮が動く時間帯やマヅメ時など、条件がそろうと一気に食い出し、潮の動きが止るとアタリがピタッと途絶える傾向がある。そのため、日中などは数時間ほどアタリがなくても、辛抱強くアタリを待つことも肝心だ。

仕掛けを投入したらしばらく置き竿で待ち、ときどきリールを巻いて仕掛けを寄せ食っていないかを確認する。また少し待ってリールを巻く。仕掛けが手前にきたら仕掛けを上げ、エサをチェックして投げ直す。エサはイソメ類がメインである。

アタリは、ブルッときたりグウーッと持っていったり、張っていた道糸が急に緩んだりする。このとき即合わせをする必要はない。そのまま放置しても食い込むことが多いが、合わせるときは、ひと呼吸後にゆっくり竿を立てるだけでよい。魚が掛かったら、慎重にリーリングする。強引な巻き方をするとバラスことがある。そして肝心なのは、大型は必ず玉網で取り込むことである。

こんなときが狙い目

カレイは砂地や泥底にいるので、海が荒れると砂底に潜ってしまったり、深場へ移動してしまうことがある。そのため、海が穏やかな日が狙い目となる。多少荒れている程度なら問題はないが、このような日は浅場よりも深場のほうが有利となる。また意外に潮時にうるさい魚なので、干満の時間などを調べて、潮がよく動く時間帯を把握したうえで釣行するとよい。真冬などは、早朝よりも夕方のマヅメ時に食いが立つことが多くなる。

チョイ投げ釣りで
カレイが釣れる時期

カレイは北方系の魚なので、基本的には寒い時期が盛期となる。しかし地域によってその時期がずれるのが一般的だ。関東以西では晩秋からシーズンに入り、産卵する直前の初冬がベスト。そして産卵後の春までが狙い目である。日本海側は、冬は雪が多いため雪の降る前の初冬と、雪解けが進む春が釣期。場所によっては初夏まで釣れ続く。北海道では春だけでなく、夏場でも狙える。このように地域差があるが、本来は冬の魚である。

釣れないときの CHECK POINT

釣れない原因はいろいろ考えられるが、ポイントをつかみきれていないケースが多い。もし近くに釣れている人がいるなら、その人と同じ距離に仕掛けを投入してみよう。また釣れている人と投入距離は同じでも、釣り座が違えばダメなこともあるので、少しずつ移動して投げてみるのも効果的だ。これでもダメなら、エサと仕掛けのチェックだ。エサの種類で食いが違うことがあるので、できれば数種類のエサを持参したほうがよい。仕掛けも同様である。

カレイ釣りは置き竿が基本で、複数本の竿を出すと効率的。ただし、混雑している釣り場では1人1本。

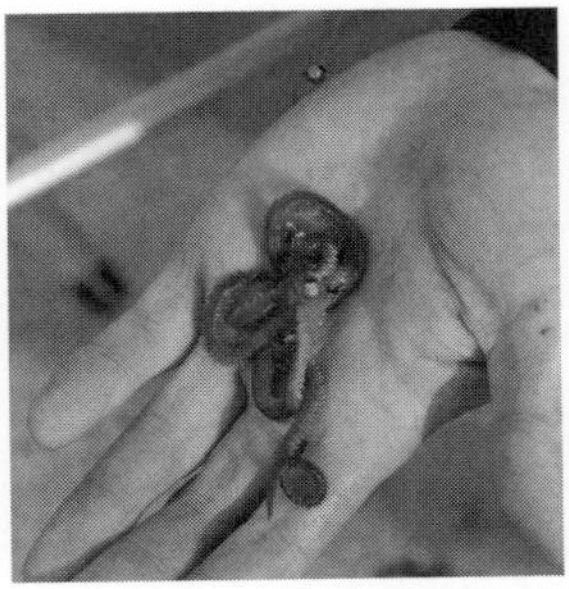

カレイ釣りはイソメをたっぷり付け、ボリュームでアピールする。イワイソメとアオイソメのミックスは効果絶大。置き竿にしていてもときどきエサをチェックしよう。

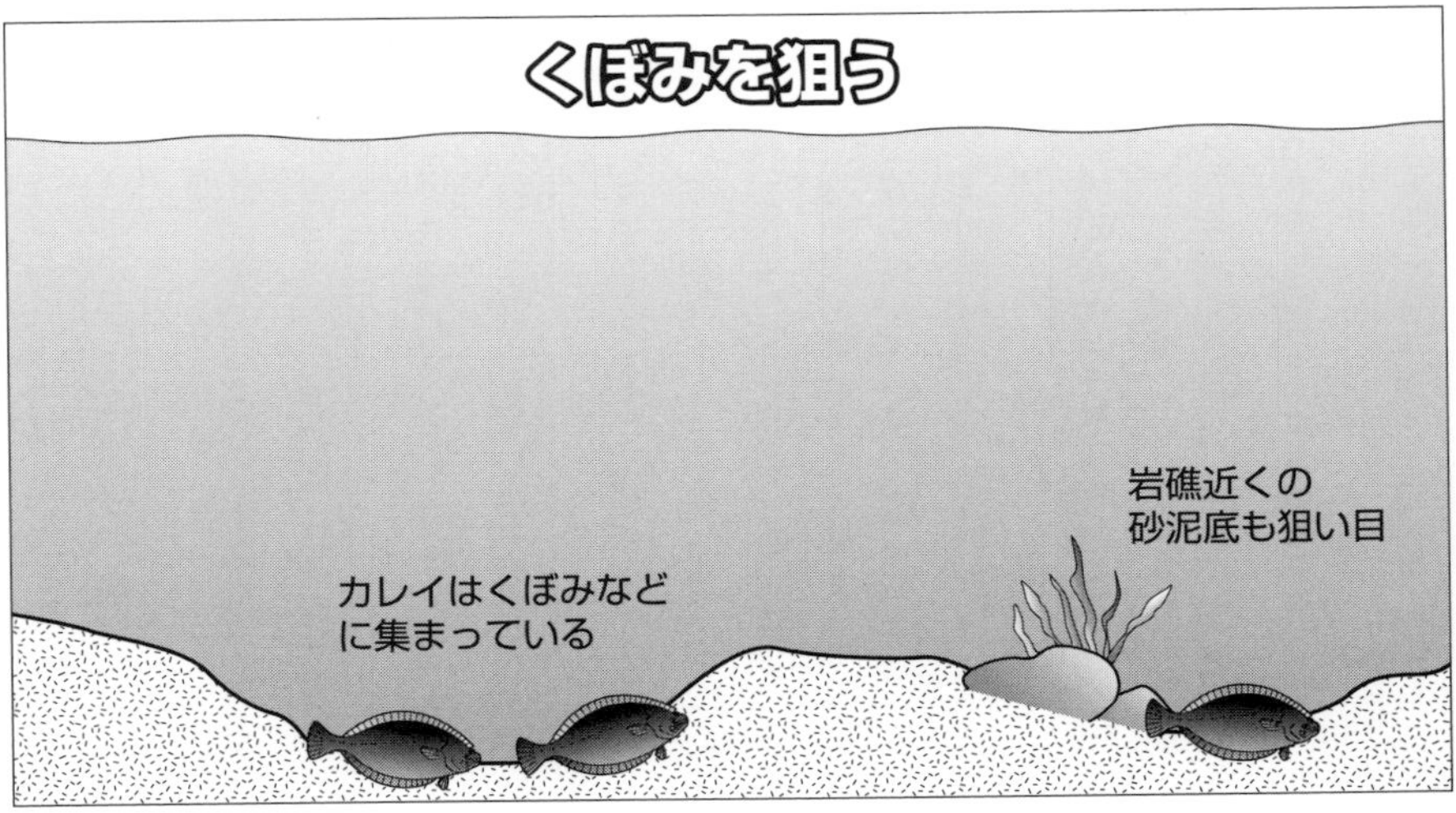
くぼみを狙う
岩礁近くの
砂泥底も狙い目
カレイはくぼみなど
に集まっている

夏場は浅場でウキ釣りやミャク釣りで数釣りが楽しめるが、秋口から初冬にかけてハゼは深場に移動する。この時がチョイ投げ釣りのベストシーズン。

09

ハゼを狙う

手軽さと明確なアタリ。ハゼの行動パターンを把握して、チョイ投げでハゼを攻略するノウハウを解説。

チョイ投げのベストシーズンは秋口 有力なポイントは港の船道

ハゼ（マハゼ）は1年魚である。まれに2年生きる個体もあるが、ほとんどは1年で生涯を終える。ひと潮ごとに個体が大きくなるので、あっという間に成長する感じだ。

ハゼは湾奥や汽水域、河川の河口近くで成長する。そのためシーズン初期は、このような水深の浅いところに群れている。これらの釣り場ではポイントが近いため、チョイ投げ釣りですら、投げすぎということになりかねない。つまり竿下や足下がポイントになるため、場所によっては投げ釣りでは釣りにくいということだ。しかし、チョイ投げは、仕掛けを竿下に入れることもできるし、下げ潮時など、ハゼが少しだけ沖にいるときには効果的である。このためシーズン初期の小型は浅場がポイントになるので、水深の深い堤防では釣果を期待できない。

ハゼは徐々に成長し大きくなってくると水深の深いポイントへと移動していく。このときがチョイ投げ釣りのベストシーズンである。シーズン初期のハゼは、5～12㎝程度の小型が主体。これを狙う場合は、あまり遠くへ投げないこと。堤防や岸壁周りで、潮が引くと砂地の海底が顔を出すくらいの浅場に群れていることが多い。このようなポイントでは投げても20m以内、満潮時は10m以内の近場のほうがよく釣れる。15～20㎝と大きく成長したハゼはさらに深場へと移動していく。このときがチョイ投げの本領発揮で、沖目へ仕掛けを投げて狙う。堤防の船道などは最も有望なポイントである。

竿下の小型狙いでは、仕掛けを入れればすぐに食いついてくる。ブルブルッとアタリがあったら竿を立てて合わせるだけ。干潮時などは、多少沖へ魚が出るので、軽く投げてもいい。仕掛けが底に着いたらすぐに道糸を張り、アタリを取る態勢に入る。アタリがあれば、すぐに合わせてかまわない。

ハゼが成長して竿下では食わなくなると、沖目狙いがメインになる。どの距離がよいかは場所によって違うので一概には言えないが、堤防からは50m以内であることが多い。このときは、仕掛けを入れたら少し待ち、アタリがなければ手前へと少しずつリールを巻いて仕掛けを手前に引いてくる。アタリは、ほとんどがブルブルッと竿先に明確に出るのでビギナーでもすぐ分かる。しかし意外にエサ取りが上手な魚なので、置き竿にするとエサだけ取られてしまうこともある。竿は必ず手にもって釣りをすることである。

魚が掛かったら、リールを巻いて一気に抜き上げる。基本的に小さい魚なので玉網などは必要ないが、外道のセイゴやフッコ、カレイなどが釣れる釣り場では、念のため用意しておいたほうが無難である。エサはアオイソメ、キジ（ミミズ）、ジャリメ、ゴカイなどを使用する。キジは汽水域で効果的なエサで、価格も安い。アオイソメは大きいエサなので、釣れるハゼのサイズに合わせて、短めに切ってハリ付けする。

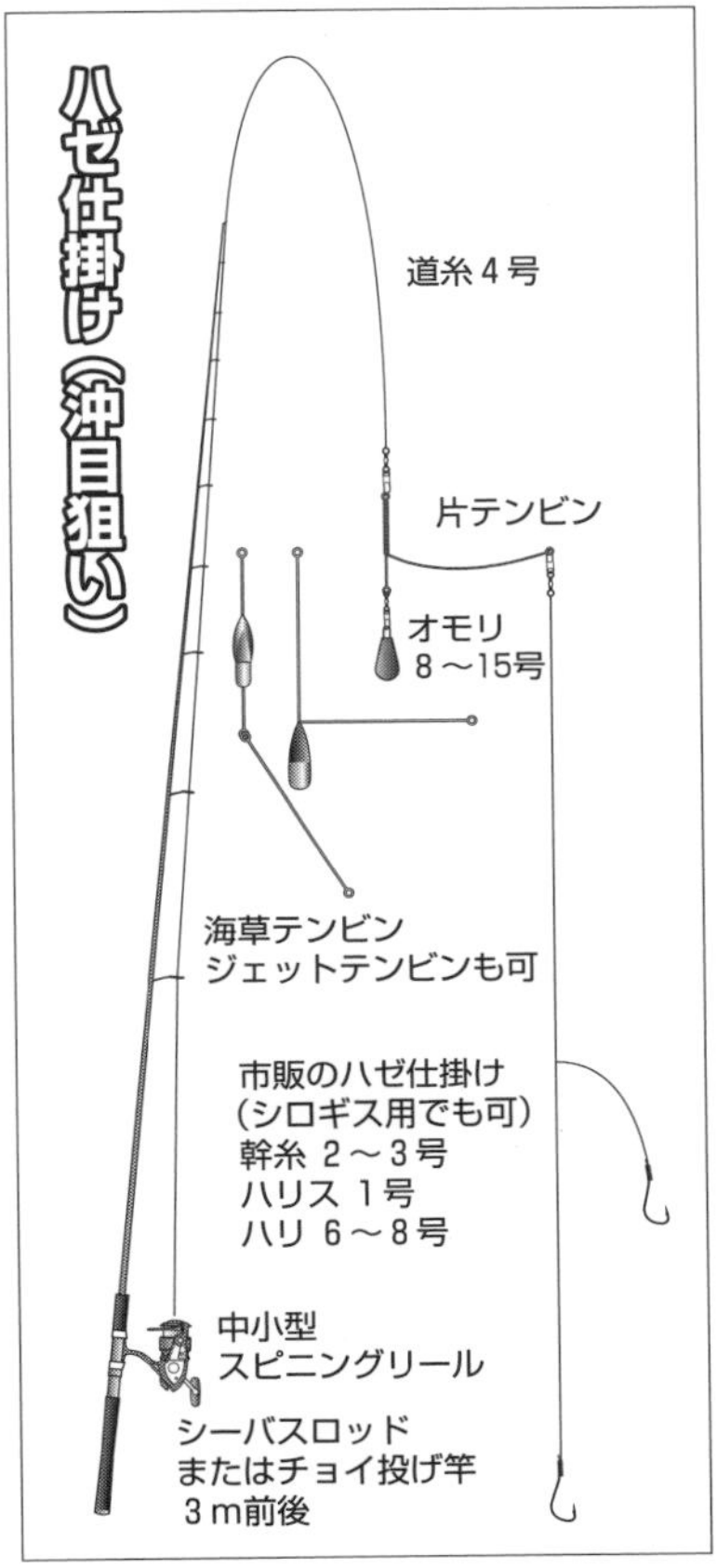

こんなときが狙い目

シーズン初期は、ごく浅い砂底に群れているので、海が荒れているときは不利。穏やかで潮が澄んでいるときが狙い目である。また汽水域や河川の河口などでは、雨後の濁り潮のときも一時的に食いが悪くなるので注意したい。シーズン中期から後期は、水深の深いポイントが中心になるため、多少の波なら問題ない。だが底荒れするようだと期待はできない。また潮時は釣り場によって違うが、一般的には上げ潮になると活性が高くなる魚である。

釣れないときの CHECK POINT

ハゼはどんどんエサを食う活発な魚であるが、意外に神経質な部分もある。古いエサで何尾も釣ろうとすると、すぐにアタリが遠くなる。つまり新鮮なエサを使わないと、確実に釣果が落ちるということである。1尾釣れたらそのまま使えそうでもエサを交換するのが基本である。1尾のエサで数尾のハゼを釣ることは可能だが、新しいエサに付け替えることで、より多くのアタリを楽しむことができる。

深場と言っても港内や運河の深みや船道などがポイントで、チョイ投げ釣りの射程内で落ちハゼを釣ることができる。

チョイ投げ釣りで ハゼが釣れる時期

ハゼは一般的に5月頃にデキの小型が姿を見せ始める。サイズは5cmほどである。これが6～7月にかけて最大12cmほどまで成長するが、この時期はノベ竿などを使った釣りが有利。チョイ投げ釣りでは9月以降がベストシーズンになる。10月頃にはサイズも大きくなり、11月にかけて深場へと落ちていく。そして12月には20cm級の大型が釣れるようになるが、数は少なくなる。年が明けるとさらに数は少なくなるが、2月頃まで狙うことができる。

初秋から冬場にかけては20cmほどに成長した落ちハゼを数釣ることもできる。20cmを超えるハゼは引きも抜群だ。

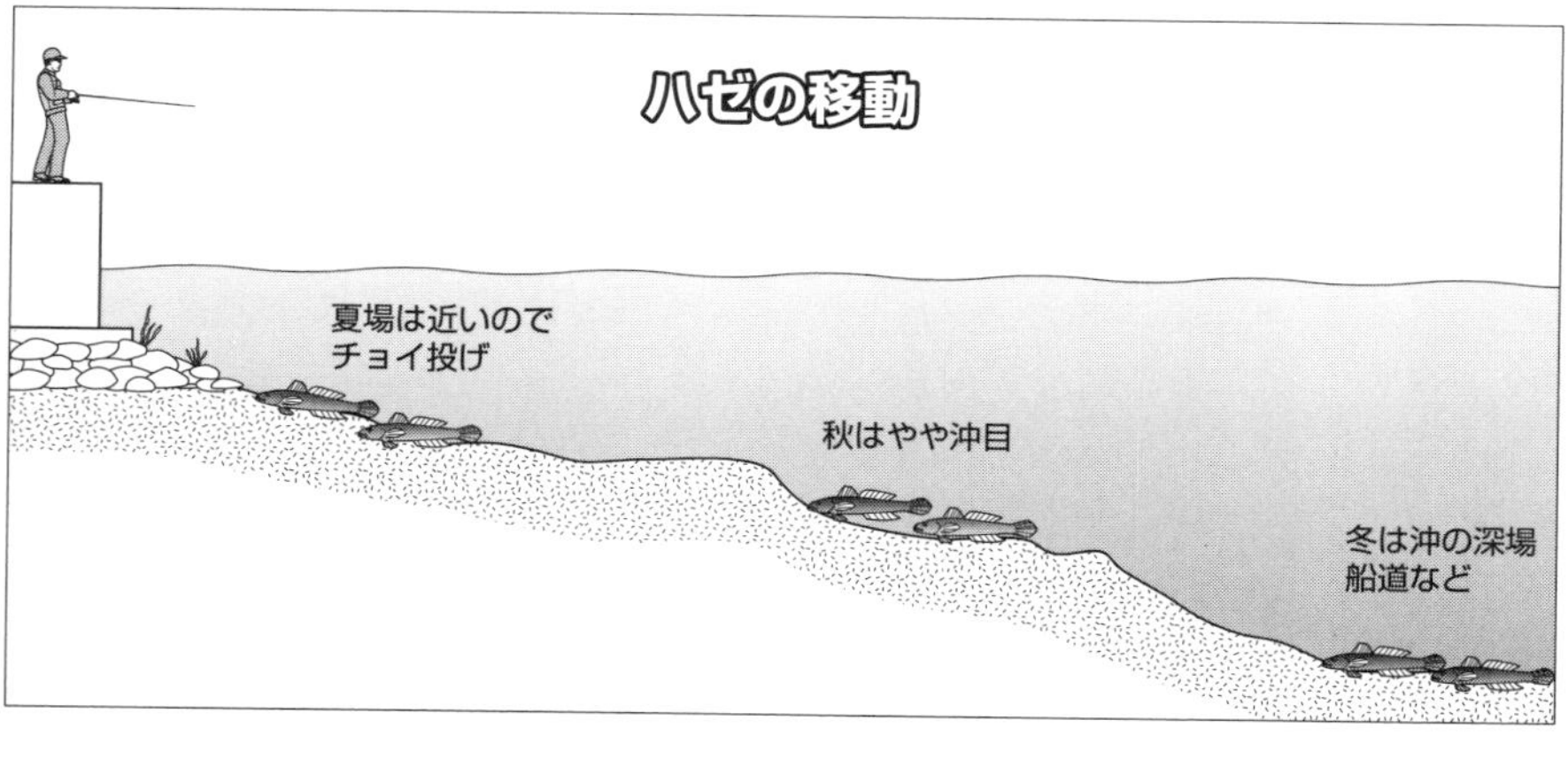

第5章

ルアー釣りに挑戦！

基礎知識と釣り方の基本を解説

ルアー釣りとは、疑似エサをエサに見立てて魚を掛けていく釣り。「魚をだます」と言えば人聞きが悪いが、エサやコマセを使わない代わりに釣り人側が知恵を絞る必要がある。そうしたゲーム性の高さに加えて、タックルとルアーだけあれば、いつでもどこでも竿を出せる手軽さも人気の秘密。スズキをはじめメバルやカサゴ、回遊魚など魚食性の「フィシュイーター」がルアー釣りのターゲットとなる。

CONTENTS

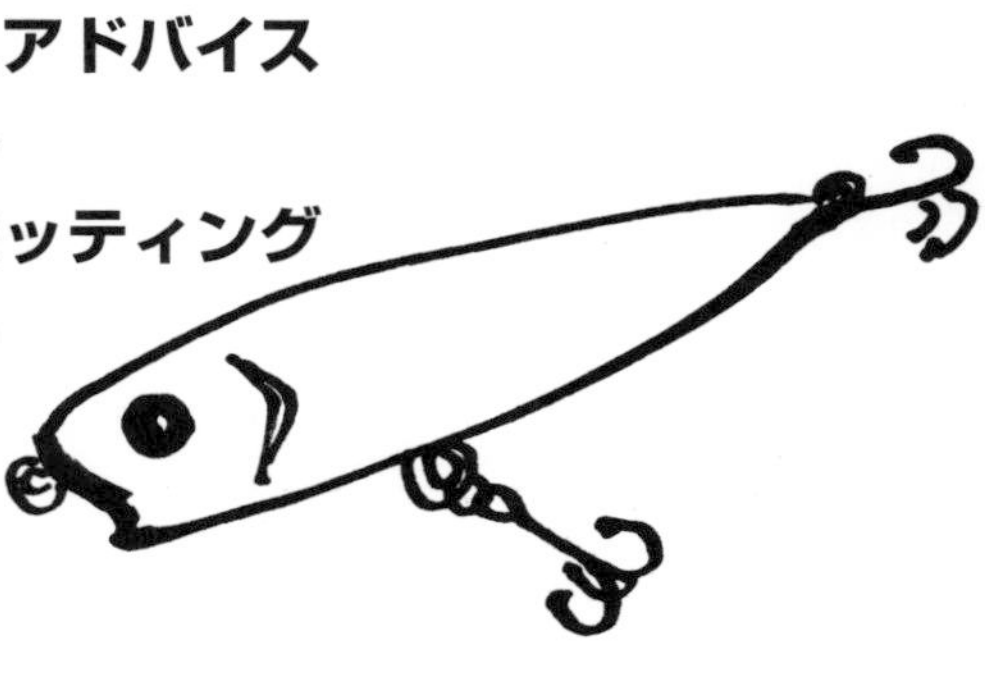

魚のいるポイントを絞り、ルアーを使い分け、ルアーアクションで食わせる。ルアー釣りは頭脳的な釣りだ。

01

ルアー釣りはこんな釣り

「エサはいらない」「コマセもいらない」。竿とリール、それにエサに替わるルアーがあれば大物が釣れる。

ハードルアーで沖目の大物 ソフトルアーで堤防周りの人気ターゲットを狙う

堤防からのルアー釣りの人気は高まる一方である。以前のルアー釣りといえば、スズキ（シーバス）などを狙うミノー（小魚に似せたルアー）を使った釣りが中心であったが、現在ではそのほかに、ワームなどのソフトルアーを使った釣りも盛んだ。どちらも非常に手軽でタックルも少なく、コマセや付けエサで手が汚れるようなこともないため、ビギナーはもちろん、女性や子どもにもお勧めである。

ミノーやジグなど小魚に似せたルアーを投入し、リールを巻いて魚が泳いでいるように見せることを繰り返し、小魚をエサにする大型の魚を釣るというのがルアー釣り。かなり体力が必要で、投げた回数が多ければ多いほど、ヒットする確率が高くなる。それに対してソフトルアーは、投げて巻くという基本は同じだが、ルアーを底に付けて待つ釣り方もあり、比較的のんびりした攻め方もできる。つまりミノーはいかに小魚に似せることができるかが勝負となる。これに対してソフトルアーは、エサ釣りと同じような攻め方ができる釣りといえる。

ミノーやジグを使ったルアー釣りは、ターゲットの種類によってルアーを使い分け、ルアーを引く速度に変化をつけて攻めるのが一般的だ。イワシなどの小魚の群れが堤防周りに回遊してくると、これを追いかけて様々な大物が集まってくる可能性があるので、サビキ釣りなどに出かけるときはルアータックルを用意しておくと、思わぬお土産をゲットできることもある。ソフトルアーは、回遊魚も狙えるが、堤防の岩礁や隠れ根、捨石、テトラ周りなどに居着いている魚を狙うのに適している。そのため、回遊魚が回ってこなくても釣りを楽しむことができる。

　タックルは、どちらも専用の竿が発売されているので、自分の狙いに合わせて購入するとよい。大物も含めたミノーなどを使う回遊魚狙いでは、シーバスロッドが一般的。ソフトルアーは専用ロッドか淡水のバスロッド、トラウトロッドでも代用できる。リールは中小型のスピニングリールか小型両軸リールを使用する。どちらもギヤ比が高くドラグ性能に優れたものが必要だ。

　仕掛けは至ってシンプルで、道糸にルアーをセットするだけ。細い道糸を使うときには、ダブルラインなども必要になるが、ほとんどの場合はいらない。ビギナーがプロと同じような細いラインを使っても、ラインブレイクすることが多くなるので、基本的な仕掛けから入門するようにしたい。

　ルアーにはいろいろな種類があり、ミノーやジグ、ソフトルアー以外にもたくさんある。しかし、それらをすべて揃える必要はない。まずは自分の狙う魚に合わせたルアー選びから始めたい。スズキなどを狙うなら、ミノープラグが主体。9～14cmほどのフローティングタイプ（水に浮く）やシンキングタイプ（水に沈む）、バイブレーションタイプなどを揃える。ソフトルアーでは、ワームやグラブが中心になる。

基本はキャストとリトリーブ（ルアーを引いてくる）。これにターゲットとなる魚と海の状況に合わせてアクションを加える。

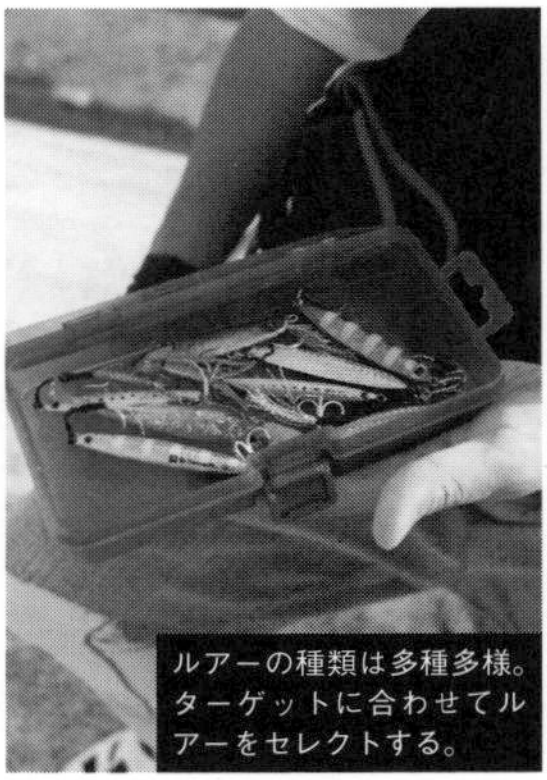

ルアーの種類は多種多様。ターゲットに合わせてルアーをセレクトする。

ここにも注目！

キャストの際は周囲への配慮を

　ルアー釣りも投げ釣り同様、ルアーを遠投する釣りである。ソフトルアーは別としてもメタルジグなどはその名の通り金属製のルアーで、人にあたると大怪我の原因になりかねない。堤防周りに大型の回遊魚が回ってくると大勢の釣り人が押し寄せ、混雑した状況でキャストすることになる。キャストの際はもちろんのこと、ヤリトリの最中にハリが外れるとルアーが跳ね返ってくることもあるので充分な注意が必要である。

昨今はターゲットに合わせた専用ロッドが充実。リールは中小型のスピニングリールを使うのが一般的。

02 タックル購入の目安とアドバイス

竿とリールがあればすぐに始められるルアー釣り。堤防で楽しむための道具立てから購入のヒントを紹介。

ロッドはターゲットに合わせてリールは中小型のスピニングリール

スズキや青物（イナダ、カンパチ、ソウダガツオなど）を狙う場合は、7～15フィートのシーバスロッドを使用する。ごく普通の堤防周りでは9フィート（2・7m）前後のものが使いやすいが、堤防の周りにテトラなどの障害物があるところでは、長めの竿が有利である。ただし長い竿は、それだけキャストが大変なので女性や子供にはお勧めできない。

また、並継ぎタイプと振り出しタイプがあるが、どちらかは好み。ただし、次々と釣り場を渡り歩くランアンドガンタイプの人は、仕掛けをそのままセットしておける振り出しタイプのほうがよいだろう。価格は1万円台から10万円近い高価なものまでいろいろあるが、しっかりしたメーカーのものなら、安価なものでも十分だ。

リールは、中小型のスピニングリール。3号以下の道糸を使うときは、小型スピニングリールでよいが、4号以上を使うときは中型がお勧め。リールの型番号でいうなら、2500番から3500番といったところである。どちらも、ドラグ性能の優れたものが必要だ。スズキなどは堤防周りでも、70～80㎝を超える大型がヒットすることがあるので、ドラグの滑りが悪いと一発でラインブレイクしてしまう危険性がある。

小型の両軸リールを使う人もいる。これもギヤ比の高いものがよくドラグ性能も重要だ。ただしスピニングリールに比べるとベテラン向きで、ここではあまりお勧めしない。

価格は1万円以下のものから8万

DAIWA　リバティクラブ シーバス

ソルトのルアーフィッシングに必要な機能はすべて盛り込まれた入門ロッド。長さや調子の異なる７モデルがラインナップ。

シマノ　ソルティーアドバンス

ショアジギングからアオリイカ、シーバス、ヒラメ、ロックフィッシュなどターゲットごとの設計が施されたモデルで、ソルトルアー入門にぴったり。

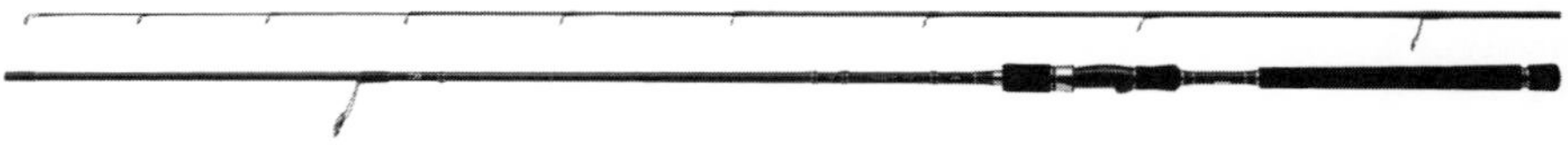

DAIWA　ジグキャスターライト MX

40g までのジグを堤防から投げるために専用設計されたロッド。一日投げても疲れない軽量設計で、ライトショアジギングから根魚釣りまで対応できる。

シマノ
ナスキ 2500

DAIWA
レブロス 2500

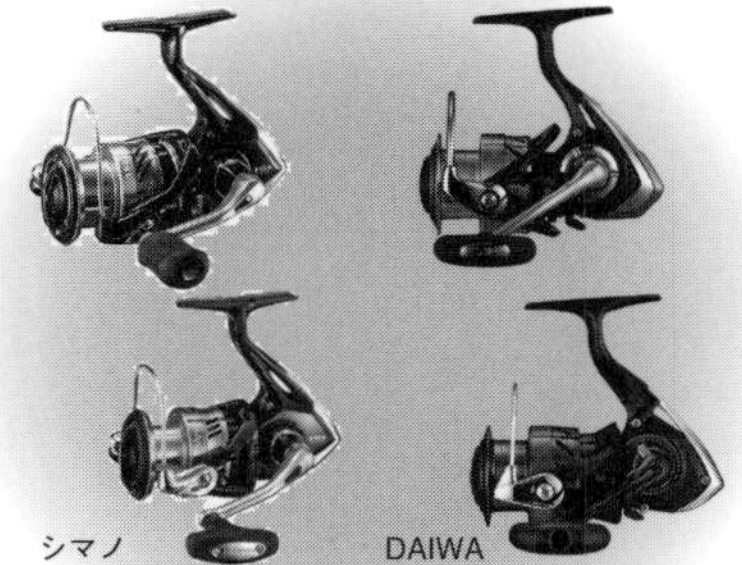

シマノ
サハラ C3000HG

DAIWA
リバティクラブ 2500

サビキ釣りやチョイ投げのタックル案内でも紹介した４機種のスピニングリール。リーズナブルながら性能は抜群。ルアー釣りデビューに最適なアイテム。

DAIWA　ルビアス

軽量ローター、上位機種と同等のドラグ機構、磁性液体を用いた内部防水機能など、高い性能を持ち１台でほとんどの釣りに対応できるスタンダードモデル。

シマノ　スフェロス SW

ボディ内部は IPX8 相当の防水性能を誇り、海水の侵入によるトラブルを防いでくれる。巻き上げの負荷がかかるギヤやボディ各所を強化してあり、耐久性があるのも嬉しい。

円ほどするものまで様々だが、2〜3万円台のものから入門するとよいだろう。リールは精密機械なので、メーカー名の分からないものには手を出さないことである。

ソフトルアー用のロッドは、メバル用として発売されているものが多いので、これを使うとよい。長さは7

ワンポイント
アドバイス

夜釣りでは大物に備え ワンランク強いタックルで

小型狙いならバスロッドやトラウトロッドなどでも十分に対応できる。つまり応用範囲が広いということだ。しかし、スズキや青物などの大物が掛かったときに、トラウトロッドではバラす確率が高くなる。メバル狙いで夜釣りをしていると、かなりの確率でスズキが食ってくる。50〜60cm 程度なら問題ないが、70〜80cm クラスがヒットすると太刀打ちできない。そのため夜釣りの際は、ワンランク強いタックルで臨みたい。

フィート（2・1m）前後で、これも並継ぎと振り出しに分かれているので、好みで選ぶ。価格は1〜5万円台で、最初は高価なものは必要ないだろう。

リールは小型スピニングリールで、中型以上はロッドとのバランスが悪くなる。型番でいうと2000〜2500番くらいがよく、価格は1〜2万円ほど。これもドラグ性能のよいものを選びたい。

ルアーは、ミノープラグやバイブレーションなど1個1000円前後するものが多いが、中には手作りで非常に高価なものもある。しかしルアーは基本的に消耗品であるから、あまり高価なものはお勧めしない。なぜならば、高価なルアーは、根掛かりなどを恐れるあまり釣りが臆病になる傾向があるからだ。これでは大胆に攻められないので、釣れる魚も釣れなくなる。

最初に揃えておきたいのは、浅い層を泳ぐタイプ、中層を泳ぐタイプ、深い層を泳ぐタイプの3つだ。水面に浮くトップウオーターなどでもヒットするが、他のルアーに比べると、ヒット率は悪くなる。ソフトルアーは、ワームとグラブがメインになる。

メタルジグ
メタルジグは鉛やタングステンなどの金属でできたルアー。形がシンプルで水や空気抵抗が少なく重量があるので遠投性に優れている。

ミノー
小魚のシルエットや動きに似せたアクションができるルアーのこと。汎用性が高く、淡水から海水まで様々なフィールで使われる定番ルアー。

ソフトルアー
合成樹脂やラバーでできたルアー。ワームやソフトベイトとも呼ばれ、独特の素材感と柔らかなアクションは活性が低い魚にも有効。

バイブレーション
リーリングの際にヘッド部分が水圧を受けることで、ボディが小刻みに震えるルアー。アピール力が高く、広範囲に潜む魚を狙うことができる。

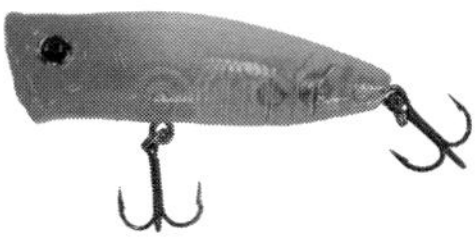

ホッパー
トップウォータープラグの一つで、特殊な口の形状からポッピングによってスプラッシュ音が鳴る仕組みになっている。この音や水しぶきによってシイラなど表層を泳ぐ魚を狙う。

03 ターゲットとポイント

外海に面した堤防の先端。回遊魚を狙うにはうってつけのポイントだ。堤防周りにはカサゴやメバルが居着いている。

ルアー釣りではどんな魚が釣れるのか、堤防のどこで釣れるのか、ルアー釣りのターゲットとポイントを紹介。

居着きの魚と回遊魚 狙う魚のタイプでポイントが異なる

ルアー釣りのターゲットは、大きく2種類に分けることができる。ひとつは回遊魚で、その釣り場にもともと生息していない魚だ。これらは季節、潮の流れや水温、エサや小魚の群れの有無など様々な条件によって、回遊したりしなかったりする。もうひとつは、そこにもともと生息している居着きの魚たちである。これらは岩礁帯や海藻帯などにいる魚がメインだ。ただし、季節によって魚影が濃くなったり薄くなったりするケースもあるので、厳密にいえばこれらの居着きの魚も、狭い範囲を回遊しているようである。

ルアー釣りで釣れる回遊魚にはカンパチ、イナダ（ワカシも含む）、ソウダガツオ、サワラ、スズキ、メッキアジ、サバなどがある。これらの中でカンパチやイナダ、ソウダガツオ、メッキアジ、サバなどは青物と呼ばれ、季節や潮に大きく影響される。離島などを除けば、ほとんどが夏から秋に回遊する魚で、冬場はオフシーズンとなる。しかしスズキは、場所によっては1年中狙え、回遊するコースも青物のように広範囲ではなく、汽水域に入り込むこともある。回遊魚とはいえ、居着きの魚に近いイメージである。またサワラは、以前は南の沖合でしか釣れない魚だったが、近年は日本海の堤防でよく釣れるようになり、ルアー釣りの新しいターゲットとして人気が急上昇。

これらの魚のポイントは、潮通しがよいことが絶対条件。堤防では先端部や角、船道などが中心になり、堤防外側の沖目も好ポイントである。

第5章

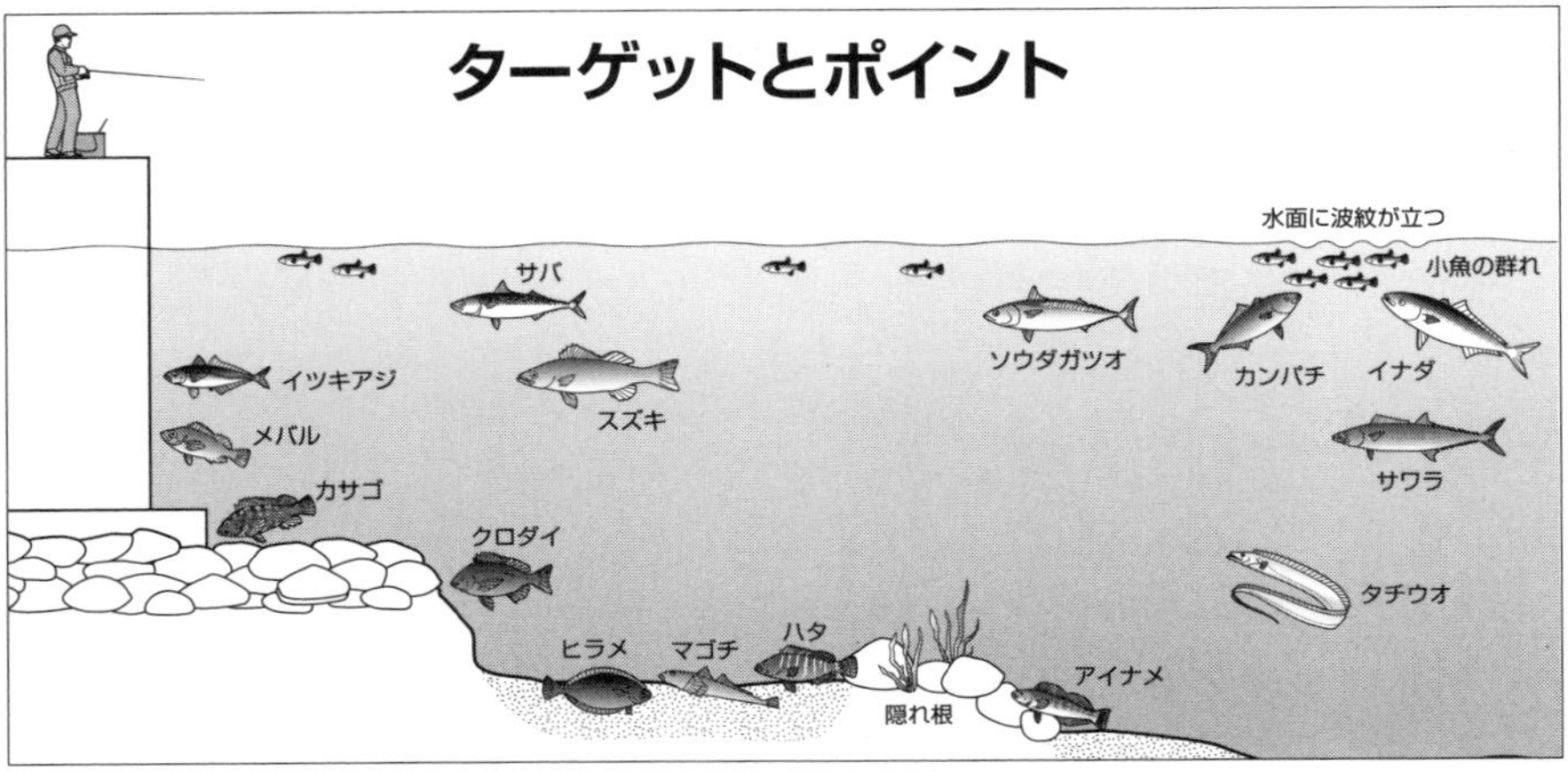

回遊魚に追われた小魚が水面に逃げ込み、水面が波立つ「ナブラ」が発生する。この時が最大のチャンスタイム。

また小魚の大きな群れが回遊しているときは、これらを追いかけて港内に入ってくることもあるが、あまり長い時間はとどまらない。

居着きの魚では、カサゴ、ソイ、メバル、ハタなどを中心にヒラメ、マゴチ、アイナメ、タチウオ、クロダイなどもヒットする。この中でヒラメとマゴチはちょっと異色で、カサゴやソイなどの根魚とは異なる。基本的に砂地に生息する魚で、岩礁の間にある砂地に多い。堤防周りに生息しているわけではなく、アジやイワシなど小魚の群れが港内に入っているときによく釣れる。またアイナメは、季節によってはまったく釣れない時期がある。関東などでは冬場の魚として知られており、ルアーのターゲットが少なくなる寒い時期に狙うことができる。タチウオも回遊魚ではないが、釣れる時期が限られ、夏から秋がメインになる。

ポイントは、捨石帯、テトラ周り、堤防の際（堤壁）、海藻帯などがメ

テトラは堤防の外海側に積まれていることが多く、隙間は根魚の住処。潮通しがよいので沖向きでは回遊魚も狙える。

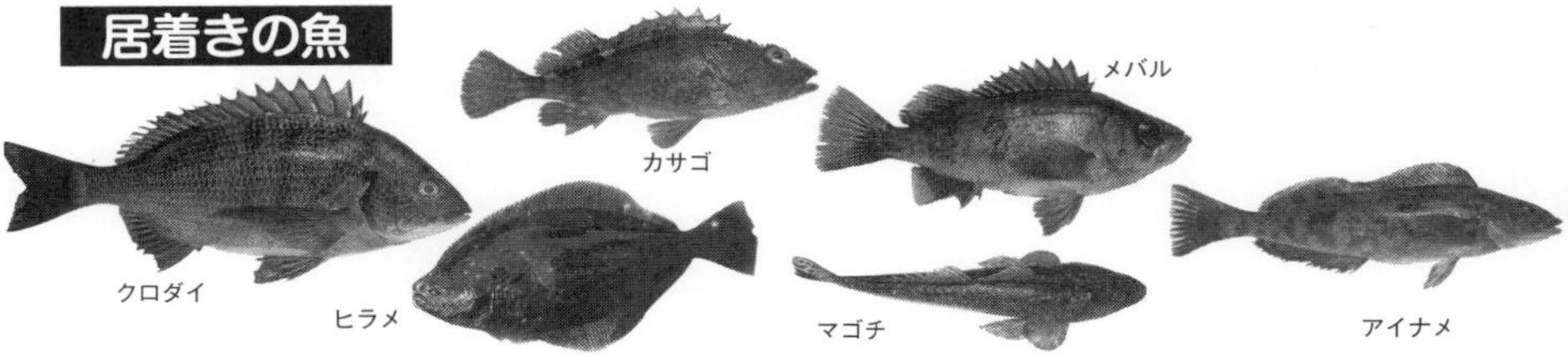

インになるが、ヒラメやマゴチ、タチウオは岩礁のない沖目でもヒットする。カサゴ、ソイ、ハタなどの根魚は、底にぴったりと張りついているが、メバルだけは時間帯によって泳ぐ層が変わってくる。日中は底やテトラの中に潜んでいるが、マヅメ時や夜は中層に浮いてきて、目を上に向けてエサを待っている。したがって、日中はまるで釣れなかったポイントでも、夜になるとアタリが出るケースが多い。

護岸の足下には捨て石が入っており、海藻が生えている。こんなところではカサゴやメバルなど居着きの魚が狙える。

ワンポイントアドバイス

いろいろなルアーとそれに対応したラインを常備

ルアー釣りでは、いつなんどきどんな魚が回遊してくるか分からない。本命以外の大物や、青物などが回ってくることもめずらしくない。こんな不意のターゲットに備えて、ルアーだけはいろいろなものもを用意して出かけたい。カサゴやメバル狙いのときにソフトルアーだけでなく、大きめのミノーやジグも用意して釣行すれば、いつか役に立つこともあるだろう。リールの替えスプールに違う号数のラインを巻いておけば、現場で簡単にチェンジできる。

アジやメバル狙いは、夜釣りや朝夕のマヅメ時がよい。ポイントは障害物や常夜灯のあるところ。イケス周りも好ポイントだ。

タックルと仕掛けは事前にセットしておき、釣り場に着いたらすぐキャストできるようにしておけば時合を逃がすリスクを軽減できる。これならルアーチェンジに時間を取られない。

04 タックルと仕掛けのセッティング

ラインにルアーを結ぶだけのシンプルな仕掛け。それでもターゲットによって微妙な違いがある。

スズキ用とメバル用のロッドを用意 リール1台と替えスプールで大物と小物に対応

ルアー釣りは手軽で仕掛けも簡単なので、現地でセットするのが一般的。しかし、青物は早朝のわずかな時間に集中して釣れることが多く、ほんの数分の差でボウズを食らうことがある。そのため、あらかじめ竿にラインを通しておくなどの準備は必要だ。この場合、並継ぎ竿よりも振り出し竿のほうが便利である。

ルアー釣り全般を楽しみたい人は、スズキ用のロッドとメバル、カサゴ用のライトタックルロッドの2本を用意したい。リールは替えスプールを用意して、ひとつには太めの中大物用ライン、もうひとつには細い小物用ラインを巻いておく。そうすれば、1台のリールで大物と小物に対応できる。あとは狙う魚種に合わせてロッドとラインを選べばよい。

ラインはスズキ用なら3号。足場の悪いテトラ周りや荒磯では細すぎるが、足場のよい堤防ならこれで70～80㎝クラスの大物でも十分に取り込める。3号を使用すれば、ダブルラインやショックリーダーなども不要である。このダブルラインは必ず付けないとダメだと思っている人がいるようだが、そうではない。細いラインを使う場合以外は、ほとんど必要ないのである。カサゴ狙いでもラインは3号がよい。これは根の荒い岩礁帯や捨石帯を攻めることが多いからである。細いラインを使えば、魚が食う前に根掛かりなどで、簡単にラインブレイクしてしまう。しかしメバルは、カサゴとは違って底より上層を攻めるのがセオリー。特に夜は水面近くでヒットすることも多

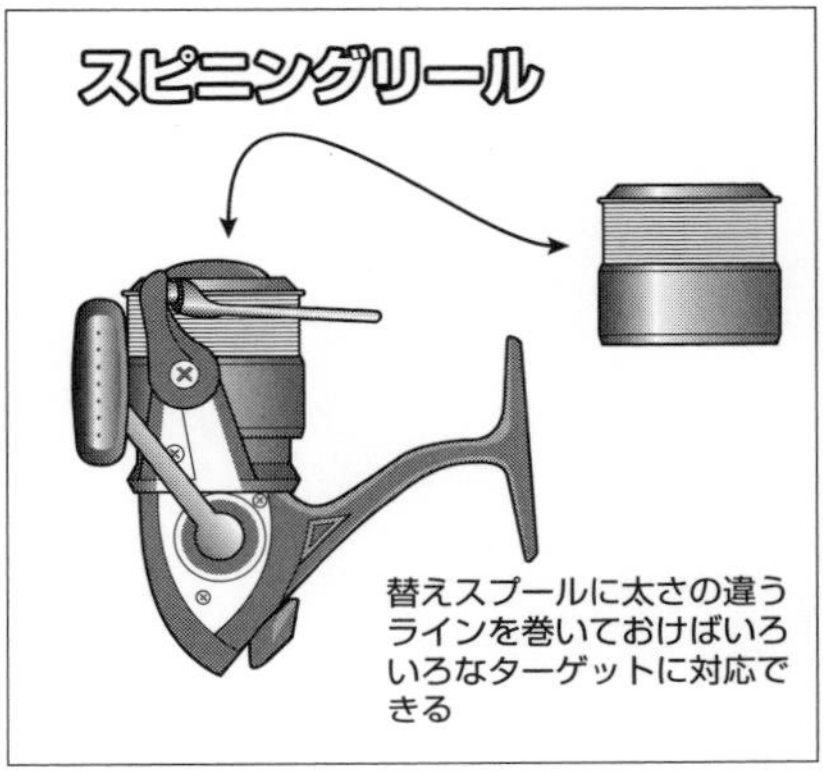
スピニングリール
替えスプールに太さの違うラインを巻いておけばいろいろなターゲットに対応できる

昨今はターゲット別に専用ロッドが充実しているが、リールは汎用性が高く替えスプールを有効利用することで多彩な魚に応用できる。

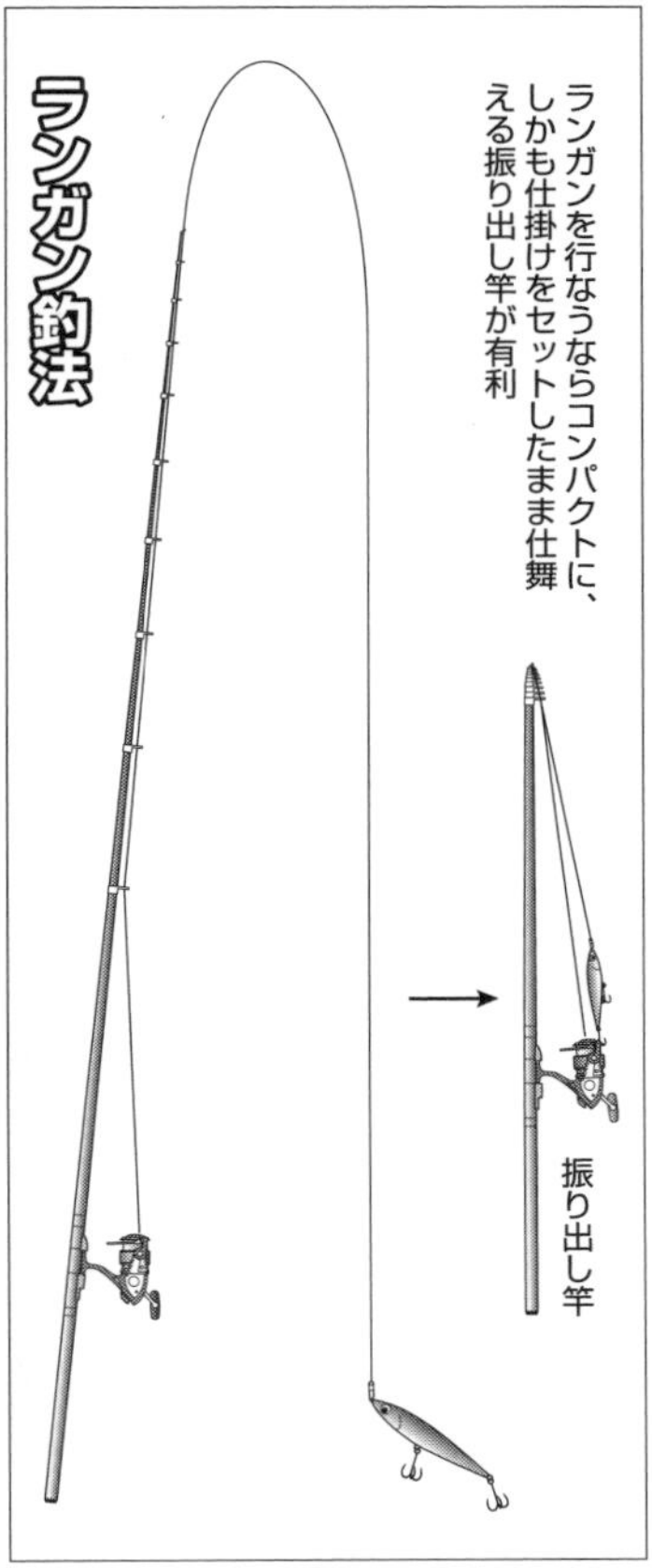
ランガン釣法
ランガンを行なうならコンパクトに、しかも仕掛けをセットしたまま仕舞える振り出し竿が有利
振り出し竿

いので、ラインは細いほうが有利である。

　さて肝心のルアーだが、スズキにはミノープラグが最もよく使われる。湾奥などでは小さなミノーでのヒット率が高いこともあるが、基本的には9～14㎝のものからチョイスする。水に浮くフローティングタイプや沈むシンキングタイプ、深く潜行するディープダイバータイプなどもあり、どれがよいかは条件次第。水深が5～10ｍほどのポイントでは、シンキングバイブレーションが使われるようになった。また5～7㎝の小型ミノーは、メバルやメッキアジなどにも有効だ。

　青物にもミノープラグはよく使われるが、ポイントが遠い場合は遠投が可能なジグもお勧め。10g以下はサバ、メッキアジ、メバルなどの小物向き。14～28gはスズキをはじめ中型回遊魚にも有効だ。それ以上から40gのものは遠投が可能で、沖に青物のナブラが見えたときに使う。

　ソフトルアーは主にカサゴ、メバルを攻めるときに使われるが、大物がヒットすることもあるから油断はできない。イソメタイプのルアーといった感じで、エサ釣り感覚で楽しめる。これらは、ソフトルアーをセットするためのジグヘッドが必要となる。ジグヘッドも軽いものから重めのものまであり、軽いものはカサゴ、メバル用、重いものはスズキやヒラメ狙いに使われる。

ターゲットに合わせた様々なルアーがあるので、これをすべて持っていくのは大変だ。そこで、使うルアーを事前にセレクトしておく。

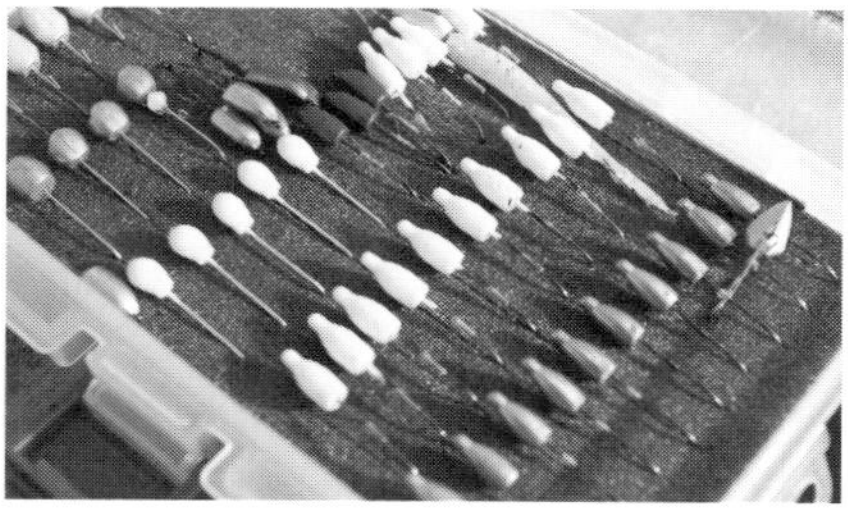

ソフトルアーを使う場合は、これをセットするためのジグヘッドも欠かせない。

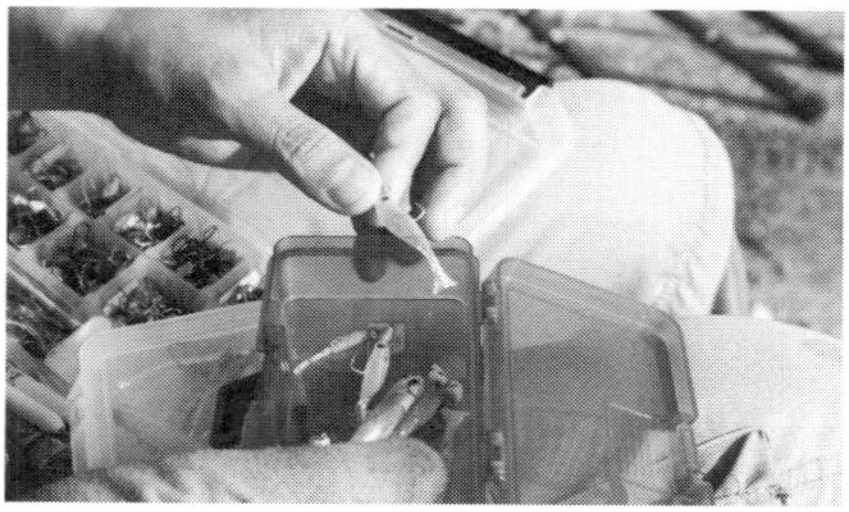

ルアー釣りはエサやコマセが必要ないが、ルアーの管理が若干面倒。ターゲットに合わせて必要なルアーを用意する必要がある。

ここにも注目!

ルアーとラインの接続

ルアーとラインの接続は、直結するかスナップスイベルを介すかで意見が分かれるところである。スナップを付けたほうがルアーの交換がワンタッチで早くできるので、最近はスナップ派が多くなってきた。しかし昔からルアー釣りをやってきたベテランの中には、スナップを嫌う人が少なくない。仕掛けというものは、シンプルイズベスト、という考え方から、よけいなものは付けたくないということである。どちらがよいかは、自分自身で試してみよう。

タックルの準備

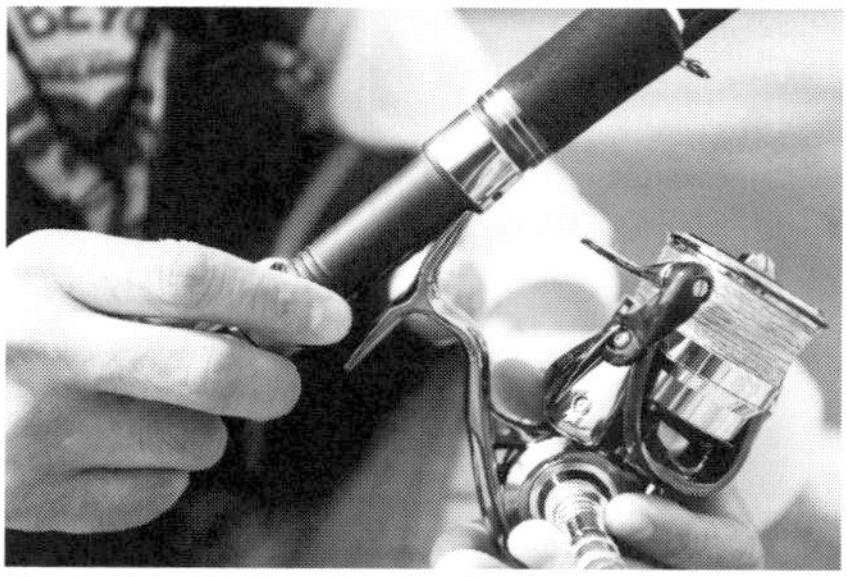

リールをロッドのリールシートにセット。

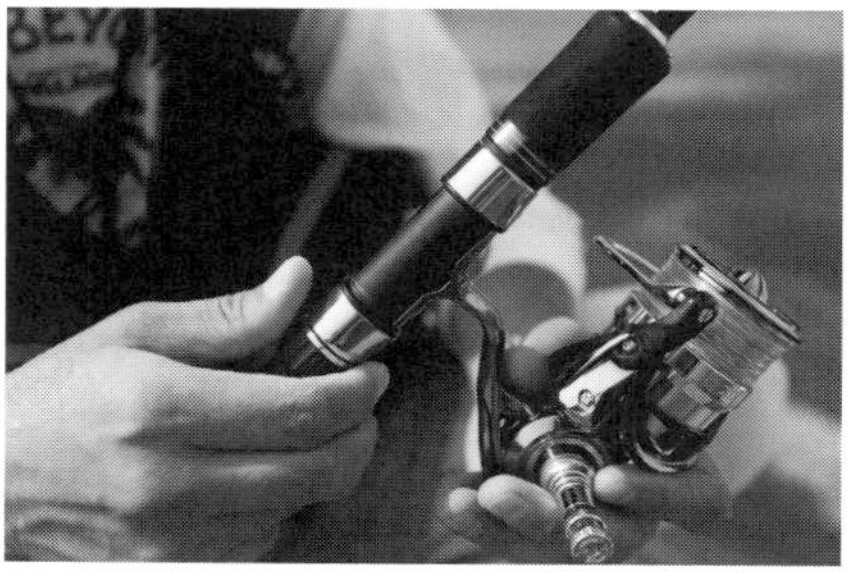

リールシートのスクリュー式留め具を回してリールを固定。

ガイドが一直線になるようにロッドを継ぐ。

ガイドにラインを通し、その先にルアーを結べばタックルの準備は完了。

05 カサゴ、メバルを狙う

カサゴやメバルはソフトルアーのヒット率が高い。捨石周りやテトラ周りを探ってみよう。

堤防の際や捨石周り、テトラ周りはメバルやカサゴの絶好ポイント。手軽なソフトルアーで狙ってほしい。

底でカサゴ、宙層でメバル 合わせのタイミングは一呼吸おいてから

カサゴやメバルはソフトルアーがお勧め。もちろん小型ミノーでも釣れるが、慣れないと根掛かりが多くルアーのロスも多発する。ソフトルアーにはカサゴやメバルの他にソイ、アイナメ、ハタ、スズキ、ヒラメ、マゴチなどもヒットしてくる。

カサゴは岩礁の底にへばり付いている魚である。したがって堤防周りでは、ヘチ際や捨石帯、テトラ周り、隠れ根周りなどがポイントになる。これらはどこも、根掛かりが付きものなので、これを恐れずに攻めるのがコツだ。またメバルも同じような場所にいるが、カサゴに比べて浮きやすく、特に夜はかなり上層まで浮いてくることがある。

ルアーはジグヘッドやワームシン

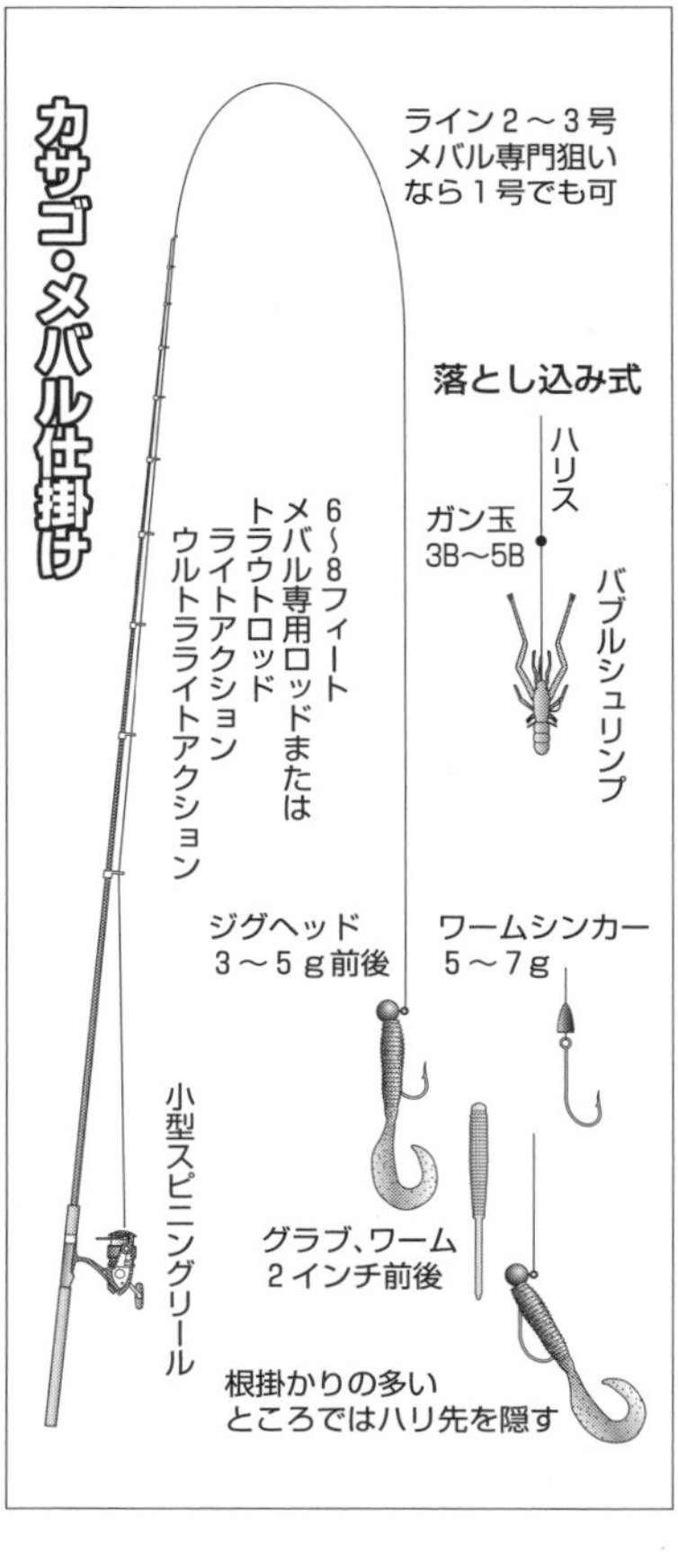

第5章

カーにセットするのが一般的。代表的なものにストレートテールワーム、シャッドテールワーム、グラブ、バブルシュリンプなどがあり、どれもテール部分がヒラヒラ動いたり震えたりするため、魚に大きくアピールできる。これをイソメのハリ付けと同じ要領でジグヘッドのハリにセットする。ハリ先を出すのが基本だが、根掛かりの激しい場所では、ハリ先をワームの中に隠してもよい。

ヘチ際を攻めるときは、クロダイの落とし込み釣りと同じようにしてもよく、この場合はジグヘッドやワームシンカーを使わずハリスにチヌバリなどを結び、これにワームやバブルシュリンプなどをセットする。そしてハリの上方にガン玉オモリを付ければできあがり。これを堤防の際に落とし込んでいく。底まで落とすのが基本だが、中層でヒットすることもある。底に着いたら、ルアーを上下に動かしてみよう。

捨石帯やテトラ周り、隠れ根周りなどを攻めるときは、ポイントに仕掛けを沈めたら、ボトムバンピングといって、ルアーを海底で跳ね上げる方法が有効だ。これを何度か繰り返す。ポーンと跳ね上げるように動かすと、魚に大きくアピールするだけでなく、根掛かり防止にもなる。そしてアタリがなければ、同じポイントでは粘らず、少しずつ移動して攻めるのがコツ。

メバル専門で狙うときは、底だけでなく中層から上層も探ってみよう。夜釣りでは水面でヒットすることもめずらしくなく、底でカサゴ、中層から上でメバルと、同じルアーで釣り分けることも可能である。

アタリは、コツッとかブルッと竿先に直接感じるものがほとんど。ルアーだからといってあわてて合わせる必要はない。ミノーなどはいったん口にしたとき違和感があるとすぐに吐き出すことが多いが、ソフトルアーは呑み込むので、ひと呼吸置くくらいのタイミングで合わせればよい。最初のブルッで即合わせするよりも、連続的にブルブルッとくるときが合わせのタイミングである。魚が掛かったら、リールを巻いて一気に抜き上げる。大きくても30㎝ほどなので、玉網などは必要ないが、スズキなどの大型外道に備えて、用意しておけば万全である。

こんなときが狙い目

カサゴは比較的いろいろな条件に適応する魚で、多少波が高くても、べったりしたナギでもヒットしてくる。しかしメバルは、波の穏やかなときほど食いがよい。どちらも日中よりはマヅメ時や夜間に活性が上がる魚なので、夜が最も釣りやすい。ただしカサゴは、日中でも鼻先にルアーを近づければ食う可能性が高い。メバルは潮の澄んだ日中は深場が有利だが、潮に濁りがあるときは意外な浅場でも釣れるし、宙層でヒットすることも多くなる。

足下の捨石周りやテトラ周りがカサゴのポイント。

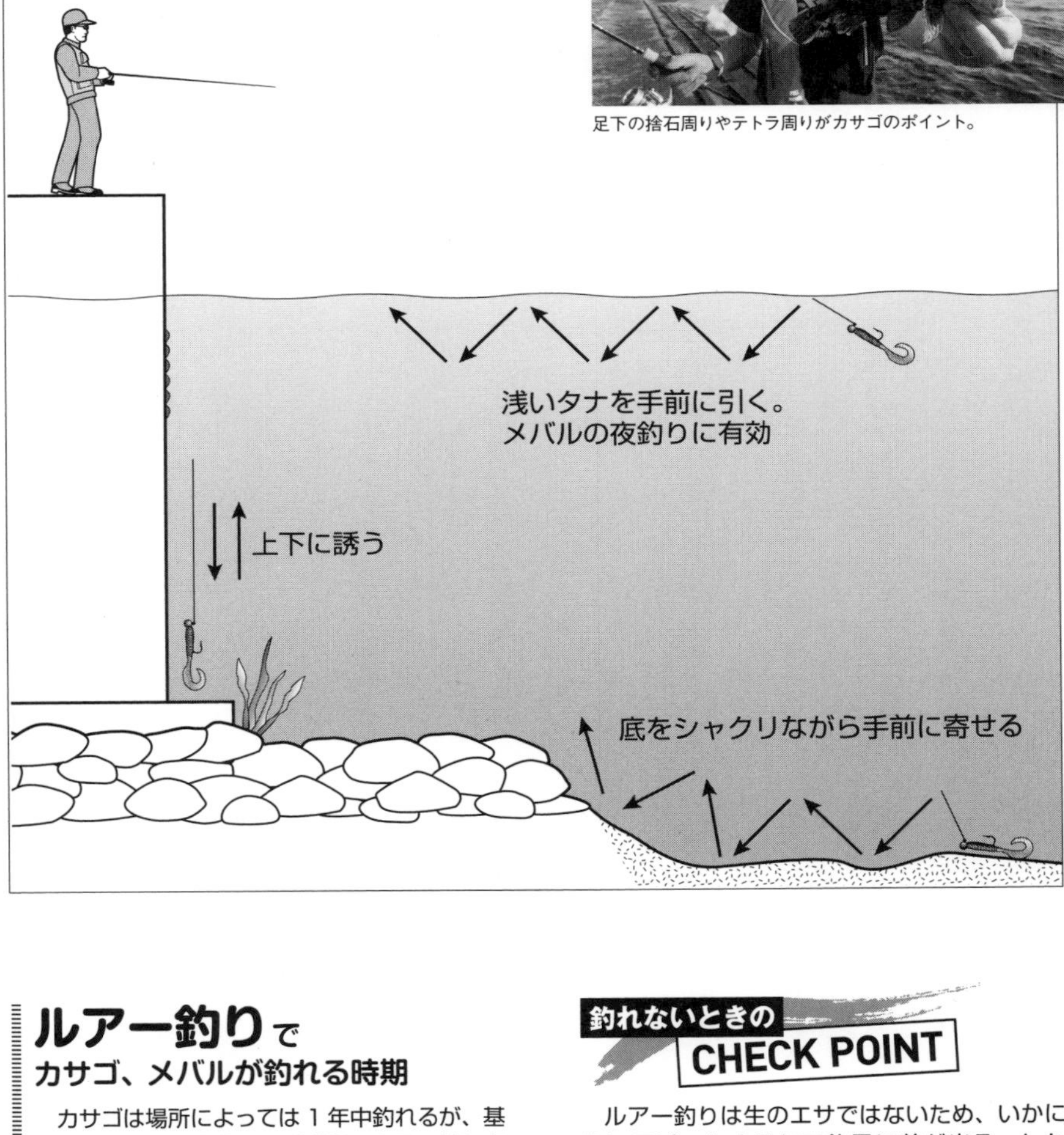
ソフトルアーのアクション
浅いタナを手前に引く。
メバルの夜釣りに有効
上下に誘う
底をシャクリながら手前に寄せる

ルアー釣りで カサゴ、メバルが釣れる時期

カサゴは場所によっては1年中釣れるが、基本的には春から晩秋までが盛期である。特に春から初夏にかけて数、型ともによくなり、暖かい季節は誰にでも比較的簡単に釣れる。メバルはやはり春がベストで、梅雨時までがシーズンだ。ただしメバルも、場所によっては1年中釣れ、温暖な関東以西では真冬でも十分に狙える。また小型は夏でも釣れるが、サイズの大きなものは真夏から秋にかけて少なく、晩秋から春にかけて上昇してくる魚である。

釣れないときの CHECK POINT

ルアー釣りは生のエサではないため、いかに魚にアピールするかで釣果に差が出る。したがって、動きのない釣りはダメ。常にルアーを動かして食い気を誘うことである。またグラブやワームのテール部分は特に重要で、これが微妙な動きをするため誘いに乗りやすい。しかしテール部分は破損しやすいので、1投ごとにチェックすること。ここが破損しているために食いが悪くなるケースが非常に多いのである。

06 スズキを狙う

サイズにこだわらなければ、テクニックはそれほど難しくなく意外と簡単に釣ることができる。都市近郊でも釣れるのが魅力。

ルアー釣りの代名詞ともいえるスズキ。テクニックの多くがこのスズキ釣りから生まれた。

ルアーを投入したらリールを巻くだけ ヒット率が高いルアーはミノープラグ

スズキ（シーバス）は、国内のルアー釣りで最も古くから狙われていたターゲットであり、ルアー釣りで手軽に狙える大物のひとつでもある。セイゴ（30㎝以下）、フッコ（59㎝以下）、スズキ（60㎝以上）と呼び名が変わる出世魚で、クロダイと同じように人の生活圏に近い沿岸を住処としているため、堤防や汽水域など身近な所で釣りを楽しむことができる。昔はルアーの代わりに弓ヅノなどを引いて狙っていたが、近年はいろいろなタイプのルアーが開発されている。

このルアー釣りでヒットしてくるスズキは、フッコクラスはもちろん60㎝オーバーのスズキ級もめずらしくなく、80㎝を超える大物も頻繁にヒットしている。テクニックもそれほど難しくないので、初めてのビギナーや女性、子どもでもビギナーズラックに出会える確率が高い。

仕掛けは、シーバスロッドにラインを通しルアーを直結するだけ。2号以下の細いラインを使う場合を除いて、ダブルラインなどはなくても問題ない。また隠れ根の多いような釣り場では、根ズレの危険があるので、道糸の先に太めのショックリーダーをセットするとよい。

いろいろなタイプのルアーにヒットする魚だが、ヒット率が高いミノープラグがよく使われる。水に浮くフローティングミノー、沈むシンキングミノー、深く潜るディープダイバーなどがあり、釣り場に合わせてセレクトする。水深の浅いポイントではフローティング系がよく、深いところはシンキングやディープダイバー系、メタルジグなどが有利となる。また場所によっては、シンキングバイブレーションの実績が抜群によいポイントもある。このように様々なルアーにヒットしてくるので、自分なりにいろいろなルアーを試してみるのも面白い。

　釣り方は、ルアーを沖目や狙ったポイントに投げ、ただ巻くだけ。そのとき、竿は立てずに横向きに寝かせたまま巻き取る。巻き取りスピードは、速くても遅くてもヒットする。どちらがよいかはそのときの条件や潮、釣り場の地形によって違うので、一概に言い切れない。同じポイントで同じ時間に攻めても、早巻き、遅巻きの両方にヒットしてくる魚なのである。ただし、青物狙いのようにあまり高速で巻くと、追いかけてきても食いきれずに、フッキングが悪くなるから注意しよう。

　アタリは、巻いていたリールが突然巻けなくなるケースが最も多く、このとき瞬時に合わせるようにしたい。竿を立てるとルアーの角度が変わりフックが外れることがあるので、そのままの角度で合わせるのがコツである。魚が掛かったら、ラインを緩めずに巻き取る。手前に猛然と突っ込んでくることがあるので、バラしたと勘違いすることがある。またエラ洗いをしても慌てることはない。最後は玉網かギャフで取り込むが、頭からすくうとルアーのフックに絡んで失敗しやすいので、横向きで取り込むようにする。

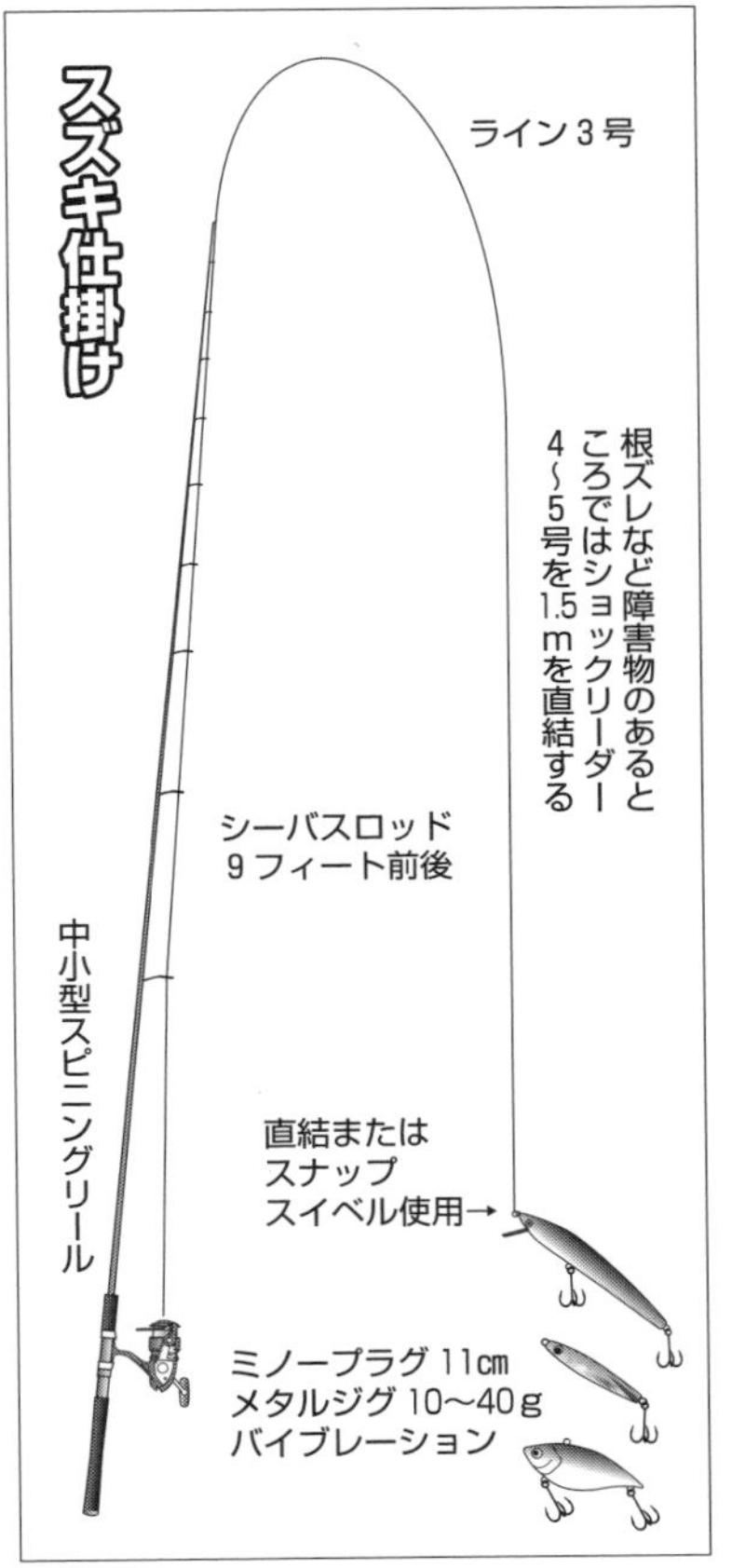

こんなときが狙い目

スズキは、海が荒れるほど活性が高くなる魚である。しかしあまり荒れすぎると、釣り自体が危険なので、無理は禁物。ベタナギの日よりは波っ気のある日を狙いたい。また24時間釣れるチャンスがあるが、ルアー釣りに関しては朝夕のマヅメ時と夜が有利。特に夜は、ナギの晩でも盛んにルアーにアタックしてくる。イワシなどの小魚の群れがいるときは時間に関係なく、これを追いかけてたくさんのスズキが堤防周りに集まってくることもある。

釣れないときの CHECK POINT

スズキは回遊魚なので、時間や潮時が合わないとまったく釣れないことがある。これをポイントや釣り方に問題があるのと勘違いしないことである。実績のあるポイントなら、数時間はアタリがなくても粘ることが肝心。ランアンドガンも悪くはないが、時間の巡り会わせが悪いと、後手を踏むこともあるので注意しよう。またゴカイのバチ抜け時などは、ミノーは食わずにソフトルアーのほうがよいこともあるから、いろいろなルアーを持参したい。

ルアー釣りで スズキが釣れる時期

関東などでは１年中狙える。しかしさすがに真冬はヒット率が落ちるので、春から初冬までがシーズンといえる。ルアー釣りでよく釣れるのは、春の４月頃と、秋の９～11月、場所によっては12月頃まで狙える。夏場でも十分に狙えるが、最盛期に比べるとやや落ちる。ビギナーが入門するには、秋がベストシーズン。湾奥方面は水温の低下がやや早いので、９～11月までが最適だが、その年によって多少ずれることもある。

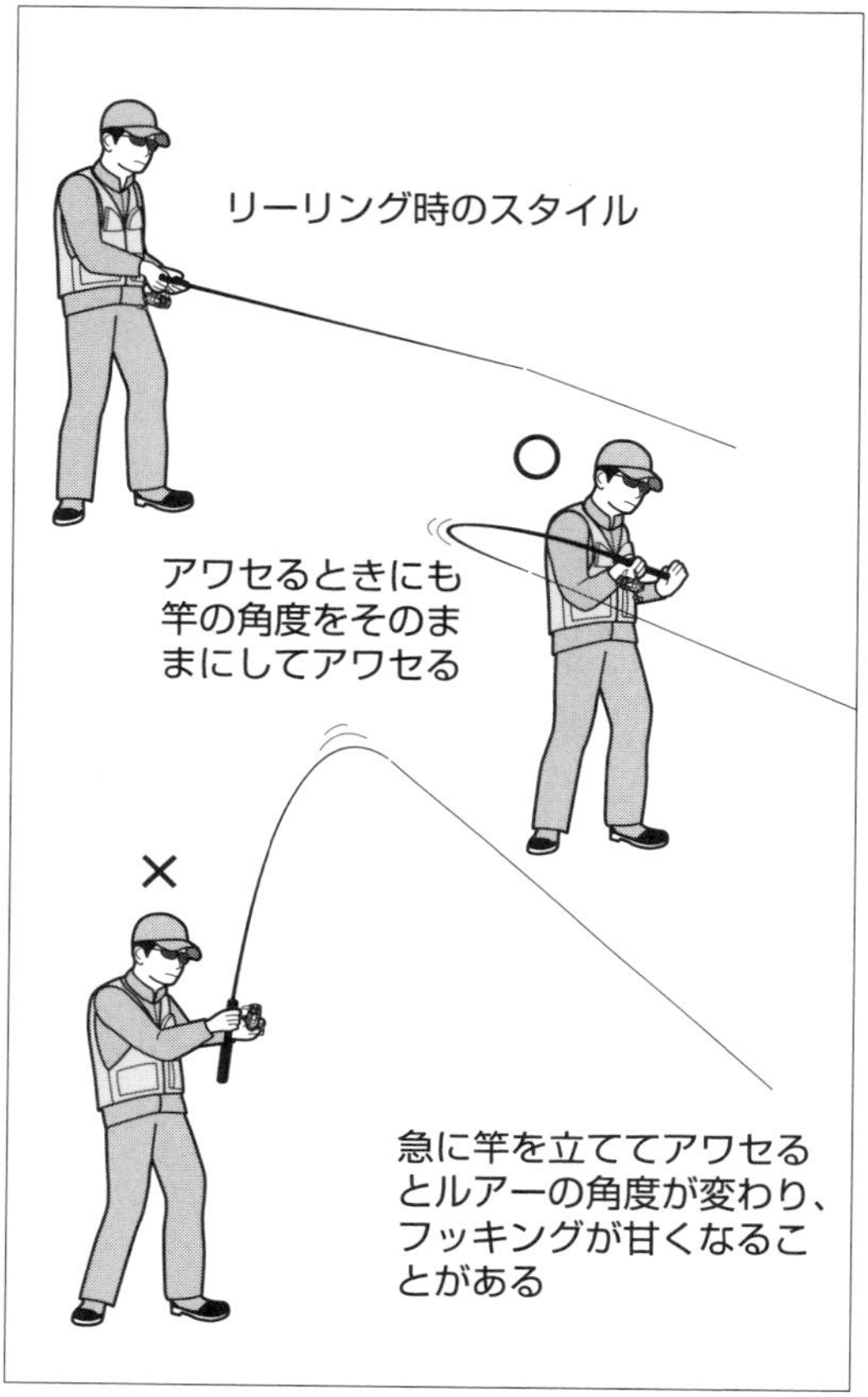
リーリング時のスタイル
○
アワセるときにも
竿の角度をそのま
まにしてアワセる
×
急に竿を立ててアワセる
とルアーの角度が変わり、
フッキングが甘くなるこ
とがある

アタリがあったらそのままの角度でアワセ、竿を立てずにリールを巻くのがヤリトリのコツ。

ルアー釣りに挑戦！

06

回遊魚を狙う

回遊魚はどこに現れるかわからない。小魚のナブラや鳥山を見逃さないように周囲の変化に気を配ることが釣果を得る近道となる。

近年ルアー釣りのターゲットに定着した回遊魚。夏場から秋口に潮通しのよい堤防周りで狙い打つ。

潮通しのよい堤防先端部が断然有利 ルアーを投入したら高速でリールを巻く

ここで言う回遊魚とは一般的に青物と呼ばれるカンパチ、イナダ（ワカシ）、ソウダガツオ、サワラ、メッキアジ、サバなどである。中でもカンパチやイナダなどは、成長すると1m以上にもなる大物だが、堤防周りでヒットするサイズは小型が主体。だいたい20～40㎝がほとんどである。したがって、それほどの大物用タックルは必要なく、手軽に楽しめるのがうれしい。

タックルは、シーバス用のものが使いやすい。ソフトルアー用やトラウト用タックルでも対応できるが、大きいサイズが掛かったときは辛くなる。ルアーは、ミノープラグ、メタルジグが中心だ。ミノーはできるだけ遠投できるものが有利。場所に

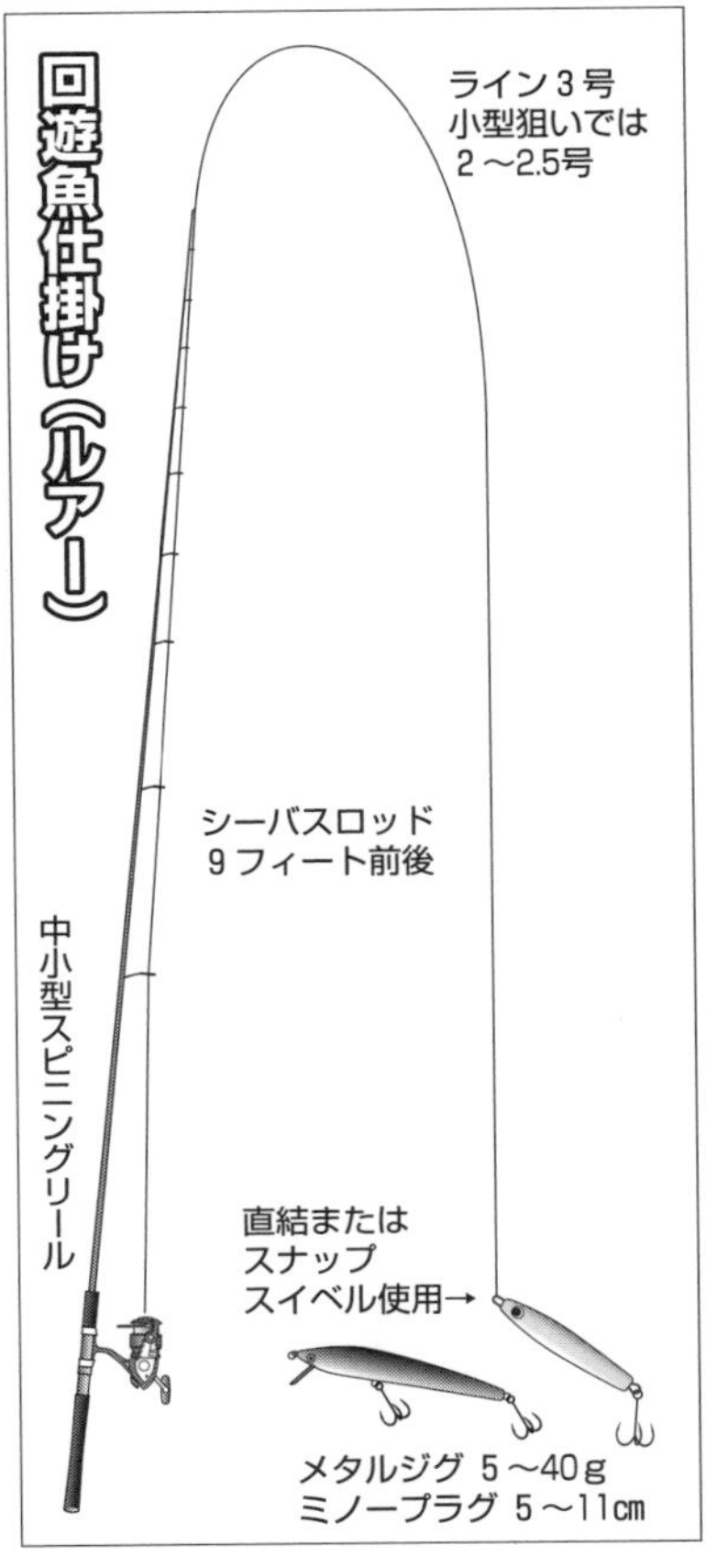

ジグのルアー操作

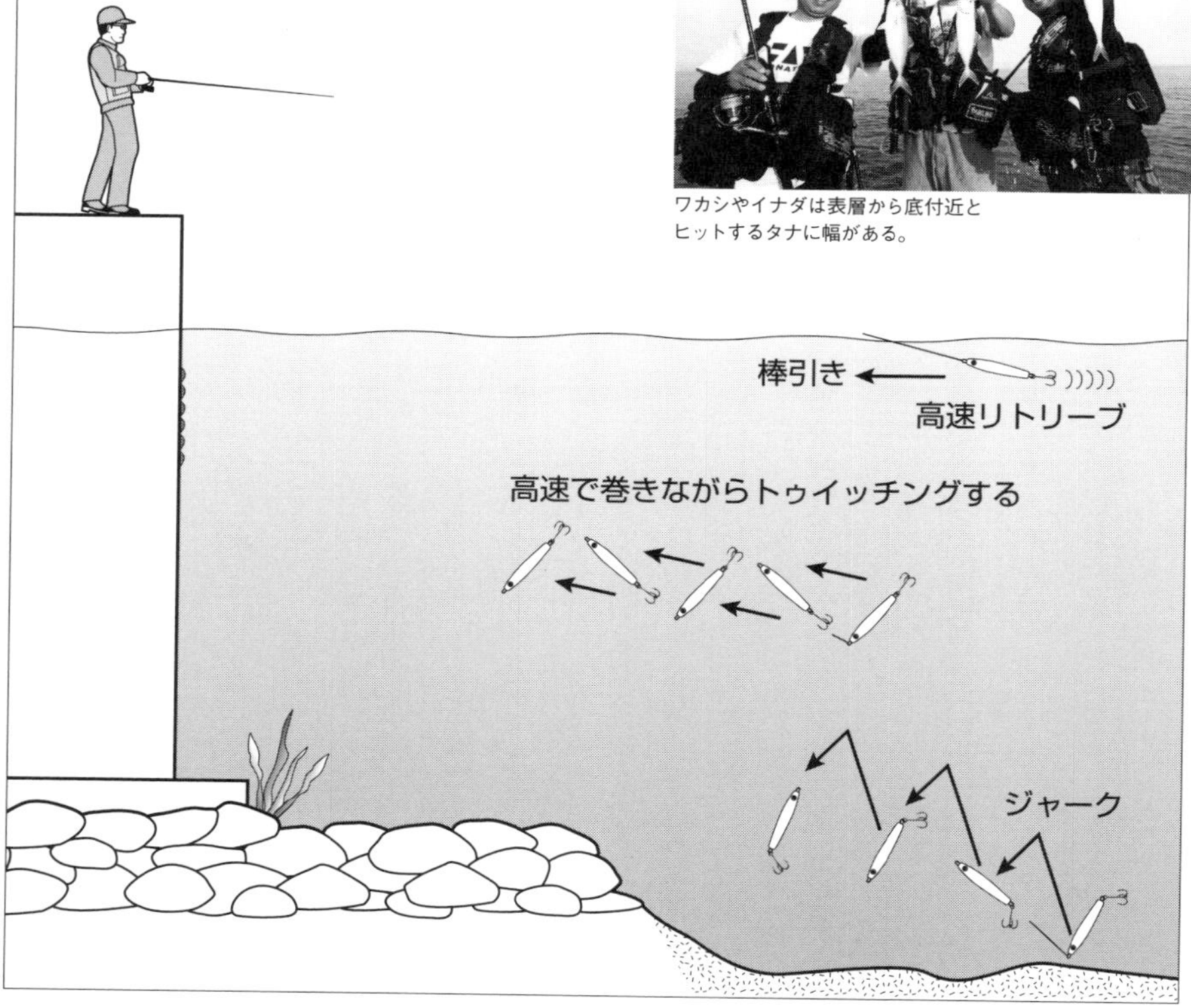

ワカシやイナダは表層から底付近とヒットするタナに幅がある。

回遊魚などの青物は早朝狙いが断然有利。

こんなときが 狙い目

青物は、なんといっても早朝がベストタイムだ。連日群れが堤防周りに接岸しているときでも､終日釣れ続くことはほとんどない。早朝を逃せば、釣果はゼロということもザラである。ただし小魚の大きな群れがいるときは、その群れを追いかけて、比較的長い時間、釣れ続くこともある。それでも午前中がメインで、午後になると釣れなくなるのが普通だ。また海が穏やかなときは小魚が浮きやすいこともあって、荒れているよりもナギ日和のほうが狙い目である。

よっては足下まで回遊してくることもあるが、ほとんどは沖目がポイントになる。ただし、遠投ができても高速で巻いたときにしっかり泳ぐものでなければならない。中には低速だとしっかり泳ぐが、高速になると絡みやすくなり泳ぎも悪くなるタイプがあるので注意しよう。

メタルジグは軽いものから重いものまでさまざまだが、そのときの状況に合わせて使い分ける。大遠投したいときや、大物が回っているときは28～40gと重めを使用する。ただしあまり重いものは、投入の際にラインがショック切れすることがあるので注意したい。

ポイントは、潮通しのよい堤防先端部や角、船道などが中心になるが、回遊魚だけにどこに現れるかわからない。まずは沖に向けてキャストしてみよう。また、鳥山やナブラが見えたら、その場所を目がけてルアーを投入する。うまくルアーが入れば、ヒットする確率は飛躍的に上昇するはずだ。またメッキアジの小型は、河川の河口付近や港内の船着場など浅いところにも回ってくる。

釣り方は、ルアーを沖目に投げたらただ巻くだけ。このとき、できるだけ高速で巻くこと。スズキ狙いのように低速で巻くと、青物はほとんどヒットしない。アクションは、トゥイッチングといって巻きながら竿をシャクるものや、ジャーク（メタルジグ）といって、巻いたら沈下を繰り返すのも効果的。ただし、これらのアクションは必ずしなければいけないというものではない。ただ巻いてくるだけでも、十分にヒットする。

アタリは、竿にガツンときてリールが巻けなくなる。このとき、瞬時に合わせてよいが、向こう合わせで掛かっていることも少なくない。ソウダガツオやサバなどは、あまり強

ルアー釣りで回遊魚が釣れる時期

いわゆる青物と呼ばれる回遊魚は、そのほとんどが夏の魚である。したがってルアーで狙う時期も、おのずと夏場が中心になる。しかし魚種によって多少の違いはある。カンパチやイナダ、ワカシは、早いときは初夏から釣れ始め、秋までが盛期。冬は離島以外では期待できない。ソウダガツオは少し遅く、真夏から秋にかけて回ってくる。メッキアジもやや遅く、秋が盛期で、初冬まで釣れるポイントが多い。サバは初夏から秋、サワラも同様だ。

釣れないときのCHECK POINT

まず試してみたいのは、ルアーの交換である。ミノーを使って釣れないときは、メタルジグにしてみる（またはこの逆）。これでもダメなときは、釣れている人との比較である。リールを巻くスピードが違わないか、投入距離が合っているか、ルアーの種類と大きさ、カラー、ルアーを沈めているか否か、仕掛けの作り方が違わないかなどを比べてみよう。これらをチェックしてみて、それでも自分だけ釣れないときは、ポイントを少し移動してみることである。

い合わせをすると口が裂けて、バラスこともある。合わせるときは、スズキと同じように竿を立てずにリーリングしているときの角度のままで合わせる。

魚が掛かったら、引きに合わせてリールを巻く。力任せで強引にやると、フックが外れることが多くなる。大きめのサイズがヒットすると、かなりのパワーとスピードで走り回るので、リールのドラグ調整は欠かせない。緩めすぎず締めすぎずが基本である。

ワカシやショゴなどの小型回遊魚は底からのシャクリで勝負が決まる！

ブリの若魚であるワカシやイナダは成長するにつれ名前も変わる出世魚。一方ショゴは、カンパチの子供。40㎝に満たない若魚はこのように呼ばれている。いずれも、夏になるとイワシやアジを追って接岸する。タナは幅広く表層から底近くでもヒットするが、中層から底付近でヒットすることが多い。ショゴは沈み根周りに着きやすいため、底付近は気が抜けない。ルアーへの反応がよく、ゲームフィッシングには最適なターゲットである。

ルアーは表層から底まで幅広く攻められるメタルジグがお勧め。仕掛けを投入したら着底と同時に大きく竿をシャクる。これでメタルジグを跳ね上げ、小刻みなトゥイッチと早巻きを繰り返す。メタルジグが底から中層をアップダウンしながら手前に引いてくるイメージで誘ってくる。メタルジグによっては浮き上がりが早いものもあるので、そのメタルジグの特性に合ったリーリングと誘い方を見極めればヒット率が向上する。

時合は通常、朝マヅメに訪れることが多い。これは大半の青物に共通して言えることである。ただし、エサとなるイワシやアジの接岸状況によっては日中でも十分狙うことが可能である。

ワンポイントアドバイス

フォール中のアタリに注意！

ワカシやショゴは中層から底を回遊していることが多いので、仕掛けを投入したら着水後にラインが出て行く様子をチェックしておくことが大事。メタルジグのフォール中にヒットすることがあるので、このアタリを見逃さないようにしたい。また、着低後に大きく竿を煽り、メタルジグを大きく跳ね上げることで、リアクションバイトを誘発させることができる。急深のサーフや堤防周りの場合、足下でもヒットしてくることがあるので、気を抜かないようにしよう。

第6章

多彩な堤防釣りに挑戦！

基礎知識と釣り方の基本を解説

ひと口に堤防釣りといっても様々なターゲットがいて、それに応じて多くのアプローチが存在する。ここまでの章でポピュラーな釣り方は紹介してきたが、ここから先はさらに踏み込んでマニアックな釣り、やや難度の高い釣り、近頃人気の釣りなどに触れていこう。カゴ釣り、餌木や生きエサのアオリイカ釣り、生きエサのヒラメ、マゴチ釣りはいずれも奥深く、ベテランも虜にする魅力を秘めている。

CONTENTS

回遊魚は、港内に群が回ってくるとバタバタと釣れだす。手返しよく仕掛けを投入することが数を伸ばすコツである。コマセはスプーンよりも割りばしで入れるとスムーズ。

01 カゴ釣りで回遊魚を狙う

沖目のポイントを効率良く攻めることができるカゴ釣り。仕掛け作りが面倒だが、やってみると意外に簡単。

投入したら糸フケを取って大きく竿を振る 道糸にたるみがあるとアタリが出にくい

カゴ釣りは硬めの磯竿を使って沖目を攻めるウキ釣りの一つ。コマセカゴと大きめのウキがセットになっているので、仕掛け全体が重くなる。しかし、この釣り方はコマセと付けエサが一体となり、魚の食いは抜群。コマセと付けエサはオキアミを使うのが基本。コマセに配合エサを入れる人もいるが、オキアミだけでも集魚効果は変わらない。オキアミは半分だけ粗めに潰して使用する。

ターゲットはイナダやワカシ、カンパチ、ソウダガツオ、サバ、マアジ、ムロアジ、シマアジ、ヒラマサなどで、場所によってはメジナやクロダイ、マダイ、イサキなども狙える。群れが寄ってくると堤防は大勢の釣り人で賑わう。

釣り方は、まずコマセカゴにコマセを詰める。詰めすぎると出が悪くなるので8分目ほどが目安。ロケット型の遠投カゴと網カゴがあり、網カゴを使う場合は、付けエサ用の反転カゴも必要だ。ハリスにはガン玉は打たないのが基本である。

ウキ下は、そのときの状況によって変わる。表層狙いから深いタナまで様々だが、青物は浅いタナから始めて、アタリがなければ徐々に深めを探っていく。仕掛けを沖目に投入したら、糸フケを取って竿を大きく振り、コマセカゴからコマセを出す。さらに道糸を少し引き、仕掛けが一直線になるように調整。あとは潮の流れに乗せて流し、時折手前に仕掛けを引くなどして誘いをかける。

状況のよいときは着水してすぐにヒットする。このとき仕掛けが一直線になっていないとアタリが出にくく、付けエサだけが取られてしまう。仕掛けを投入したら竿を大きく振り、糸フケを取って道糸が一直線になるまでの動作を自然にできるように習慣付けたい。

アタリは、ウキが一気に消し込むか、横走りするなど明確なものが多い。時には消し込みと同時に、竿先にガツンとくることもある。ウキが十分に消し込まれてから合わせるが、ポコポコと不自然な動きをすることもある。これはウキ下が長すぎるのが原因で、魚が小さい場合に見られるアタリ。変だと思ったら合わせてみるのが無難である。

魚がヒットすると猛スピードで泳ぎ回る。特にソウダガツオやヒラマサ、シマアジ、カンパチなどは猛烈なスピードで走るためヤリトリもスリリング。しかし、シマアジは特に唇が薄く弱いため、強引に巻き取ろうとすると口が裂けてバラしの原因になる。急がずに時間をかけてヤリトリしたい。取り込みは基本的には抜き上げるが、大型の場合は無理をせず玉網を使うこと。特に口の弱いアジ系の魚は、中型でも玉網を使ったほうが無難である。

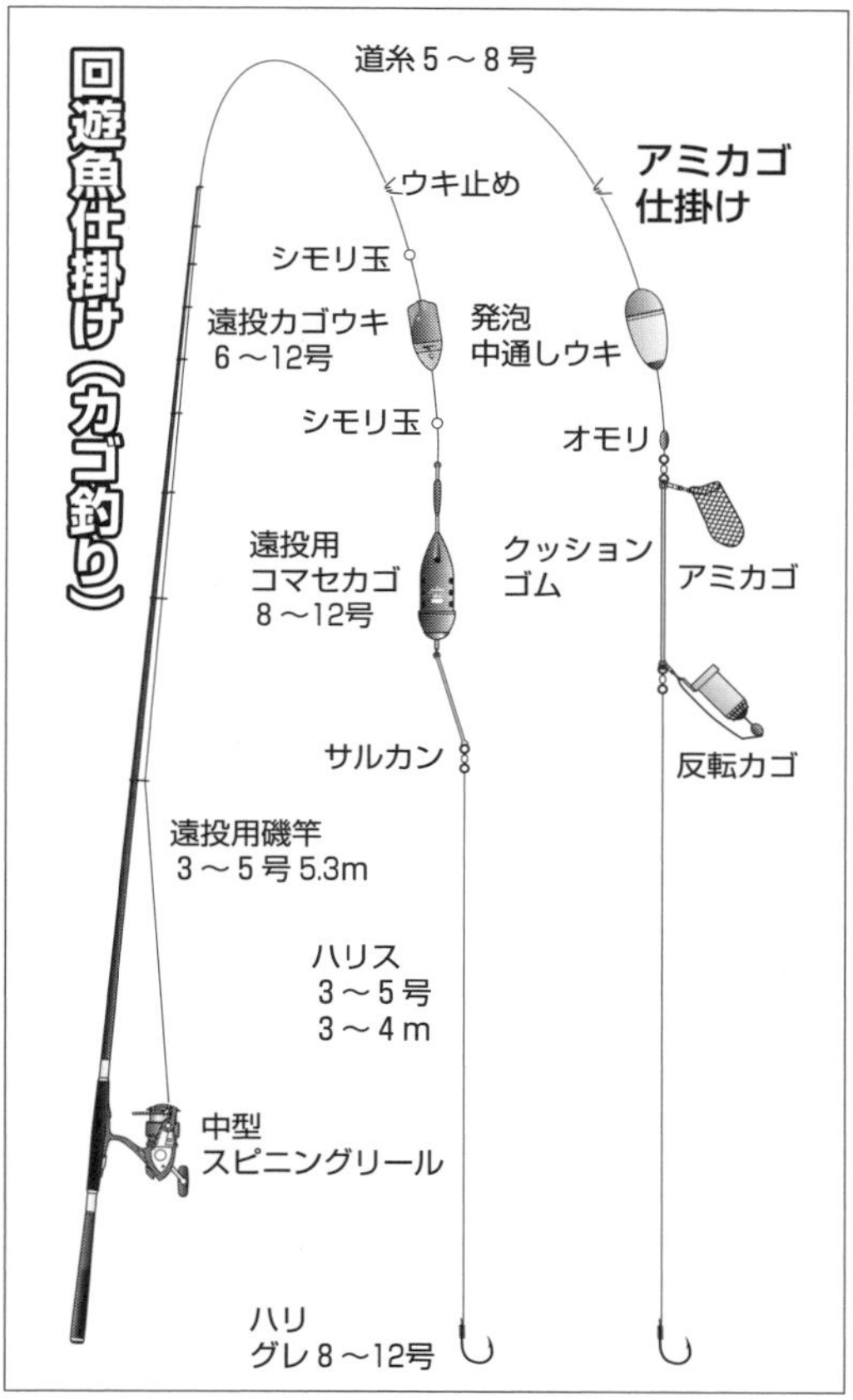

こんなときが狙い目

回遊魚は、なんといっても早朝が有利である。特に朝マヅメから2〜3時間が勝負。これを逃すとウソのようにアタリがなくなることが多い。ならば夕方のマヅメ時はというと、マアジなどはよいが、他の青物はせいぜい午前中までで、夕方は食わないことのほうが多いのである。したがって、なんとしても早起きすることだ。海はナギのほうがよく、波立つと青物のエサとなる小魚が浮かずに沈んでしまうため、青物も散ってしまう。

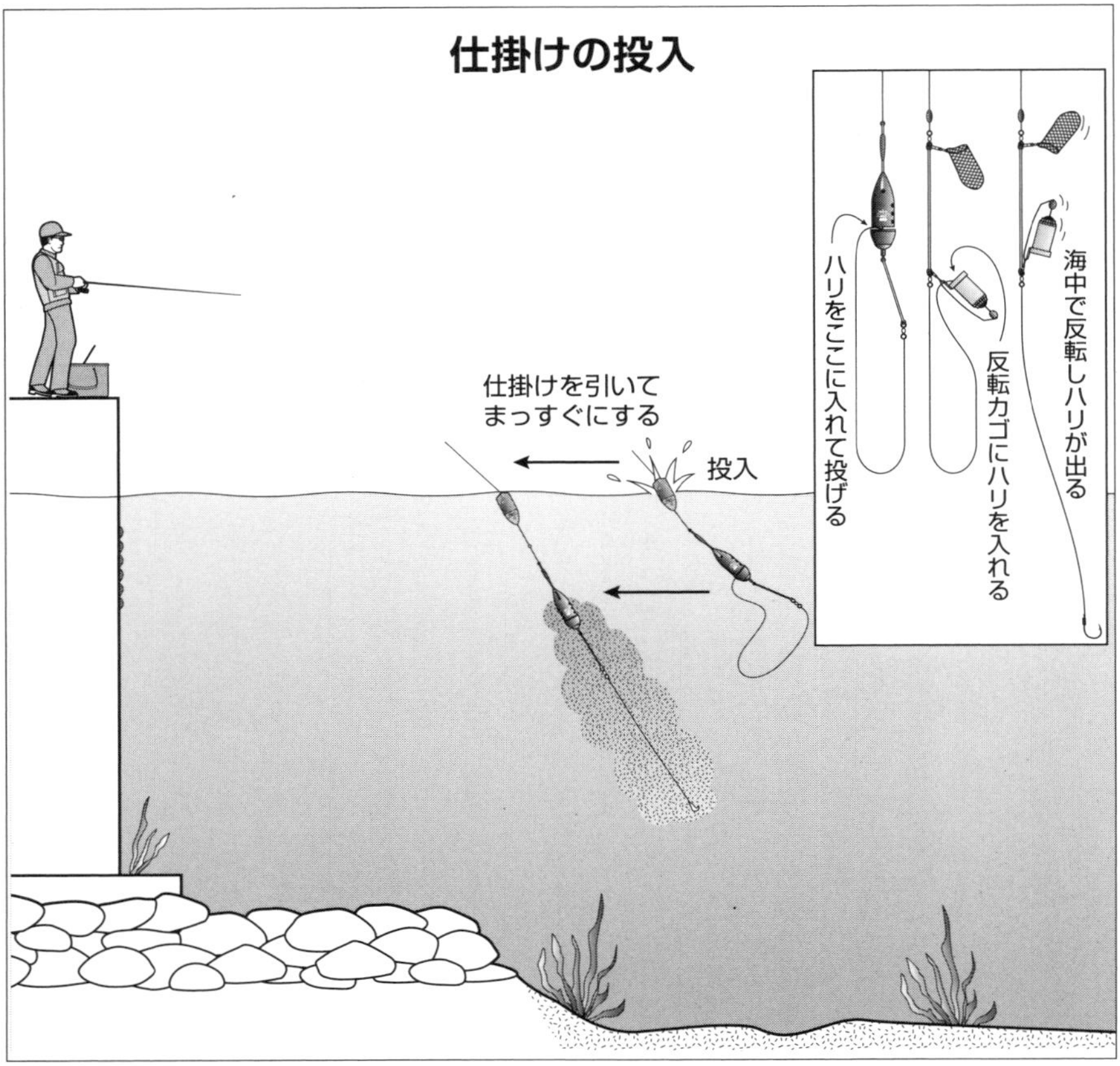

仕掛けの投入
仕掛けを引いて
まっすぐにする
投入
ハリをここに入れて投げる
反転カゴにハリを入れる
海中で反転しハリが出る

カゴ釣りで回遊魚が釣れる時期

離島の堤防などでは青物は１年中釣れる場所もあるが、基本的には夏から初冬までである。早いところで初夏からワカシやカンパチ、サバが釣れ始め、真夏になるとワカシはイナダに成長し、ソウダガツオやムロアジなどが多くなる。この時期は潮によってシイラ、ワラサなどの大物がヒットすることもあるから油断できない。秋になるとメッキアジの魚影も濃くなっていく。ただしマアジは１年中釣れる場所が多く、真冬の厳寒期でも釣れることがある。

釣れないときのCHECK POINT

他の人とポイントが同じで自分だけ釣れないときは、まずウキ下をチェックしてみる。それからハリスの長さと太さ、ハリの大きさ、エサがしっかりハリに付いているか、コマセカゴからコマセが出ているかなどを調べてみたい。食いの渋いようなときは、ハリのチモトにわずかな傷がついているだけで、魚は食わなくなる。また意外に多いのが、付けエサが取れてしまっているケースや、ハリスが絡まっているのを知らずに流し続けるケースである。

意外と堤防で釣れるのがヒラメとマゴチ。港内にアジやイワシの群が入ってきたときがチャンスで、サビキ釣りやチョイ投げ釣りでアジやハゼなどの小魚が釣れたら仕掛けを投入しておきたい。

多彩な堤防釣りに挑戦！

02

生きエサ釣りでヒラメ、マゴチを狙う

簡単に釣れる魚ではないが、小魚が釣れたら竿を1本用意して、生きエサを付けて仕掛けを投入しておこう。

アタリがあっても早合わせは禁物 引き込むアタリが出るまで我慢する

堤防からの生きエサ釣りで狙えるのはアオリイカだけでなく、ヒラメやマゴチも狙うことができる。どちらも簡単に釣れる魚ではないが、釣り方はそれほど難しくない。いずれも砂地の底に生息している魚で、ヒラメは岩礁の近くの砂地がベストポイントである。マゴチは、ヒラメに比べると数が少なく、釣れる場所も限られるので、ヒラメとマゴチを兼用で狙うような気持ちで攻めたい。

タックルは磯竿や投げ竿が使われるが、それほどの大物が釣れる確率

マゴチはチョイ投げ釣りでよく釣れるメゴチをエサにするといい。

こんなときが 狙い目

ヒラメやマゴチは、いつでもどの堤防でも釣れる魚というわけではない。小魚の群れを追いかけて港内に入って来たり、時期によって集まってくる魚なので、情報収集が釣果を左右するといっても過言ではない。またサビキ釣り場でよく釣れるという実績もあるので、ファミリーで賑わう岸壁なども見逃せない。小魚がエサとなるので、アオリイカなどと同様に、海が荒れているときよりも、穏やかな日が狙い目。潮が澄んだ早朝は特に有望である。

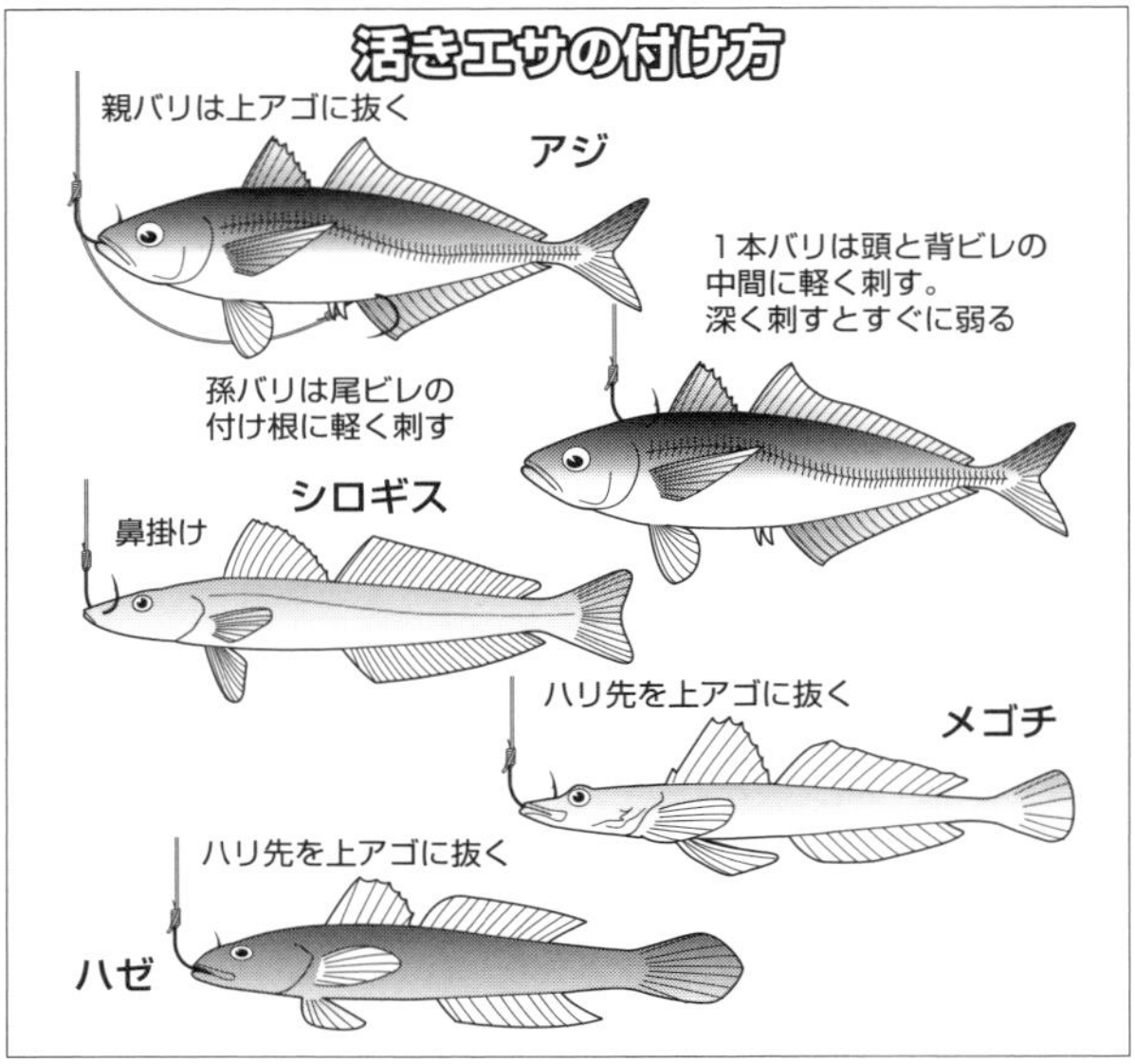

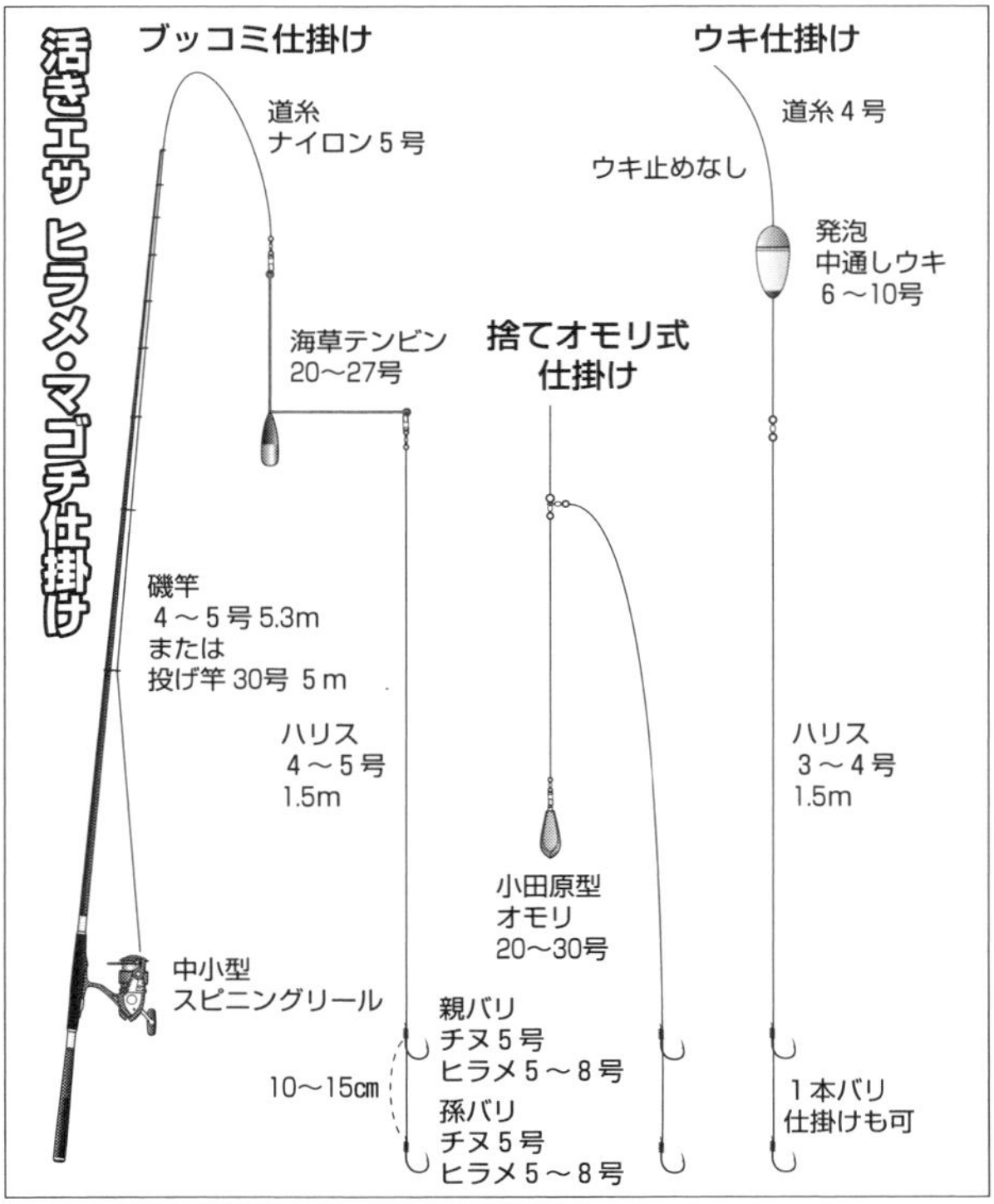

は低いので、ウキ釣りに使用する竿でも代用できる。ただ始めから専門に狙うなら、硬めの磯竿などを使ったほうが安心である。

エサは生きたマアジやイワシ、サッパが最適で、生きのよいものほど食いがよい。これらが入手できないときは、シロギスやハゼなどでも代用できる。またマゴチ狙いでは、マハゼやメゴチを使ってもよい。これらのエサは、釣具店で売っているところもあるが、基本的には自分で調達しなければならないので、サビキ釣りやウキ釣りで小魚が釣れたときに試してみたい釣りである。

仕掛けは、テンビンや捨てオモリ仕掛けなど、ブッコミ釣りがメインになるが、ウキ止めを外したウキ仕掛けも効果的である。釣り場が広く空いているときは、広範囲に泳がせることができるウキ仕掛けのほうが面白い。

釣り方は、生きエサが死なないように素早くハリ付けして、ポイントへ投入する。付け方は、口に刺すか背中の頭部寄りに刺す。また、確実にハリ掛かりさせるため、孫バリを付けることもある。孫バリは尻ビレの付け根に刺すことが多い。ブッコミ釣りならそのまま待つが、たまに仕掛けを手前に引いて、移動させるとよい。このとき、生きエサが元気かどうか判断する。弱っているようなら、すぐに回収して新しいエサに交換する。ウキ釣りだと、ブッコミ釣りに比べてエサが弱りにくく、広範囲を動き回る。

アタリは、竿先に大きく表れ、コツコツ、ゴツンゴツンなどと続くこともある。そのまま大きく引き込むようなら合わせてよいが、ヒラメの場合は食い込むまで時間がかかるので、早合わせは禁物だ。マゴチも同様で、焦ってはいけない。ウキ釣り仕掛けの場合、エサが逃げ惑い激しい動きがウキに出た後に、食い込む本アタリが出ることが多い。このときも慌てず、十分に食い込むまで待つこと。最初の小さいアタリが出たときに、道糸を少し送り出してやると食い込みがよくなる。

魚が掛かったら、無理をせずにリールを巻く。大型と判断したら慎重にヤリトリすること。マゴチもそれほど強い引きの魚ではないので、無理をしなければバラすことはないだろう。最後は玉網で確実に取り込む。

狙って釣れる魚ではないが、釣り方はそれほど難しくない。専門に狙うとなればエサの管理も大変。アジやイワシが釣れたときに生きエサ釣りにチャレンジしてみよう。

釣れないときの CHECK POINT

数がたくさん釣れる魚ではないので、他の釣り人との比較は難しい。ただ、生きエサ釣りだけに、このエサの動きが釣果に大きく左右することは確かだ。ヒラメは海底にいる魚だが、いつも上を見て獲物を狙っている。そのため生きエサが少しばかり上層を泳いでいても大丈夫。エサを見つけると上層まで浮いてきて捕食する。しかしマゴチは、ヒラメとは少し動きが違うので、しっかり底を攻めないとヒットする確率は低くなってしまう。

生きエサ釣りで ヒラメ、マゴチが釣れる時期

ヒラメは一般的に秋から冬がシーズンとされているが、堤防釣りではこの限りでない。真冬の厳寒期をのぞけば、ほぼ周年釣れる可能性がある。特に夏場になると、堤防周りに小魚の群れが集まってくるので、これを追いかけてヒラメもやってくる。したがって夏から初冬にかけては、いつでも狙えるということだ。マゴチは、どちらかというと夏の魚で6～8月頃によく釣れるが、冬でも実績がある。夏は湾内などでヒットすることが多い。

アオリイカのシーズンは産卵前と産卵後。エサ釣りでもエギングでも春は比較的大型、秋は小型の数釣りが楽しめる。

03 エギング＆生きエサ釣りで アオリイカを狙う

アオリイカには、エギという疑似エサを使う釣り方と生きたエサを使う釣り方があるので、簡単に紹介しよう。

ビギナーにはエギングがお勧め エギを投入したらシャクリの繰り返し

アオリイカをエギで狙う釣り方が大流行して、釣り人が一気に増えた。流行したのはよく釣れることはもちろん、誰でも手軽に楽しめることも大きな理由である。短めのエギングロッドに小型スピニングリール、それにエギが数本あればすぐにチャレンジできる。そして釣った後の楽しみも、人気に拍車をかけた一因だ。

アオリイカの釣り方にはエギを使うエギングと生きエサ釣りがある。ビギナーが入門するには、エギングから入ることをお勧めしたい。竿は専用のエギングロッドがベスト。トラウトロッドやバスロッド、シーバスロッドでも代用できるが、エギをシャクって大きく動かすためには、これらの代用ロッドでは少し軟らかすぎて、シャープな動きを演出するのが難しい。これに小型スピニングリールがベストの組み合わせだ。

エギは小型から大型まであるが、一般的には3～4号がよく使われる。2号などの小さいものも有効で、釣れるサイズや釣り場の水深に合わせてセレクトする。攻め方は、エギを沖目に投入し、カウントダウンさせて底付近まで沈める。そこからシャクりを入れ、エギを大きく上下に動かす。これはイカにアピールするのが目的である。大きくシャクるとエギは跳ね上がり、その後フォール（落とす）する。シャクった後、エギが落ちるときにアオリイカが抱きつくケースが多い。すると、道糸が走ったり、竿先にグッときたり、次にシャクろうとしたときに重くなったりするので、ここで合わせず

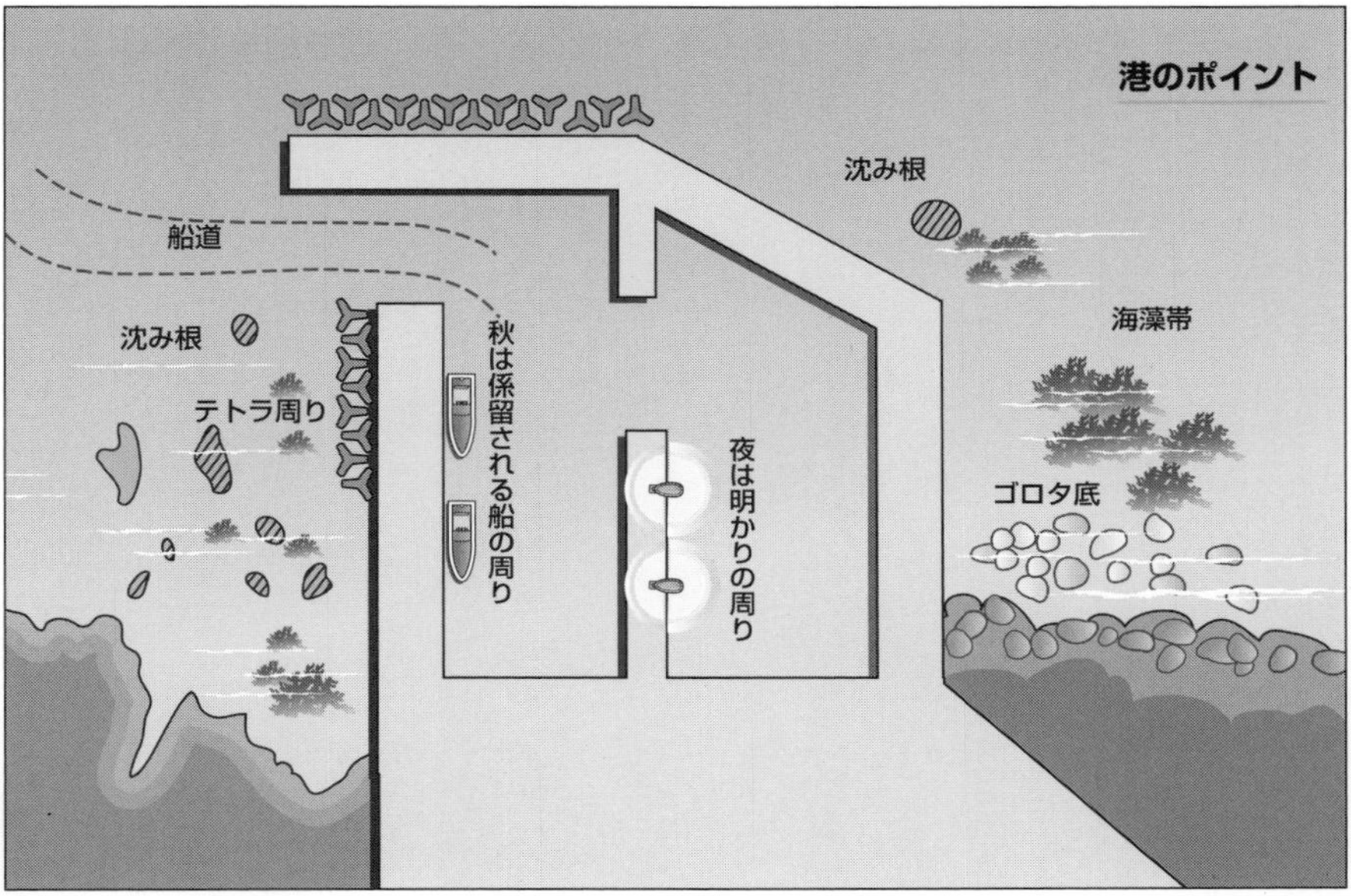

にリールを巻いて寄せてくる。下手に合わせるとスッポ抜けや身切れの要因になる。アタリがあれば合わせたくなるものだが、そこは我慢。合わせないことがコツとなる。

アオリイカは大きいものだと3kg以上になるが、一般に釣れるサイズは0・2〜1kgが多く、まれに1・5kg以上がヒットする。500gくらいからはかなり引きが強く、リールのドラグ調整を上手にしておかないと、のされることがある。大型は玉網かギャフで取り込むのが基本。

生きエサ釣りは、ヤエンといって食いつかせたイカに掛けバリを後から通して釣り上げる方法と、最初から掛けバリがセットされた仕掛けを使ってウキ釣りで攻める2つの方法がある。ヤエンはベテラン向きの釣りなので、ビギナーはウキ仕掛けで

ポイント探しの強い見方

海藻帯や沈み根周りがポイントとはいっても海中の様子を水面越しに探すのは至難の業。そこでお勧めなのが偏光グラスである。海藻帯や沈み根周りをテンポよく探っていくにはポイントの見極めが欠かせない。偏光グラスは海中の様子をはっきりと見ることができ、どんな釣りをするときも役に立つ。ぜひとも優秀なものを1つ手にしてほしい。

こんなときが狙い目

アオリイカは常に小魚を狙っている。そのため、海が荒れると小魚が散ってしまうので穏やかな日のほうが釣りやすい。潮も濁っているよりは、澄んでいるときが有利だ。また日中よりも夜間に活性が上がるため、夜のほうがよく釣れる。特にエギングは、昼すぎからの午後は不利で、朝夕や夜に的を絞ったほうがよい。生きエサ釣りも同様だが、エギに比べると生きたエサを使用するため、日中でもヒットする確率は高くなる。

攻めたほうがよいだろう。生きエサはマアジが一般的だが、ネンブツダイやイナ（ボラの幼魚）などでも十分に代用できる。仕掛けは市販品でよい。アオリイカがヒットすると、ウキが不自然な動きをするので、竿を少し上げて聞き合わせてみる。イカが掛かれば、魚と同じような引きがくるので、走る間は道糸を出し、止まったらゆっくりリールを巻いて寄せてくる。強引にやるとバラす危険がある。どちらの釣り方でも、日中よりも夜釣りが有利だが、昼間でも十分に狙うことができる。

アオリイカに食われたアジには、頭の上にかじられた跡がはっきりと残る。

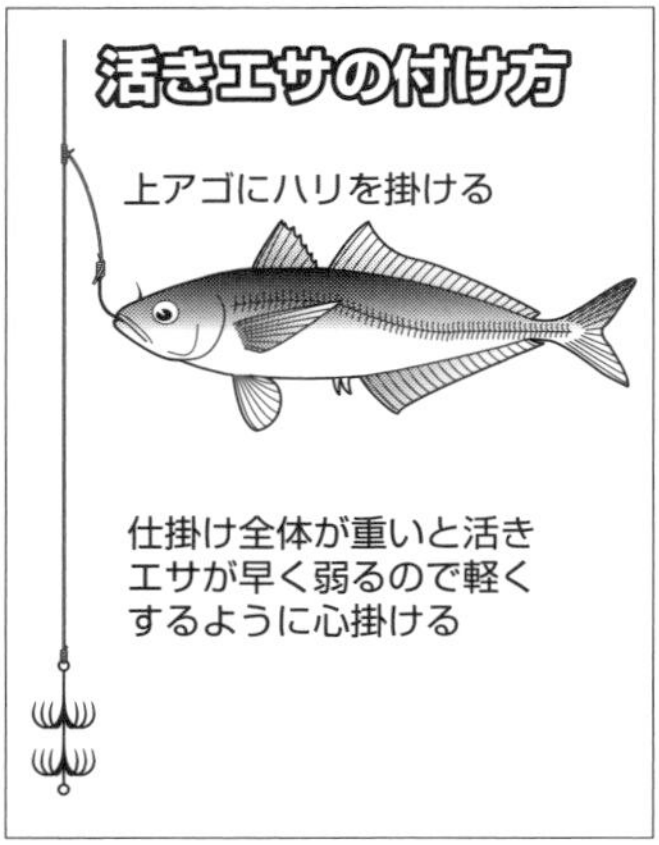

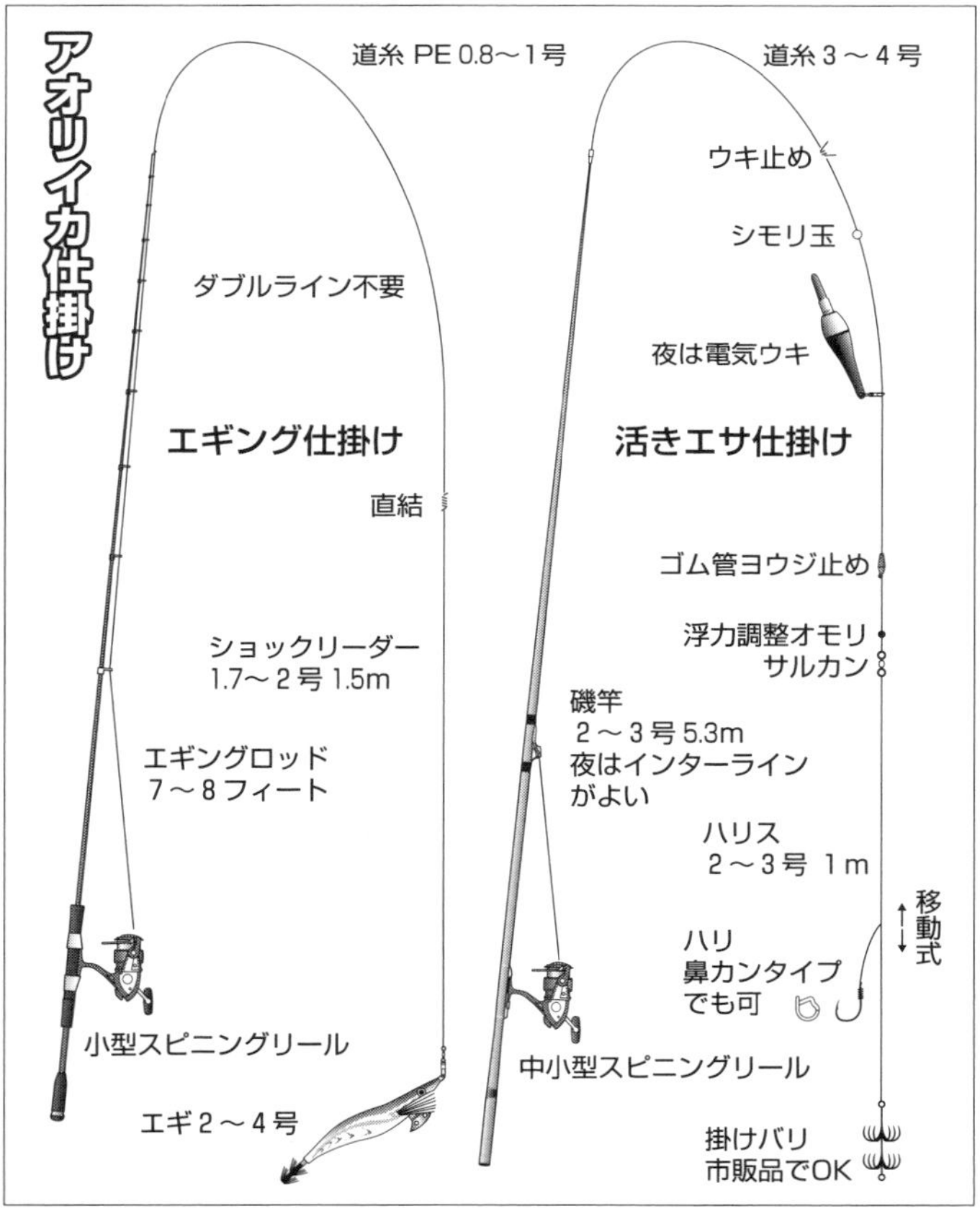

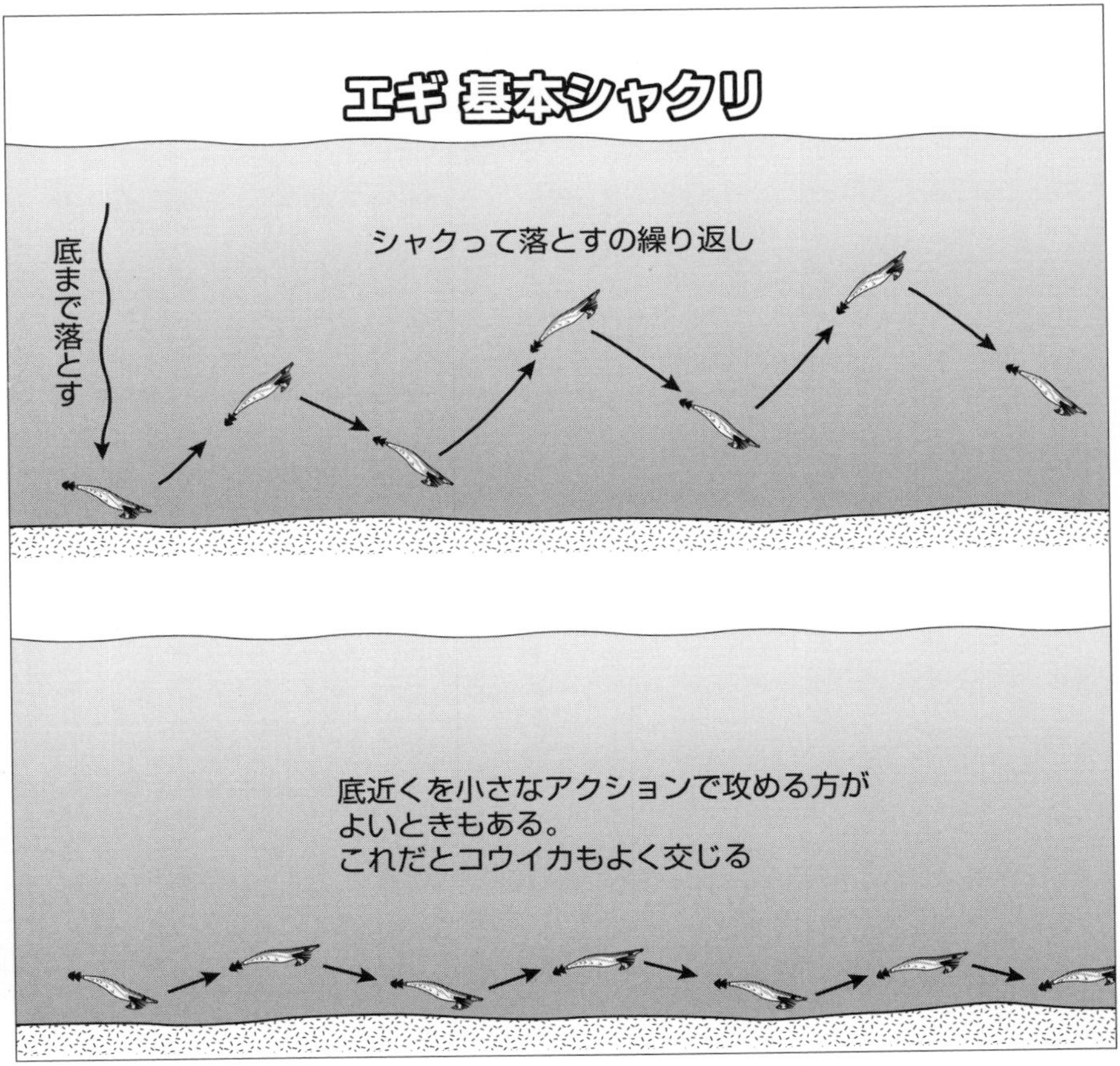
エギ 基本シャクリ
底まで落とす
シャクって落とすの繰り返し
底近くを小さなアクションで攻める方が
よいときもある。
これだとコウイカもよく交じる

エギング＆生きエサ釣りで アオリイカが釣れる時期

アオリイカの産卵期は初夏から真夏にかけてで、この時期は大型が目立つ。５～７月頃が最も大きいサイズを狙える時期である。８月も釣れるが、一般的にはシーズンオフとされている。９月に入ると小型が釣れ出し、10～11月頃までは少しずつ大きくなって数が狙える。12月頃から徐々にサイズの大きなものが目立ち始め、１月は水温しだい。低いときは釣れなくなり、高めの年はまだ狙える。２～３月も水温しだいだが、釣りにくい季節で、４月頃から再び上昇してくる。

釣れないときの CHECK POINT

エギは、使用するロッドの調子などで動きが変わり、使う人や、またその日の状況によって釣果に差が出ることがある。シャクりを大きくしたほうがよいときや、あまりハデに動かさないほうがよい日もあるのだ。自分だけ釣れないときは、釣れている人のシャクり方や、竿の調子をチェックしてみたい。自分と違うシャクリ方をしているようなら、迷わず真似てみることだ。またエギのサイズや色などで差が出ることもある。

海釣り用語解説

あ行

アウトガイド（あうとがいど）
リール竿の糸を通す穴をガイドといい、それが竿の外側についたものをアウトガイド、または外ガイドなどともいう。ちなみに、竿の中に入ったものを本書ではインターラインと呼んでいる。

足下（あしした）
足元近くのごく近いポイントのことで、「足下狙い」などという。堤防では堤防際のポイントをいう。

アミエビ（あみえび）
釣りエサに使う小さなエビのこと。集魚力が強く、サビキ釣りやウキ釣りのコマセによく使われる。冷凍ものと塩漬けタイプがある。

網カゴ（あみかご）
カゴ釣りに使用する網タイプのカゴ。コマセを入れて使用する。

合わせ（あわせ）
魚が食ったときにハリ掛かりさせるために行なう動作。アタリが出たら竿を立てて、魚の口にハリが完全に掛かるようにする。

生きエサ（いきえさ）
アジやイワシなどを生きたままエサとして使う場合、これを「生きエサ」と呼ぶ。イソメなども生きエサとか、生（なま）エサと呼ぶこともあるが、「虫エサ」や「イソメ類」などと呼んで「生きエサ」と区別している。

磯竿（いそざお）
磯釣り専用の竿のこと。小物用から大物用までたくさんの種類に分かれている。号数で用途が区別されており、数字が大きいほど硬く、大物に対応できるようになっている。

イソメ類（いそめるい）
釣りエサに使う細長い虫。イワイソメ、アオイソメ、ジャリメ、フクロイソメ、チロリ、コガネムシなど、たくさんの種類がある。生きのいいものほど食いがよい。総称して「虫エサ」と呼ぶこともある。

居着き（いつき）
特定の場所に生息していること。一定の範囲をテリトリーとしているのではなく、狭い場所を生活圏としている魚。居着きのクロダイなどと呼ばれ、釣り人がコマセを常時まくことで、その場所にとどまってしまうクロダイのことをいう。

インナーガイド（いんなーがいど）
リール竿の糸を通す穴をガイドと呼ぶが、それが竿の外側に付いた竿をアウトガイド竿、竿の中に付いているものをインナーガイド（インターライン）竿という。竿の中にガイドがあるので、道糸は竿の内部に通る。そのことから中通し竿ともいう。

ウキ下（うきした）
ウキからハリまでの仕掛けの長さ。これが1mなら、ウキ下1mということ。

ウキスイベル（うきすいべる）
ウキが道糸をスムーズに動くようにするためのアイテム。立ちウキや環付きウキに使用する。

ウキ止め（うきどめ）
決まった水深でウキを止めるためのもの。円錐ウキは中に道糸を通すが、固定されていないので道糸にウキ止めがないと仕掛けがどんどん沈んでいく。仕掛けが任意の水深まで沈んだらウキ止めで止まるようにするもの。この場合、ウキ下はハリからウキ止めまでの長さということになる。ウキ止めはナイロン糸などで結ぶが、細く小さいものがよい。

エラ洗い（えらあらい）
魚が水面上でエラを膨らませて暴れ、ハリを外そうと抵抗するさま。スズキのエラ洗いが有名。

遠投カゴ（えんとうかご）
カゴ釣りで、遠投用に開発された専用カゴのこと。カゴにオモリが内蔵され遠投がしやすくなっている。

追い食い（おいぐい）
サビキ釣りなどで、1尾ハリ掛かりした後に残りのハリに続けて掛かってくること。

オキアミ（おきあみ）
海釣りに使用する最も一般的な釣りエサ。南極などに生息しているオキアミを冷凍保存したもので、魚の食いは抜群によい。コマセにも使用する。

置き竿釣法（おきざおちょうほう）
竿を堤防上や竿掛けなどに置いたまま、アタリを待つ釣り方。

沖目（おきめ）
陸から見て、少し先（沖）のほうの海。足下や竿下に対して、それよりも遠いポイントを総称にて沖目ということもある。

落とし込み釣り（おとしこみつり）
クロダイ釣りで、堤防の際などを攻めるときの釣り方のひとつ。イガイやカニを使い、エサをゆっくり堤防の際に落としてクロダイの食いを誘う。

オマツリ（おまつり）
他の釣り人の仕掛けと、自分の仕掛けが絡むこと。

オモリ負荷（おもりふか）
どのくらいの重さのオモリが使えるかの最大許容量。竿やウキに対して使われる。

か行

ガイド（がいど）
リール竿に一定間隔で付けられた糸を通すための環。

隠れ根（かくれね）
水中にある見えない岩礁や岩のこと。

カケアガリ（かけあがり）
海底がフラットではなく、徐々に深くなっている斜面。釣りでは好ポイントとされている。

ガン玉（がんだま）
ウキの浮力調整や、仕掛けを沈ませるために打つ小さなオモリ。球形をしているのでこの名が付いた。

カン付き（かんつき）
環付きと書く。ウキなどで中通しではなく、環がついたタイプのもの。その環に道糸を通す。

汽水域（きすいいき）
河口など、海水と淡水が入り交じった水域のこと。

食い渋り（くいしぶり）
魚がいるのに食いが悪い状況。または釣れない状態。

グラブ（ぐらぶ）
ソフトルアーの1種で、テールにヒラヒラが付いたタイプ。

渓流竿（けいりゅうざお）
渓流釣り用の竿で、リールが付かない振り出しタイプ。

ケーソン（けーそん）
堤防を構成する巨大なコンクリートブロックのこと。これをつなげて堤防を造る。

外道（げどう）
自分が狙う本命魚以外の魚。ウキ釣りでウミタナゴを狙っていてクロダイが釣れたとしても、この場合クロダイは外道ということになる。

固定仕掛け（こていしかけ）
ウキ釣りで、ウキを決まった位置に固定して釣る仕掛け。これに対してウキがある一定の範囲を移動する仕掛けを遊動仕掛けという。

コマセカゴ（こませかご）
コマセを入れるカゴ。サビキ釣りやカゴ釣りに使われる。袋タイプのものはコマセ袋という。

さ行

竿下（さおした）
竿の穂先のすぐ下のこと。足下とほぼ同じように使われる。

サビく（さびく）
投げ釣りでよく使われる釣り用語。仕掛けを投入してオモリが着底したら、ゆっくりリールを巻いてオモリを手前に引きずってくること。これが最適な誘いになる。

サルカン（さるかん）
道糸とハリスなどを結ぶジャンクションとして使われる。いろいろな大きさがあり、ヨリモドシとも呼ばれる。

シーバスロッド（しーばすろっど）
シーバス（スズキ）のルアー釣り専用の竿。かなり強いタイプの竿で、青物など他のルアー釣りにも応用できるが、ソフトルアーを使う釣りには適していない。

ジグ（じぐ）
数多いルアーの中の1種。メタルジグなど遠投ができるが、リップがないためミノープラグのようには魚が泳ぐようには演出できない。

ジグヘッド（じぐへっど）
ソフトルアーを装着する、オモリとハリが一体になったもの。

シモリダマ（しもりだま）
ウキとウキ止めの間に入れる小さな玉。これを入れることで、ウキ止めがウキのを通り抜けてしまうのを防ぐ。

障害物（しょうがいぶつ）
釣りに邪魔になるいろいろなもの。ただし、魚にとっては住みやすい環境になっているケースが多い。隠れ根や海藻帯、堤防の基礎などをいうことが多い。

ショックリーダー（しょっくりーだー）
細い道糸を使う場合など、魚が掛かったときのショック切れを防ぐために結ぶ太めの糸のこと。障害物の多いポイントでも有効だ。

スッポ抜け（すっぽぬけ）
アタリがあってから合わせても、ハリ掛かりしなかったり、すぐにハリが外れてしまうこと。

捨石（すていし）
堤防の基礎となる部分に敷き詰められた石。堤壁から10m以内は捨石帯である場所が多い。

捨てオモリ仕掛け（すておもりしかけ）
根掛かりしてもオモリだけが切れるようになっている仕掛け。

ストリンガー（すとりんがー）
釣った魚を生かしたままつないでおく道具。金属製とナイロン製がある。

スナップサルカン（すなっぷさるかん）
スナップ付きのサルカン。ワンタッチで交換できるので、ルアーでよく使用する。

スナップスイベル（すなっぷすいべる）
スナップ付きのスイベル。主にウキに使用する。スイベルとはサルカンのような形をしたもので、カン付きウキをスナップで接続し、一方の環に道糸を通して使う。

スパイクシューズ（すぱいくしゅーず）
スパイク付きのシューズ。磯などには有効だが、ノリなどが生えているところや、ブロック上など濡れているところはかえって滑るので注意。平らな堤防ではコンクリートを傷つけることがある。

スピニングリール（すぴにんぐりーる）
最もオーソドックスなリール。ウキ釣り、サビキ釣り、投げ釣り、ルアー釣りと汎用性の高いリール。

スプール（すぷーる）
スピニングリールの糸を巻く部分で、取り外しが可能。号数の異なる道糸を巻くことでリールの応用範囲がさらに広がる。

即合わせ（そくあわせ）
アタリがあった場合、間髪入れずに合わせること。

底荒れ（そこあれ）
海がシケたり、またシケた後の海底が荒れている状態。海藻が切れて流れていたり、ゴミが底に漂っている状況をいう。

外海（そとうみ）
外側の海。港の港内を内湾と呼ぶのに対して、港の外側を外海という。

ソフトルアー（そふとるあー）
メバル釣りなどによく使われる、軟らかいルアーのこと。エサ釣り感覚で楽しめる。

た行

タナ（たな）
魚がエサを食う深さ。

ダブルライン（だぶるらいん）
ルアー釣りで細い道糸を使う場合、その細さをカバーするために付ける糸。

玉網（たまあみ）
釣れた魚を抜き上げずに海面からすくうための網。

力糸（ちからいと）
投げ釣りで、重いオモリを投げるときのショック切れ防止のための太い糸。

チモト（ちもと）
ハリの糸を結ぶ部分。

チョン掛け（ちょんがけ）
エサを軽く刺すこと。イソメ類などはチョン掛けにすると動きがよくなる。

テーパーライン（てーぱーらいん）
1本の糸で、だんだんと太くなっていくラインのこと。投げ釣りの道糸や力糸として使われる。

デキ（でき）
その年に新しく生まれた小魚。デキハゼなどと呼ばれる。

テトラ（てとら）
テトラポットは消波ブロックの固有名詞で、その略称。堤防の外海側に敷き詰められる波消しブロックのこと。

テンビン（てんびん）
投げ釣りやブッコミ釣り、船釣りなどによく使われる道具のひとつ。道糸と仕掛けの間にセットし、仕掛けのもつれを防いだり、アタリの大きさを増幅したりする。オモリ付きとそうでないものがある。

胴付き仕掛け（どうつきしかけ）
仕掛けの一番下にオモリが付いた仕掛け。潮の流れの速いポイントに適している。

トラウトロッド（とらうとろっど）
淡水のマス類を釣るための竿。堤防の小物釣りやルアー釣りにも応用できる。

ドラグ（どらぐ）
あらかじめセットされた以上の力が加わると、自動的に道糸が引き出されるリールの装置。大物釣りには欠かせない。

な行

ナギ（なぎ）
海が静かで穏やかな状態のこと。

投げ竿（なげざお）
投げ釣りに使う専用の竿。軟らかめから硬い竿までいろいろなタイプがある。

ナブラ（なぶら）
群れで行動している魚の群れが、ブリやカツオなど小魚を主食としている魚に追われ、逃げ場を失った群れが表層まで湧き上がる状態。水面がザワザワして魚が跳ねたりするのですぐ分かる。

並継ぎ竿（なみつぎざお）
1本1本継ぎ足すタイプの竿。磯竿には少なく、投げ竿やルアー竿に多い。

根掛り（ねがかり）
仕掛けが海中の隠れ根や海藻などに引っ掛かること。

根魚（ねざかな）
岩礁周りに生息している魚。カサゴ、ソイ、アイナメ、メバル、ハタなどが代表的。

ノベ竿（のべざお）
1本の竿。厳密にいえば継ぎ足しがなく、1本だけの長い竿のことだが、最近ではリールなしの振り出し竿などもノベ竿と呼ぶことが多い。

は行

場荒れ（ばあれ）
釣り場が荒れること。波で荒れるのではなく、釣り人などの増加で場所そのものが釣り荒れることをいう。その結果として魚が釣れなくなること。

配合エサ（はいごうえさ）
コマセに使う粉エサのこと。オキアミやアミエビと混ぜて使うことが多い。

バイブレーション（ばいぶれーしょん）
数あるルアーの中の一種。シーバス釣りに

よく使われ、効果も高い。

バチ抜け（ばちぬけ）

ゴカイ類が泥地から這い出て一斉に脱皮する状態。その時期を狙ってフッコやスズキが就餌に集まるので、この時期は好釣果が期待できる。脱皮後のゴカイ類は非常に柔らかく、入手できれば最高のエサとなる。

バッカン（ばっかん）

コマセを作りそれを入れておくためのバッグ。コマセバッグ。

早合わせ（はやあわせ）

アタリがあったら、早く合わせること。即合わせとも同意語だが、即よりもやや遅めのイメージ。

ハリス（はりす）

ハリを結ぶための糸。ナイロンでもカーボンでもどちらでも可。

バレる（ばれる）

ハリが外れたり、ハリスが切れたりして掛かった魚が逃げてしまうこと。

反転カゴ（はんてんかご）

カゴ釣りで、エサの付いたハリを入れる小さなカゴ。これがあると、長いハリスでも遠投ができる。

万能竿（ばんのうざお）

専用竿とは逆に、いろいろな釣りに対応できる竿のこと。

PEライン（ぴーいーらいん）

ポリエチレン繊維を４～８本より合わせて作られたライン。比較的近年に開発されたため、新素材ラインとも呼ばれる。細くて直線強度はあるが、絡みやすく結束強度が弱いという欠点をもつ。

ヒシャク（ひしゃく）

コマセをまくための道具。柄が長いほど遠投できる。

ヒップガード（ひっぷがーど）

尻皮。ゴツゴツした岩場などからお尻、ズボンを守る。

ピンオンリール（ぴんおんりーる）

ひもが伸び縮みするアイデア商品。これにハサミなどを付けると仕掛け作りが楽になる。

フィッシュイーター（ふぃっしゅいーたー）

魚食魚。カンパチ、イナダ、ヒラマサ、スズキ、ヒラメ、マゴチなど、小魚を捕食する魚のこと。

フィッシュホルダー（ふぃっしゅほるだー）

魚をつかむための道具。毒魚対策にもっていたいアイテムのひとつ。

吹流し（ふきながし）

カゴサビキ仕掛けの一種。仕掛けの上にオモリがセットされているので、仕掛けが潮の流れに吹き流されるようになるため、この名がついた。

ブッコミ釣り（ぶっこみづり）

重いオモリを使って仕掛けを投げ、１ヵ所にとどめて魚が食うのを待つ釣り方。

船道（ふなみち）

船を通すため水深が深くなった場所。その両サイドはカケアガリになっている。

プラグ（ぷらぐ）

小魚を模したルアー。

ブラクリ釣り（ぶらくりつり）

ブラクリオモリを使った釣り。オモリのすぐ下にハリがある仕掛けで、根掛かりの多いポイントを攻めるのに適している。アイナメ、カサゴに効果的。

振り出し竿（ふりだしざお）

仕舞寸法が短い竿で、振り出せば長くなる竿のこと。磯竿などはほとんどがこのタイプ。

ブリッジ仕掛け（ぶりっじしかけ）

サビキ仕掛けの一種。仕掛けの両端にウキをセットして、ハリが上層を漂うようにした仕掛け。ソウダガツオなどに適している。

ヘチ際（へちきわ）

堤防の際。クロダイ釣りやアイナメ釣りなどではここを攻めることが多い。

偏光グラス（へんこうぐらす）

海面などのギラギラをカットするグラス。水面の反射も防ぐので海の様子をはっきりと見ることでき、ウキ釣りなどでは必需品である。

ボイル（ぼいる）

ゆでること。ボイルされたオキアミは、生よりも硬くエサ持ちがよくなるが、低水温期などは食いが悪い。ややエサ取りの多いときに有効。なお、ルアー釣りの世界ではナブラのことをボイルともいう。

本アタリ（ほんあたり）
魚が完全にエサを食い込んだ時に出るアタリのこと。エサをつついているようなときに出るアタリを前アタリとか、前ブレなどという。

ポンピング（ぽんぴんぐ）
大物が掛かって一気にリールを巻けないとき、竿をあおりながら巻き上げること。

ま行

ミノー（みのー）
小魚に似せたルアー、ミノープラグのこと。最も一般的なルアーで、シーバスや青物、メバルなどいろいろな魚に対応できる。

ミャク釣り（みゃくつり）
ウキを使わずに、オモリで仕掛けを底に付けて探る釣り方。根魚釣りに適している。

向こう合わせ（むこうあわせ）
こちらから合わせなくても、勝手に魚がハリ掛かりすること。

メタルジグ（めたるじぐ）
金属製のジグ。遠投できるが、ミノープラグのようには泳がない。

や行

ヤリトリ（やりとり）
魚が掛かってから、釣り上げるまでの攻防。大物がヒットしたときは、道糸を出したりリールを巻いたりを繰り返して、時間をかけてヤリトリする。

遊動仕掛け（ゆうどうしかけ）
ウキを固定しない仕掛け。または投げ釣りやブッコミ釣りで、オモリを固定せずに道糸と仕掛けを直接つなぐ仕掛け。

弓ヅノ（ゆみづの）
昔からある漁具。ルアーの一種ともいえ、水牛の角などで作られている。青物狙いには大変効果的。

ら行

ライトタックル（らいとたっくる）
軽いタックルのこと。主にルアー釣りに使われる言葉で、軟らかめの竿と軽いリールのことを指す。

ライフジャケット（らいふじゃけっと）
救命胴衣。いくら足場のよい堤防といえども、落ちたら即命が危険。だがライフジャケットがあれば、ほとんどの場合助かる。釣り専用のものなら、小物入れにもなる。できるだけ着用するよう心がけたい。

ラインブレイク（らいんぶれいく）
道糸やハリスが切れること。

ランアンドガン（らんあんどがん）
獲物を求めて釣り場を巡ること。略してランガンともいう。主にルアー釣りやアオリイカ釣りで使われる言葉だが、タイミングが悪いとこれがかえって悪循環になり、失敗することもある。

リーリング（りーりんぐ）
リールを巻くこと。速く巻いたり遅く巻いたり、いろいろな巻き方がある。

両軸リール（りょうじくりーる）
荒磯の大物や船釣りによく使われるリール。巻き上げる力がスピニングリールよりも強いが、慣れないと扱いにくい。

レバーブレーキ（ればーぶれーき）
スピニングリールのシステムのひとつで、ドラグではなくレバーを使って道糸を出したり止めたりする機構。どちらかというとベテラン向き。

わ行

ワーム（わーむ）
ソフトルアーの一種。イソメのような形をしている。エサ釣り感覚でルアー釣りを楽しめる。

湾奥（わんおく）
湾の奥にある場所。東京湾では羽田からお台場などが湾奥にあたる。

ゼロから始める

海釣り入門

STAFF

解説　小池純二
　　　高木道郎
イラスト　丸山孝広
　　　　吉田ゆり
デザイン　田村たつき

編集人／佐々木正和
発行人／杉原葉子
発行所／株式会社コスミック出版
〒154-0002　東京都世田谷区下馬6-15-4
代　表　TEL 03-5432-7081　FAX 03-5432-7088
振替口座：00110-8-611382
http://www.cosmicpub.com/
印刷・製本／株式会社 光邦
ISBN　978-4-7747-9225-5